主编简介

赵润琦,男,陕西蓝田人,西北大学教授、硕士生导师,西北大学陕西省慈善文化研究中心专职研究员。长期从事中西方哲学、创新创业理论和慈善理论等方面的教学与研究,在各类期刊发表学术论文数十篇。

郑伟,男,陕西咸阳人,西北大学哲学与社会学学院社会工作专业硕士,西北大学陕西省慈善文化研究中心秘书。长期致力于慈善公益理论研究与实务探索,著有《新常态下慈善事业创新研究》一书,在各类期刊发表学术论文十余篇。

王云松,女,陕西安康人,西安外国语大学学士,安康达德书院研究生,国家二级心理咨询师,EAP(员工心理援助)咨询师,OEP(组织与员工提升)指导师,撰写相关论文十余篇。

陕西省慈善文化研究文库

儿童保护问题的探索

主　编　赵润琦　副主编　郑　伟　王云松

厦门大学出版社　国家一级出版社
XIAMEN UNIVERSITY PRESS　全国百佳图书出版单位

图书在版编目(CIP)数据

儿童保护问题的探索/赵润琦主编. —厦门:厦门大学出版社,
2016.3

(陕西省慈善文化研究文库)

ISBN 978-7-5615-5987-1

Ⅰ.①儿… Ⅱ.①赵… Ⅲ.①青少年保护-研究-中国
Ⅳ.①D922.183.4

中国版本图书馆 CIP 数据核字(2016)第 054953 号

出版发行 厦门大学出版社

社 址 厦门市软件园二期望海路 39 号

邮政编码 361008

总 编 办 0592-2182177 0592-2181253(传真)

营销中心 0592-2184458 0592-2181365

网 址 http://www.xmupress.com

邮 箱 xmupress@126.com

印 刷 虎彩印艺股份有限公司

开本 889mm×1194mm 1/32

印张 9.25

字数 250 千字

版次 2016 年 3 月第 1 版

印次 2016 年 3 月第 1 次印刷

定价 39.00 元

本书如有印装质量问题请直接寄承印厂调换

厦门大学出版社
微信二维码

厦门大学出版社
微博二维码

序　一

少年儿童是祖国的未来,少年强则中国强。关心和爱护少年儿童,切实解决他们存在的各种各样的问题,是社会的职责,是每个成年人义不容辞的责任。所以,要让所有儿童都能够拥有同一片蓝天,让他们享受自己快乐的童年。社会、家庭、学校,都要对他们投入更多的爱和关照。

尽管说现在的儿童整体上是幸福和快乐的。但是我们从事的慈善文化研究工作,还要善于发现和研究目前社会上存在的问题,深入研究并提出解决这些问题的办法,这是我们从事慈善文化研究的主要职责之一。笔者就以下涉及少年儿童保护的具体问题,提出宏观性的解决思路。

一、儿童保护存在的主要问题

(一) 儿童虐待问题

几年前笔者曾经做过田野调查,不管在城市,还是在农村,大约有90％的儿童或已届成年的人,都有过遭遇虐待或者家暴的经历。有时候家暴不一定是受虐,但虐待必然伴随某种类型的家庭暴力。虐待他人是非常可憎可恨且必须加以斥责的行为。如果父母看到子女做错了事情很生气,打两下这不能算是虐待,而是一般的家庭暴力。可是儿童虐待问题,是非常严重的,是触犯法律的犯罪行为。

中国人自古奉行"棍棒底下出孝子",遵循"不打不成才"的祖训。在学校,体罚学生的情况时有发生。有些父母把孩子送到学校里对老师说,我把孩子交给你了,不好好学习你就尽管打。虽然教育主管部门三令五申,不允许体罚学生,但是从媒体披露的情况看,体罚学生的事件时有发生。学校里老师对学生的体罚现象还是存在的。有一些教师的素质不够高,以为用打骂的方式能够镇住学生,维护自己的权威,尤其是班主任老师,这种情况可能会更多一些。

以体罚的方式惩诫学生在我国古代是比较常见的。在学堂或者私塾里，先生拿一个板子，对着学生说，给我背一段《孟子·梁惠王上》，如果学生背不出来，就要打手掌，体罚学生是中国古代教育的传统。笔者极力反对采用暴力的，或者准暴力、冷暴力的方式来对待学生，这样的做法不符合现代师德规范。一名教师，应该关心、爱护和帮助自己的学生，用"润物细无声"的方法来教育学生，也就是说要循循善诱。

有一些家庭暴力其原因比较复杂。比如，有少数的继母或继父，对继子女可能有虐待、暴力或轻视的行为，我们从媒体上看到过不少这样的报道。如，对着无辜的孩子用针扎，用烙铁烫；有一些父母酗酒或者赌博输了之后心情很糟糕，就拿孩子撒气；也有的父母，自己的心智不健全或不正常，经常殴打子女。

有些人会说，如果遇到虐待，或者孩子遭到父母暴打的时候，要打电话报警。可是，报了警之后怎么办呢？报了警，警察把孩子的父母抓走了，孩子怎么办？学校能管吗？社区能管吗？福利院能管吗？不能！因为父母就是孩子的第一监护人，而监护人不是随便可以变更的。

笔者看过电视台的一档说法节目，里面讲了一个案例。有一个虐待儿子的母亲，她曾一而再再而三地表示，今后绝不会再打孩子了，请大家放心吧。电视台记者采访的时候，她也是这么表态的。但是，她说完以后就忘了，随时随地拿起棍子就打孩子，小孩儿被打得特别惨。从电视里看到那男孩儿身上没有一个地方皮肤是完好的，全是打的、拧的、扎的、烫的，各种各样的伤痕都有。最后，志愿者没有办法，只好把孩子接走。可是过了几天必须再送回去。因为志愿者不是孩子的监护人，不得随意收留孩子，否则孩子家长可能也会报警。这个事件的最后结果是公安、民政、社会机构、媒体、村委会、共青团等单位和团体一起行动，到法院申请变更这个小孩的监护人。经过复杂的程序之后，最终取消了母亲对孩子的监护权。那个孩子被送到了福利院，他说不要再见妈妈，也不要再回家，坚决不回家，他的噩梦终于结束了。当然这是极端的例子，但这种事情在某些地方还是时有发生的。

（二）儿童忽视问题

儿童忽视问题与儿童虐待不同。虐待既有心灵的伤害，又有肉体的伤害，是触犯法律的行为。儿童忽视，指的是成年人忽视孩子的存在。进一步说，就是作为学校、家长、社会忽视孩子的诉求、状况和存在，这类问题实际上是很严重的。有些人对孩子的存在不闻不问，漠视他们，不关心他们。当然，危害程度小一点的情况是不尊重孩子的自尊心，对孩子的心理感受不闻不问，对孩子提出来的合理建议根本不予采纳。因为很多父母都认为子女是自己的私有财产，所以子女的一切都得听他们的，有些父母就会持这样的认识。

在现实生活中，还有些做父母的，在对待孩子的问题上走极端，或者是过度的关照、体贴和溺爱，或者是忽视、漠视、不理不睬。这两种情况表面上看是对立的，其实有很大程度上的一致性。家长对孩子，要什么就给什么，这是没有底线的满足，是对孩子真实需求的忽视；孩子讲了半天，做家长的都没有听见，完全忽视孩子的各种诉求，实际上是同一问题的两种表现形式。过度满足儿童少年的各种要求，其实是对孩子变相的伤害。过度溺爱和对少年儿童的忽视，都是严重的问题。这种情况不仅存在于家庭，也存在于社会和学校，这样的问题怎么能够加以合理解决，这是我们慈善文化研究的一个课题。

（三）留守儿童问题

留守儿童是当前社会的热点和重点问题。伴随着三亿多农民工外出打工的浪潮，留守儿童问题愈加凸显。改革开放之后，很多二三十岁的农民外出打工，那是第一次农民工浪潮，他们是第一代农民工。几十年过去了，他们的子女成长起来，已经养儿育女，在这个时候出来打工，把自己的孩子留在了农村，他们是第二代农民工。第一代农民工渐渐老了，身体也不好了，就留在了农村，成为农村里的留守老人。第二代农民工外出打工，把自己的孩子留在农村，由父母照看。第一代农民工有少量的所谓成功者，他们留在了城市。而绝大多数的第一代农民工到了五十多岁的年龄之后叶落归根，返回自己的家乡。有些条件比较好的家庭，用两代人打工挣的钱盖一个二层小楼或三层小楼，居住条件得到改善，生活水平得以提升。但是,第二代农民工的子女却成了留守儿童,媳妇成为留守妇女,父母则成了留守老人。

现在的农村青壮年并不多见,20至40岁这个年龄段的农民都外出打工了,留下的大部分是老头儿和老太太,再就是孕妇、残障人士和小孩儿,这就是现在农村人口的主要结构。青壮年的男女都外出打工了,造成农村非常突出的留守问题,其中留守儿童问题是很难解决的。

对于这样的状况,应当认真面对并提出解决问题的对策。因为一个人最可以依赖的人是自己的父母。尤其是在一个家庭里不可以没有父亲。如果没有父亲,家里就缺少一个顶梁柱。有一个广告说,你小的时候,父亲对于你是一座大山,是为你遮风挡雨的大树,这是父亲应当扮演的家庭角色。如果一个家庭没有父亲的话,这个小孩儿,不管男孩儿女孩儿,他会比较胆怯,觉得心里没有依靠,孩子内心的勇敢程度不够,会比较懦弱。年轻的父亲出去打工,孩子会感到比较孤单和没有依靠,没有主心骨,遇到事情会优柔寡断。

有些地方的政府或非政府机构创办了留守儿童服务站,与笔者联系比较密切的几个草根组织,一直致力于留守儿童的服务工作。这些机构是非盈利性质的,但孩子还需要缴纳一定的伙食费和住宿费,只保证开支和收入基本持平。留守儿童服务站在给孩子们提供吃的、住的之外,还要给孩子辅导功课,特别是要抚慰孩子的心灵,倾听他们内心的声音,帮助他们走出成长的迷局,为孩子幸福的人生打下基础。笔者建议这些留守儿童服务站的人员在业务上不断增强能力,逐步实现专业化、职业化和年轻化。在留守儿童服务工作中,没有爱心是万万不行的,但是只有爱心也是远远不够的。

(四)孤残儿童和贫困家庭儿童问题

孤残儿童指的是失去了亲人和自主能力的孩子。致孤的原因很多,而致残的原因除了一些先天遗传性疾病外,更多是由于当孩子小的时候,父母照顾不周,导致孩子出现残障,或者是发生严重疾病。笔者认识一个人,他现在差不多有35岁了,曾经在西安一所大学上学。这个孩子在六岁的时候因为不慎在玩耍时被高压电击中，失去了两个胳膊。当然，后来他在学习上十分努力，学会了用脚拿着筷子吃饭，用脚敲打电脑键盘，还学会了踢足球。这是一个自立自强的年轻人。据了解，他现在已经有了工作和自己的家庭，以及自己的孩子。

这种情况比较多，孩子保护不好，导致孩子肢体残疾，或者是患有某种严重疾病，如脑瘫、智障等。也有一些社会组织创办了照顾残疾或严重疾病儿童的机构，笔者知道一家专门收养自闭症儿童的机构，社会各界对这些残疾或者患病孩子也给予了很大关照。

有关资料显示，中国现在还有7000多万贫困人口。自2011年以来，笔者长期在外地做社会调查，对于社会上的贫困人口有一定了解，知道有一些贫困家庭的情况非常严重。贫困家庭孩子所受的教育，所受到的关怀，以及所处的社会环境，显然和家庭情况相对好一点的孩子是有重大区别的。贫困家庭的孩子更需要社会的关爱与关照。从理论上说，人类的智商、智能、体能有很大差异，智商高、体力强的人在社会竞争中会走在前面。可是有一些人，不论是智力还是体力都会相对弱一些，这样的人生活状况可能就会差一些。

（五）问题儿童

所谓"问题儿童"，就是指违法乱纪的未成年人，在某种情况下这个人群的年龄会稍微放宽一些，大约至25岁。

当今社会，违法乱纪的青少年人数居高不下，有一些由于各种原因走上违法犯罪道路的青少年在社会上偷盗、抢劫、吸毒，甚至强奸、杀人等等。社会上的犯罪人口，这几年出现了年轻化趋势，40岁以上的犯罪占到三分之一，其余三分之二都在青少年这个年龄段。所以，对青少年加强法制教育是一项重大紧迫的工作。

还有一些问题，比如在一些偏远地区的中学女生有一些心理问题，尤其是到了青春期，这些孩子在心理和生理上的问题纷纷涌现。我们知道，男生女生到了青春期的时候，孩子们对一些新的生理变化感到恐慌，父母有责任对孩子进行疏导和排解。否则，青春期孩子们的行为就可能出现偏差。有一个中学女老师说，在一些偏远山区的女生，存在较为严重的青春期生理和心理困扰，其实这是一个很严重的问题，鲜为人们关注。她现在正致力于在这些山区学校的巡回演讲和心理咨询，密切关注这些女生群体的心理和生理健康问题。大部分人的青春期是在初中或高中度过的，这位中学老师个人参加了一些培训，阅读了一些相关书籍，对这些孩子进行具体指导，产生了很好的作用。

（六）拐卖少年儿童的犯罪行为

这个问题在社会上的影响巨大。从刚生下来几天，一直到几岁、十几岁的孩子，都有可能被人贩子拐卖，甚至还有强行掠夺人口，贩卖至遥远的地方。有的都到了20多岁还被人口贩子拐卖。前些年有报道说一个女研究生被一个初中女生卖到山区做媳妇，这些案例发人深思。一个人成绩好坏是次要的，首先要让自己能够真正成为一个思想成熟的人，能够自立于社会。

可是现在的中小学教育，相当一部分学校只重视学生的学习，学生们比的是各门功课的成绩，学校重视的是升学率，至于德智体全面发展，多数流于形式。什么是全面发展？如果只有智，就是完全按照学习成绩排名次，其实都不是智。因为智是多方面体现的，怎么可以只有一个单纯的学习成绩呢？比如说，你的数学好，他的化学好，你的物理好，他的英语好，你的语文好，他的历史好，你会考试，他会搞小发明，这都是智商比较高的不同表现，怎么可以只是单纯依靠考试的成绩来排名呢？

早些年媒体报道有个少年作家，他现在已经成年，应该有30多岁了。他在小的时候就不喜欢学数学，不愿意参加高考，在学校和老师眼里就显得很另类，这其实是完全正常的。因为只有他了解自己，他做了自己想做的事，他愿意做的事情，也不后悔。现在，这位作家的生活状态比很多人都要强得多。脚下的路千万条，不是只有一条。对于绝大多数孩子来说，要让他们好好学习，给他们提供必要的条件，考上一个好大学，争取成才。但问题是，只有上大学才可以成才吗？一个人应该上大学，接受高等教育，但并不是唯有上大学才可以成才。这一点，越来越多的例子给我们做了证明。也就是说，榜上无名，脚下有路。对于一个孩子来说，首先是保护自己的安全，自己可以照顾自己，不成为社会的负担，这才是第一位的。

再来说拐卖儿童犯罪活动。现在各个地方都成立了"打拐办",打击这种拐卖人口的犯罪行为。这种犯罪行径在人伦情感上是最让人难以接受的。孩子是家庭的希望,孩子丢了,家就毁了,甚至几个家庭都毁了。有些丢失孩子的父母因此精神错乱,甚至自寻短见。儿童走失或者被拐,也容易引发一系列的社会问题,还有家庭伦理问题,以及各种相关的其他问题,使得家庭的生活都不得安宁。如果处理不好,就可能再次伤害当事人的心理。无论如何,对拐卖儿童的犯罪行为,一定要严厉打击。

(七)流浪儿童问题

在社会上,有一些五六岁或者十来岁的孩子四处流浪,在人群密集的场所偷窃他人物品,有些甚至是明抢,抢了东西撒腿就跑。

有一些小孩子露宿街头,无家可归或有家不归,还有一些小孩在街头卖艺。有一些乞讨人员,摆出各种假象蒙骗那些善良的人。有报道称人贩子将拐卖的儿童打残,让残疾儿童在大街上乞讨。

对于少年儿童的违法犯罪行为,应当给予严厉打击。关于流浪儿童问题,全社会都非常关注,因为它也是导致社会不稳定的一个重要因素。很多地方都创办了流浪儿童收容站、收容所等政府和非政府机构。郑州大学张明锁教授专门研究流浪儿童问题,很有成效,为流浪儿童问题的解决提供了很多有益的启发。儿童流浪容易形成团伙,也容易被其他犯罪分子所控制、所利用,成为他们牟取钱财的工具。

二、政府主导,社会参与,推进儿童保护有序发展

序言论及的儿童保护问题,不是一朝一夕可以解决的。解决这些问题的思路,应该是由政府主导,高度重视儿童保护,全社会都参与到儿童保护事业之中,创新儿童保护的方式和方法,推进儿童保护事业有序发展。具体来说,可从以下四个方面入手:

第一,政府必须高度重视少年儿童问题,投入更多的人力、财力、物力。首先是要有相关的法律、法规和政策作为法律保障。法律法规和政策带有指导性、规范性和保障性。家庭、学校和社会要协同合作,形成绵密的网络,勾筑牢固的"防火墙"。

第二，在政府高度重视的情况下，全社会要实施综合治理。这么多问题不是某一方面的问题，各方面彼此之间联系密切。各部门须联合作战，通力合作。

第三，要创新治理。解决少年儿童的各种问题，一定要有创新治理的理念，不能把思路总是停留在传统的那一套做法上，要与时俱进。随着时代变迁和社会发展，少年儿童问题已经出现了不少新的变化，因循传统的方法可能无法解决这些新问题。所谓创新治理，就是提出一些新举措，一些新办法。或者说在理念上，在实践的模式上要有创新。

第四，大环境治理与优化。序言列出的少年儿童问题，好像是这个年龄段出现的问题，其实不完全是这样。这个年龄段对人的一生发展起到决定性作用。而这个年龄段所出现的问题，也同时是社会整体出现问题的反映。社会大环境可能会导致某些儿童问题更加严重，或者问题出现的量急剧增加。因此，只有不断治理和优化社会整体环境，使孩子们生活的社会大环境不断得到改善，才能从根本上解决儿童问题。

儿童是祖国的花朵，儿童是祖国的未来。儿童问题的真正解决，将对实现中华民族伟大复兴的中国梦，产生巨大的影响。

陈国庆

2016 年 3 月 10 日于桃园

序　二

　　人类生命个体的成长,是由童年到青年,再由青年到中年,以至老年的过程。"童年"是人类个体生命的起始阶段,这一阶段应该得到应有的呵护和保护。儿童是国家和民族的未来,儿童不仅属于家庭,而且属于整个社会。在正常的家庭环境中,父母的亲情关爱,是儿童身心发育的基本条件;学校教育的正常开展和有效推进,是儿童智力发展和人格养成的必要条件;社会对儿童的关爱,是儿童认识社会和提升社交能力的重要条件。家庭、学校和社会的相互连接,形成有利于儿童成长和进步的长效机制,是社会文明和进步的主要标志之一。儿童保护和援助的对象,不是针对正常发展的儿童,而是针对那些由于家庭和各种社会条件的限制,不能得到呵护和保护的儿童而言的。这些儿童包括流浪儿童、留守儿童、智障儿童、孤残儿童等弱势群体。对这些特殊人群的关爱、保护和帮扶,为他们营造一片幸福生活和健康成长的蓝天,让他们在这片蓝天下快乐健康地成长,是政府、学校和社会的共同责任。

　　对儿童保护事业进行理论观照,探讨儿童保护的实践经验和有效模式,针对儿童保护中存在的具体问题,提出切实可行的解决方案,不仅是慈善理论和慈善文化研究的重大课题,而且是从事儿童保护实践的学校和教师、政府管理部门和社会慈善公益机构共同关心的永恒话题。2015 年 8 月 22 日,由陕西省慈善协会、安康慈善协会、陕西省慈善文化研究中心等组织发起,安康达德书院承办的"陕西省首届儿童保护论坛"在安康举行,省内 82 家公益慈善组织的 100 多名代表参加会议,论坛围绕"保护儿童身心安全,促进儿童健康成长"的主题,共同探索"关爱与保护儿童"的工作途径,积极探寻留守儿童、孤残儿童和家庭困难儿童所面临问题及其解决方案,推广留守儿童保护中的成功经验,以期为各级政府部门、公益组织、学校和家庭在儿童保护工作上提供参考。论坛还通过了儿童保护《安康宣言》,倡导全社会共同承担起儿童保护的重要责任。基于此,我们组织编撰了这本具有专业学术性和现实针对性的著作,就是要把理论的思考和实践的探索结合起来,希冀能够发挥对儿童保护具体实践的理论借鉴和指导作用。

本书作者有一些是长期从事公益慈善理论和慈善文化研究的专业理论工作者,另一些是具有社会学和社会工作专门知识和技能的研究生,其余是长期从事学校教育工作的教师,以及长期从事儿童帮扶的公益慈善组织的直接参与者。因此,本书的内容也大致体现了这一作者群体的构成特征:一是从不同的理论视野对儿童保护实践进行理论观照;二是对儿童保护和帮扶的实践模式进行总结和提升,特别是对留守儿童的安全、教育和精神健康等方面进行理性升华;三是针对儿童保护的具体问题,进行社会工作介入和干预。这样的内容构成,保证了对儿童保护问题的多方面观照,体现了学术理论性和现实针对性的高度结合。

推进儿童保护事业深入持续发展,需要从事儿童保护的公益慈善组织和个人在实践中不断探索,不断深化儿童保护的内涵,拓展儿童保护的外延,达到理性思考和实践探索的完美结合,并在这种结合中实现儿童保护的价值目标。当代公益慈善事业已经突破了单纯救济式的"输血模式"的局限,这意味着儿童保护工作也要转向以救济和发展相统一的实践模式。

深化儿童保护的内涵,就是要在思想上不断深化对儿童保护的理解,在实践上不断探索儿童保护的新模式和新经验。儿童保护不仅要给予儿童物质方面的救助,帮助他们摆脱生活上的困境,而且要激励他们的精神,开发他们的潜能,发展他们的智力,变救济式的保护为开发式的、发展式的保护,使他们在精神上自立自强,勇敢地面对生活,面对人生,面对社会,成为生活的强者。因此,要树立新的儿童保护实践理念,创造新的保护模式,形成政府、学校、家庭和社会有机结合、相互促进的保护网络,创造儿童健康快乐成长的社会环境和社会氛围。要从思想理论和文化精神上为儿童保护提供智力和智慧的支撑,深化儿童保护的精神文化内涵,提升儿童保护的思想高度,发展儿童保护的价值诉求。只有这样,才能推进儿童保护事业的持续发展。

拓展儿童保护的外延,就是要不断拓展儿童保护的实践领域,扩大儿童保护的广阔空间。儿童保护不仅包括留守儿童的教育、保护和帮扶,而且包括流浪儿童、残障儿童等特殊群体的救助和保护,还包括正常儿童的智力开发和人格塑造。在学校教育中,学生的智力障碍、精神困惑和人格缺陷,也应该纳入儿童保护和帮扶的范围,通过教育教学方式的改变,因材施教,改变学生的智力状态和精神追求。在电视、网络等大众传媒不断发展的时代背景下,在消费社会的冲击下,研究和发现当代儿童的特点,针对儿童出现的新问题和新特点,引导儿童沿着健康、独立自主、自由快乐的方向发展。这就是说,儿童保护不仅是对特殊群体的保护和帮扶,而且是对正常儿童的开发和提高。因此,儿童保护的疆域需要拓展,儿童保护的沃土需要政府、学校、家庭和社会的共同耕耘。

　　由于编者的学识水平所限,本书并不能解决儿童保护的所有问题,但编者的心愿在于为儿童保护的理论工作者和实务工作者打开一扇重新认识儿童保护问题的窗户,通过这扇窗户,可以发现儿童保护需要研究和探索的问题,可以发现儿童保护有待实践和探索的方向。

　　路漫漫其修远兮,吾将上下而求索。儿童保护的理论观照和实践探索,是儿童保护事业持续深入发展的需要,二者的完美结合是一个常谈常新的永恒话题,让我们为此而不断探索,收获更多的理论成果和实践经验。

赵润琦

2016 年 3 月 18 日

目录

上编

新视野 新方法

儿童的生存、保护和发展是提高人口素质的基础,是人类社会发展的先决条件。儿童保护事业的发展状况,直接关系到一个国家和民族的前途和命运。对儿童的关爱和保护就是对人类的明天负责,也是人类行为的道德价值诉求。

儿童保护问题是国际社会面对的重要问题,也是中国社会建设发展过程中遇到的重点问题之一。解决儿童问题和实施儿童保护,在基础理论研究和实践问题探索中,既要坚持继承传统的好的做法、成熟的经验和理论,又要面对经济社会发展过程中出现的新问题、新现象,坚持解放思想,与时俱进,创新社会治理,不断更新理念,开阔视野,积极借鉴国内外先进的经验和方法。

儿童保护问题是古今中外长期存在的一个社会问题。今天,国内外对儿童保护问题的理论研究和实践对策研究已经形成了一系列理论成果,如,社会学中的基础理论和对策理论、政治学中的公共治理理论、心理学中心理诊断和心理治疗理论、文化学中的道德价值理论、体育学中的运动或快乐理论,等等。本篇主要目的在于启示研究者或实践者开阔视野,积极学习新的理论,转换视角,加大对儿童保护的深入理解。

从社会支持的视野探讨留守儿童的保护,建构留守儿童保护的社会支持网络系统;从生命历程理论的视角对农民工子女的分析,探讨农民工子女对社会变革的适应性反应;从社会史的视角对民国时期西安孤儿教养院的研究,为当代儿童保护提供历史经验的支撑。这些研究成果都运用当代社会学的理论和方法,以新的视角对儿童保护进行理论关照,拓宽了儿童保护研究的理论视野,为儿童保护实践的深入展开提供了新的理论支撑,对于儿童保护的实践具有一定的借鉴意义。

儿童保护实践的深入展开,不仅需要社会学理论和方法的支撑,而且需要国际化的视野。借鉴发达国家的先进经验和理论研究成果,对于推进我国儿童保护事业的发展,具有非常重要的作用。当代文化是以大众传媒为载体的新型文化形态,电视、网络和社交网络等新媒体,不仅影响了人们的生活方式和交往方式,而且改变着人们的思维方式和精神状态,在数字化、信息化快速发展的当今时代,儿童生活和发展的环境发生了前所未有的深刻改变。文化权力的宰制,对儿童的影响无所不在,传媒革命和信息环境变迁所制造的"图像时代"和"电子媒体社会"导致儿童成人化危局,出现了"成人化儿童","成人化儿童"就是儿童与成人的距离消失,儿童的"早熟"与成人的幼稚同时存在的一种社会现象。针对这种现象,在实践中应该主要从社会教育、学校教育、家庭教育等多层面来诊断、反思这种成人化倾向给儿童带来的创伤。当代儿童保护实践不能无视这种变化,必须根据这种变化制定新的保护策略,寻求当代儿童保护的新模式。美国社会的儿童媒体保护制度已相对比较成熟,形成了比较完善的儿童媒体保护体系,涉及政府的法律保护、媒体的行业自律、社会的监管和学校的媒介素养教育以及家庭教育,这对我国探索儿童的媒体保护有重大参考价值。借鉴这些方法,对于营造儿童成长的媒体环境,具有重要的启发意义。

儿童保护实践在本质上是一种道德践行活动,寻求实践活动的道德支持,是对儿童保护事业进行理论观照的应有之义。在特定的伦理精神的支撑下,进行儿童保护的具体实践,对于把握儿童保护的深层内涵和发展方向,实现对儿童的伦理关怀,是儿童保护的价值指向。在改革开放的时代背景下,从事儿童保护事业,必须从中国文化传统中挖掘提炼中国文化精神,并赋予其时代发展的新内涵,突显儿童保护的中国文化特色。孔子的仁爱慈善观,主张仁者爱人、重义轻利等,从哲学高度阐述了父慈子孝的家庭关系和以义为首的社会道义原则,对儿童保护和救助具有现实的指导意义。在倡导和践行社会主义核心价值观的实践中,发扬团结、友爱、互助的慈善精神,对儿童进行伦理关怀,塑造儿童的人格,改变儿童的精神状态,显得尤为重要。从伦理学视角探讨伦理价值层面的儿童问题解决对策,是儿童保护实践的精神维度,为儿童问题的解决进行了有益的精神和价值重建。

运用新方法,探索儿童保护的实际问题,寻求解决的路径和方案,是儿童保护理论研究和儿童保护实践发展的需要。留守儿童保护是对留守儿童的安全而言的,分析了儿童安全问题产生的主要原因,探寻儿童安全保护的实践策略和具体路径,是儿童保护的重要内容。政策和法规是儿童保护实践的依据,实施我国儿童福利政策的多重主体,规定了它们之间的相互配合与协同作用,是儿童保护实践深入进行的必要条件。研究论证在儿童保护实践中,如何发挥政策的导向作用,也是需要研究的重大理论问题之一。

社会支持视域下农村留守儿童保护探析

儿童是冉冉升起的朝阳,是家庭的寄托,民族的希望。儿童的健康成长关系到祖国的未来和人类的希望。对儿童的关爱和保护就是对人类的明天负责,也是人类行为道德实践的诉求。幼吾幼以及人之幼,在任何社会,保护、关爱儿童都是我们义不容辞的职责。在当代中国,城乡之间的流动早已颇具规模,数以亿计的农村剩余劳动力辗转到城市打工,谋取生计。劳动力的流动使得市场充满活力,有力拉动了经济的腾飞,但是相对而言,流动务工周期长致使绝大多数外出务工家长经年不回家,忽视了对留守子女的照顾与关爱。远离父母、留守在农村的儿童越来越成为社会关注的对象,他们所面对的心理、生理、教育、安全等问题已然成为亟需解决的社会问题。构建与发展社会支持网络,关注与帮扶农村留守儿童,是时代的要求,具有极其重要的理论与现实意义。

一、农村留守儿童需要关爱与保护

留守儿童是指父母双方或一方流动到其他地区,子女留在户籍所在地并因此不能与父母双方共同生活在一起的儿童。中国的留守儿童主要分为两种,一种是城镇留守儿童,一种是农村留守儿童。城镇留守儿童是指父母双方或者一方因为工作需要或者其他原因,较长时期离开户籍所在城镇,单独或者与其他亲属等生活在一起的儿童。农村留守儿童是指父母双方或一方从农村流动到其他地区,孩子留在户籍所在的农村地区,并因此不能和父母双方共同生活在一起的儿童。与城镇留守儿童相比,我国农村留守儿童基数大,生活贫困,更易出现各种社会问题。基于全国第六次人口普查抽样结果:0～17岁留守儿童占儿童比例为25%,农村留守儿童占留守儿童比例为87.52%,农村留守儿童占农村儿童比例28.52%,占全国儿童比例21.88%,全国共有27891万0～17岁的儿童,由此推算,全国留守儿童人数为6972.75万,全国农村留守儿童为 6102.55 万。这只是一个推算数据,并不能精确预测我国留守儿童的具体数量,但是此数据也具有一定的科学性,它从宏观上反映了我国留守儿童数量巨大,亟需关爱和保护。

儿童是每个人必须经历的生命历程,是个人社会化的基础阶段,由于生理机能的欠缺,总是处于弱小的被保护状态。另外,儿童是有权利受到保护的,儿童权利是指儿童拥有一种截然不同的法律身份,以及与其父母完全独立的、不同的利益和需要,包括受保护的权利和依赖的权利,公民权、自由权和自治权是其应有之意。其中,最为重要的应该是儿童受保护的权利,从呱呱坠地到咿呀学语,儿童作为一个自然人,天赋的属性便是得到生命的呵护,需要从父母亲人或者其他相关者那里得到支持。但是,儿童作为没有独立生活能力的公民,无论从道德、法律抑或是传承习俗上考虑,我们都应该自觉地保护与关爱儿童。

农村留守儿童是儿童队伍中的特殊群体,形成的主要原因在于社会经济的发展促使农村社会结构的变迁,主要表现在农村社会关系、社会流动、社会规范以及家庭结构的变迁。首先,就社会关系而言,传统农村社会关系构筑在血缘与亲缘基础之上,家族之间互相帮扶,而现代农村社会关系向多元化发展,越来越注重地缘和业缘组建的契约关系。外出务工人员与同村家族人员之间的血缘关系淡化,子女无法得到类似传统家族给予的亲情支持。其次,现代社会人口流动性大,城镇化的快速发展要求有充足的劳动力不断加以补充,而科学技术的发展促使农村产生大量的剩余劳动力。农村青壮年劳动力自然而然向城市转移,在转移过程中,受客观条件限制,他们没有能力携妻儿老小一并入城生活。再次,传统的农村社会是一个礼俗社会,礼是群体公认的合乎规范的社会行为规范,它是人们从教化中养成了敬畏之感。现代农村社会契约与权利意识加强,法理逐渐取代礼俗,人们之间的行为日趋理性,利益最大化作为价值取向左右人们的日常行为。鉴于此,农村的青壮年劳动力才有胆识、有动机、有意愿进城务工,奔向他们的小康社会。当然,法理社会的形成是社会进步的表现,是不可遏止的发展潮流,人们理性行为的选择也是人类进化的成果,无可厚非。但是这样的社会形态,客观上导致农村留守儿童的产生,时下俨然成为一个不可忽视的社会问题。最后,在社会全面转型过程中,农村家族结构发生翻天覆地的变化,在计划生育等制度性约束和生育意愿等自发性因素的双重作用下,现代农村已不再见儿孙满堂的传统大家族现象,取而代之的是单独核心家庭的普遍出现(核心家庭即夫妻两人和未婚子女居住)。当父母双方或者一方外出务工后,家庭不再完整,造成留守儿童现象的产生。相比于农村普通儿童,农村留守儿童远离父母,精神孤僻,有的甚至生活困苦不堪,承担了这个年龄不该有的生活与精神压力。于多数城市儿童相比,自不待言。所以,农村留守儿童需要比普通儿童更多的关爱和保护,他们需要社会的支持和帮助。

二、构建与型塑社会支持网络

亲情的分离、家庭长期拆分的生活境遇和成长发展的关键阶段可替代性资源或手段的缺失,是研究者们提出的构建农村留守儿童社会支持体系的理论预设。而要弥补亲情分离带来的情感缺失,满足儿童成长发展的需求,寻找并使得可替代性资源发挥应有的作用,必须构建符合中国国情的社会支持网络。社会支持理论早已有之,社会学视域的社会支持理论旨在解释社会群体的社会支持特征及其对个人自身发展的影响。农村留守儿童如何获致相关社会群体的支持,涉及政府、社区、学校、家庭、社会组织以及邻里朋友等多个方面,它们之间互通有无、联动合作就能编织一张农村留守儿童保护的金网,助力农村留守儿童展翼逐梦。

(一)政府是农村留守儿童保护的风向标

在社会主义初级阶段基本国情条件下,政府往往在社会建设和发展中拥有主导权。目前,我国农村留守儿童保护受到多个政府部门的关注和重视,民政系统、公安、司法、教育、卫生、妇联、残联、共青团等部门在开展儿童保护工作中发挥了极为重要的作用。这些部门的所作所为不仅对儿童施以政策、法律和制度上的保护,而且像民政、残联、妇联、教育等部门更是直接给予农村留守儿童以经济及其他帮扶,在很大程度上满足了农村留守儿童最为迫切的需求,保障了他们基本的生活、学习权利。但是,政府各部门对农村留守儿童的支持尚未形成系统网络,各部门之间缺乏联系,各自为政,导致形成服务单一、连续性难以维系的问题。当然,我们丝毫不否定政府在农村留守儿童保护中的主导作用,但是政府并不是全能战士,能将一切问题都有效解决。就像在市场经济中政府发挥着重要的宏观调控作用一样,在农村留守儿童的保护中,政府部门更多地扮演着提供实物支持、制定保护性政策法规、倡导和规范留守儿童保护的角色。而应将提供具体的保护性服务,发现与解决儿童遇到的实际问题,寻找代理家长,提供持续性心理支持以及医疗服务与风险评估等实际工作,交给社区与社会组织,由他们来承接或参与。

(二)社区是为农村留守儿童提供保障的重要抓手

社区是与政府联系较为紧密的组织单位,农村社区更是承担了村民与政府互动的桥梁与中介。在农村,政府制定的政策和制度大多依靠村委会传达,发放各种福利也是经由村委会负责。农村留守儿童更是切身生活在农村社区之中,甚至其接受教育的学校就在村庄内或者村庄附近。所以,在农村留守儿童保护的支持网络中,农村社区支持不可或缺,它更贴近农村留守儿童的日常生活,能够调动周围资源形成合力,在留守儿童人身安全、经济帮扶、教育支持等方面提供保障。儿童的生活离不开社区,即便专业化的社会组织对农村留守儿童进行专业服务,除极特殊情况外,也不会使儿童脱离社区而接受服务。社会组织在社区内为农村留守儿童提供服务,就一定要与社区形成不可割裂的联系。

(三)学校是实现农村留守儿童保护的堡垒

农村留守儿童绝大多数处于学龄阶段,学校是其生活与学习的重要场所,担负了农村留守儿童保护的重要职责。目前,学校作为农村留守儿童教育支持的主要承担者,尚且存在一定的功能缺位,集中表现在"一刀切"地对待所有学生,没有形成针对农村留守

7

儿童的特殊教育。众所周知,儿童的世界是简单而纯真的,他们需要家庭与学校的联合教育。当家长会上其他孩子的家长因为老师夸奖自己孩子而面带微笑时,当亲子游戏中其他父母带着自己的子女嬉戏玩耍时,留守儿童会因为不能享受这样的"福利"而黯然神伤,而很多农村小学恰恰忽视了对这些留守儿童的"特殊"教育与心理开导,容易导致儿童抑郁症结。所以,学校要充分重视对留守儿童的情感呵护,尤其在心理疏导方面,应制定留守儿童教育管理方案,给予儿童以适当关爱,及时疏导,帮助他们克服心理障碍,快乐学习,健全人格,做农村留守儿童保护的坚强堡垒。

（四）社会组织是农村留守儿童保护的直接支持者

鼓励和培育社会组织发展,使社会组织参与到社会建设中来,是国家促进社会发展的基本方针。随着社会经济的不断发展,社会组织在社会发展和公共事业管理中发挥着越来越重要的作用,成为政府部门职能转移的重要补充。在农村留守儿童保护领域,社会组织具有多元化、规范化、科学化、专业化、灵活性的优势条件。首先,社会组织提供的服务是多元的,社会组织不同于政府,它能够自主地为服务对象提供服务,针对农村留守儿童的生理、心理、安全、教育等各种问题,不同的社会组织能够提供针对性服务。其次,社会组织的服务人员一般都受过专业训练与学习,素质较高,能够在服务的过程中识别留守儿童的真正需求,从而提供专业化服务。再次,社会组织提供的服务是持续性的,不同于"一次性消费",更注重服务的长效性,在每次服务完结之后都有后续评估以确保服务的完整性。最后,当一个社会组织的服务不能满足留守儿童的特殊需求之时,机构会委托专业人员评估后转介服务对象,将由其他专门针对留守儿童特殊需求的服务机构进行后续服务。

（五）乡土扶持是农村留守儿童保护的有力补充

中国人一般具有乡土情结,它是基于血缘和地缘条件构建的特殊社会关系。在传统社会中,家族是个人强有力的依靠,个人可以从家族体系中获得从生到死的寄托,从而形成个人几乎全部的社会支持。在现代社会,随着社会结构和家庭结构的变迁,过去依赖于血缘、亲缘和地缘建立起来的社会支持逐渐淡出历史舞台,家族的缩小、亲情的疏远都在很大程度上瓦解着农村社会旧有的社会支持系统。如果说政府、社区、学校、社会组织对农村留守儿童的支持是外展社会支持的话,那么乡土支持就是内生性社会支持。与外展性社会支持相比,内生性社会支持在一定程度上更具及时性和灵活性。所以,农村留守儿童的保护需要乡土扶持,需要家族亲属对农村留守儿童的亲情照顾,需要邻里乡亲对农村留守儿童的关爱保护,特别是对留守儿童于细微处、于日常生活中施以帮扶。乡土扶持是符合中国国情的留守儿童保护措施,是构建农村留守儿童保护网络中不可或缺的一部分。

综上所述,政府、社区、学校、社会组织以及亲朋邻里是农村留守儿童保护的重要载体,构建与型塑一个政府牵头、社会组织积极参与、以社区为依托、学校为阵地、亲朋邻里守望相助的社会支持网络,多方联动,合作共赢,共同为农村留守儿童的健康发展贡献力量,这是有效解决农村留守儿童问题的重要途径。

三、构建农村留守儿童社会支持网络意义深远

当前,数以千万计的农村留守儿童已然成为不可忽视的社会问题,而构建农村留守儿童社会支持网络应是解决留守儿童问题的有效途径。因为构建留守儿童社会支持网络能够为农村留守儿童提供恰当的服务,满足他们的需求,保障留守儿童及其家庭的健康发展,从而带动整个农村社会的和谐发展。农村的良性发展必然会带动农村留守儿童的进一步成长,留守儿童问题的解决顺理成章。这是一种社会互构的力量,现代社会生活的现象是个人与社会互构共变的产物,其过程是多元社会主体的行动关联、互为主体和客体的互构共变过程,也是以社会行动者的交互性建塑和型构为基础的转型变迁过程。在多元互构过程中,不仅是社会型构个人,同时也是个人型构社会,双方相互影响,任何一方的行动都自觉或者不自觉地发挥着不同的建塑型构的作用,并对他方的原有行动意义和性质形成某种影响。构建农村留守儿童社会支持网

络,是每一个政府相关部门、社会组织、农村社区、学校以及亲朋近邻共同努力的重要任务。在改变社会、解决农村留守儿童问题的过程中,形成了我们互通有无的团体,促进了社会的进步。而社会的发展与进步赋予我们儿童保护者的角色,使我们在工作中得以愉悦,完善了自身的成长与社会化。

（王金祥）

生命历程视角下的农民工子女分析
——基于陕南 X 村儿童个案

生命历程研究作为一种重要的社会学研究理论,对研究个体与社会之间的互动具有重要意义。将该理论运用于农民工子女的社会适应性问题研究,以个案研究为主要研究方法,通过深度访谈、观察等具体方式,将研究结果结合生命历程的研究范式进行分析,试图揭示出农民工子女在不同时间序列所作的适应性反应,为研究农民工子女提供一种新的研究视角。

一、相关概念的界定

(一) 生命历程理论

生命历程大体是指在人的一生中随着时间变化而出现,并受到文化和社会变迁影响的年龄、角色和生命事件序列。它关注的是人生经历、时间选择以及构成个人发展路径的阶段或事件的先后顺序。生命历程理论在 20 世纪 60 年代以来经芝加哥学派的传播得到迅速发展,其基本思想是将个体的生命历程看作是更大的社会力量和社会结构的产物。更重要的是,该理论创造了一系列概念工具和分析方法,这样一种理念和分析方法将生命历程理论与其他微观社会学视角区分开来。生命历程理论虽然是一种正在形成中的理论,但是却极其鲜明地反映了剧烈的社会变迁对个人社会生活的显著影响。目前国内部分学者将生命历程理论的基本原理概括四点:一是一定时空中的生活原理;二是相互联系的生活原理;三是生活的时间性原理;四是个人能动性原理。

(二) 农民工子女

农民工子女是指拥有农业户口的,在城市务工人员的子女。根据唐有财的研究成果,他从动态的角度将农村儿童分为四种,分别是传统意义上的流动儿童、留守儿童、非留守儿童以及较为少见

11

的流动儿童。其中,前三种类型的流动儿童存在着相互转化的问题。文中的"流动儿童"专指处于不断身份转换的农民工子女,在流动儿童和留守儿童之间相互转换。

二、分析思路与研究方法

本研究采用个案研究的方法,即针对一项个案开展深入研究。由于缺乏代表性,不具推广性,故而很多这类研究一般不适合采用个案研究方法。然而,生命历程研究方法是一项针对个体所开展的研究,以单个个体作为研究对象是可行的。在本项流动儿童研究中,由于可资利用的资源有限,因此对于研究所采取的最可行的方法便是个案研究。个案研究也可以将其中与之相关影响的各种因素挖掘出来,为以后的相关探索提供研究框架。

(一)选取个案

本课题研究对象包括儿童、儿童的亲属、同辈群体、老师以及其他与该儿童相关的社会支持网络。主要研究对象的家庭基本情况为:本项目选取的对象为陕南×村的一名儿童,年龄12岁,男孩,独生子女,现就读初中一年级。家中共5口人,即爷爷、奶奶、爸爸、妈妈和他自己。其中,爷爷奶奶年龄均超过65岁,身体状况一般,基本自理,爸爸40岁,妈妈38岁,均为农村户口。父母从该儿童出生起便在省城的一家工厂打工,通常半年回家一次。该对象属于"流动儿童"的范畴,作为研究的个案是合乎要求的。

选取该儿童作为研究对象的主要依据:(1)选取对象必须在农民工进城务工和计划生育政策的大背景下出生,从其出生至整个的成长过程都在此背景下开展,这是一个时代的子女所共同拥有的特征。故而选取此对象具有一定的代表性。(2)笔者与选取对象之前存在联系并建立了亲密关系。虽然这在研究中可能违背韦伯所说的"价值中立"原则,但是在本项研究中这种亲密关系有利于研究的开展。一方面,在与案主事前就建立起了亲密的关系,在信任的基础上有利于访谈的深入;另一方面,对案主周边的人及环境有一个明确的认识,也可以通过周边人的谈论验证案主提供信息的真实性与准确性,同时对案主可以利用到的社会支持网络资源有一个明确的认识;另外,笔者从案主小时候就了解案主,并且与案主经常进行对话沟通,故而可以从时间序列的角度来对案主的情况进行全面描述。以上三点理由是笔者选取该案主作为研究对象的原因。

（二）研究方法介绍

在具体研究中,本项目拟采用访谈法和比较研究法,并将两者相结合进行综合分析。

访谈法的对象为上述案主,即农民工子女、案主的家人、案主的老师、案主的同学。这些人都是与案主平时密切相关的人物。访谈的目的是了解案主从有自我意识起到现在成长的简单情况,针对父母进城务工对案主所产生的心理影响,结合发生在案主身上、生命历程中比较重要的系列事件,如前往城市过寒暑假、上学、升学、亲子分离等一系列重要事件,从而判断案主的社会适应性。其中包括以下几个方面的访谈:(1)针对案主,主要是通过结构式访谈来剖析案主对于父母外出务工的看法、对于与父母分离的看法、对于经常流动于城市与农村之间的心理动态、对于学习的看法、对于爷爷奶奶的看法,从而通过与案主的交流来观察案主的性格特征、独立性、案主的身体状况等。(2)针对案主的父母,主要是访谈父母对务工对于家庭结构的影响、对抚养和教育子女的看法、对与子女经常分离而产生的亲子关系之间的影响、对家庭经济状况的客观认识等。(3)针对案主的爷爷奶奶,主要是访谈他们抚养孩子的经历、对与后辈关系的认识、对案主经常流动的认识、对子女外出务工的认识、对自身在家庭结构中地位的认识等。(4)针对案主的老师,主要是访谈案主平时在校期间的学习成绩的波动状况、学校课余活动的参与情况、案主在学校期间所表现出来的对父母的态度、案主在校期间的人际交往情况、与那些非农民工子女交往所表现出来的不同等。(5)针对同辈群体,主要是访谈对案主的认同情况、在校期间的人缘情况等。

比较研究法主要从两个维度加以对比:一个是时间维度的对

比,一个是不同对象的对比。笔者通过上学前、上小学、升初中三个时间阶段的生命历程的对比,逐步弄清楚了案主的心理变化、周围环境的变化,进而分析出事件的影响及其与后续活动之间的相关性。另外,通过与同龄人群中非农民工子女的对照,一个作为实验组,一个作为参照组,从而分析其差异和影响因素。

三、结果分析

(一)观察和访谈的简要介绍

案主家在大山深处的一个村子,在农村务农,全家的正常生活难以得到保障,案主的父母从 20 世纪 90 年代就开始进城务工。在 2001 年案主出生前,父母一直在外打工,案主出生半年后,父亲就外出务工,母亲留在家中照顾案主。在案主一岁半时,也就是开始记事起,因为生活负担太重,案主的妈妈和爸爸一起外出务工,案主则由年迈的爷爷奶奶抚养。在年末父母回家后,案主表现出根本不认识其父母的样子,大约花了一天的时间,他才开始意识到与父母应该存在着亲密关系,才逐渐亲近起来。过完年,父母出门,案主又开始了与父母分离的生活。

案主三岁时,可以到处跑且有了自己的喜好,因为爷爷奶奶要农忙,而且年纪大了,精力不足,所以很多时候案主处于放养状态。没有兄弟姐妹,周围没有同龄人,所以案主平时都是独自玩,而且经常会碰伤自己。在年末,其父母回家时发现他说的很多词、语气等都与他的年龄不符,反而像是长辈人说的话。另外,案主卫生意识极差,待人没有礼貌,看见长辈不说话,经常干一些"坏事"。在意识到案主身上存在的问题后,一家人经过商量决定让案主待在父母身边,一方面考虑到带他去城里上幼儿园,接受不同的事物,另一方面也担心案主在家里沾染上长辈的"坏毛病";同时,"将孩子带在身边,平时也不用一直打电话,不会只能听见声音看不见人了(案主母亲)"。

在案主三岁半时,开始了第一次流动经历。由于父母工作忙,又害怕案主乱跑不安全,所以平时上班就将案主反锁家中看电视。

平时放假的时候父母才带案主出去玩。这样的经历持续差不多半年，直到下半年父母将他送到幼儿园。在幼儿园里，因为不会说普通话，所以案主和其他同伴的关系一般，学习成绩也不好。大约一个月后，案主才开始与同伴一起玩耍。到年末，当问及案主进城的感受时，案主说道："城里的家太小了，没有家里的大，但是城里有××同学和我一起玩，城里有好多家里没有的好吃的。"

回到家之后的案主因长时间没有与爷爷奶奶接触，与爷爷奶奶的关系逐渐变得冷淡，而且在语言方面，有时候说普通话，有时候说家乡话。年后，案主又随父母进城。这样的状态一直持续到案主六岁的时候，因户口原因不得不回老家上学，在上学第一年由爷爷奶奶带着，一年之后，父母发现案主在学校不好好学习，不听话，成绩差，所以一家人决定让母亲回家负责案主的生活、学习。

之后，案主和母亲住在一起，平时生活由母亲照顾，案主学习成绩确实取得了明显进步。学校离家还有好长一段距离，母子俩在学校旁边租住了房子，到周末才回一趟家。由于母亲与爷爷奶奶的关系一般，所以平时在母亲的言行上，案主也开始对自己的爷爷奶奶有了看法（"我不喜欢我的爷爷奶奶，他们那么老，而且又脏！"）。另外，由于母亲经常给孩子强化一种思想（"你爸爸在外面起早贪黑的工作，我又放弃出门赚钱的机会专门带你读书，你可得好好读书，读不好书你对得起我们吗？"），这给案主带来的压力很大，使得案主平时看见母亲就非常害怕，每天基本上大部分时间都在写作业。与此同时，由于和父亲长时间不得见面，所以与父亲的感情很淡薄。

在上小学期间，案主一直都是平时读书在农村，放暑假时就随母亲一起去父亲打工的地方，到了暑假结束再返回农村学校上学。在暑期，因为父母忙，案主时常每天做完作业后，就去父母工厂帮忙，快到做饭的时间回家准备饭菜，等父母吃完饭后还要洗碗。

（二）案主的生命历程分析

通过上述基本情况的介绍，可以分析出案主的生命历程给案主生活带来的各方面影响。通过生命历程的分析范式，总结出给案主带来的影响。

根据埃里克森的生命八周期理论,在婴儿期,主要是基本信任和不信任的心理冲突。此时父母的陪伴是形成信任心理特征的重要依据。而在此时,由于缺乏父亲的陪伴,所以对案主来说,这个方面也存在一定的问题。而其在三岁之前,是形成良好习惯的人生重要时期,如卫生习惯、饮食习惯等,这些都需要父母的监督。而在此案例中,案主并未形成该年龄段孩子的特征。在学龄初期,正是产生儿童主动和内疚冲突的时期,此时儿童的某些行为会得到强化,从而激励或是抑制儿童实施某些行为。在本案中由于身处新环境,对周围环境不了解,再加上自身的缺陷,如普通话不好,妨碍了案主主动与周围环境的互动,从而使得案主对周围环境的适应能力受到了一定程度的抑制。在学龄期,儿童面临的是勤奋与自卑的冲突,在此期间儿童在学校通过自己的努力获得一定的成绩之后,从而产生自信,相反则会自卑。

1. 代际关系发育不完整

通过分析,我们对案主的代际关系进行分析,发现案主的亲子关系与隔代关系之间存在一定的问题。首先,在与父亲的关系上,由于长时间与父亲分离,造成与父亲关系的淡化,平时与父亲之间的交流较少且不深入,父亲的位置和角色被边缘化,对父亲甚至存在排斥现象。其他同龄非农民工子女则对于父亲在家中的权威有一定的认识,对父亲非常尊重,相比较而言,案主则在父子关系方面发展不健全。其次,在母子关系上,由于母亲给予孩子一种内在压力,这种压力如果施加太过,会造成孩子的反感,从而影响儿童心理发育。另外,在本案例中,案主与母亲的关系过于密切,使得案主可能具有一定的女性化的性格特征。这一点对于一个男孩的正确的性别意识的养成是不利的。最后,在与祖父母的关系方面,由于受到母亲的影响,对于祖父母存在不正确的认识,对老年人的错误看法会影响案主正确价值观的形成。综上所述,案主在其生命历程中的各种经历造成了案主代际关系发育不完善。

2. 身份角色认同与社会主流存在差异

身份认同是对于自身所处社会地位的一个正确的把握和认识。一定社会阶段和时期内，一个人所拥有的身份认同是一定的。对于社会大多数人而言，儿童的身份应该是在学校好好学习，在家里好好玩耍，是家里人应该全力保护的对象，其能力和责任还不至于达到支撑家庭，承担家庭和社会责任的地步。在本案例中，因为父亲不在身边，所以案主将照顾母亲的责任放在自己身上。过早承担起了与其年龄不符的社会角色并从事相应活动，如做家务、帮助母亲干活等。扮演了一个小大人的角色，期望尽早参与社会生活，以减轻家里负担。

3. 社会环境转换带来的不适应

部分农民工子女存在着流动状况，即从农村转移到城市，再从城市返回农村，且流动的时间较短。对于儿童，家庭、学校和同伴是影响儿童自身发展的重要因素。在暑期流动这一时期，很多儿童在一定程度上处于"隔离"状态，这对儿童健康成长较为不利。

4. 期望分析

本课题研究中的期望分析是指父母对于子女的分析、子女对自身期望的定位以及子女对于父母的期望。通过访谈，我们发现父母对于子女在情感上的要求较弱，对子女的要求集中在发奋读书上。一方面，农民工在进入城市之后，对于自己的工作有明确的定位，他们也希望能够更多地接受教育，从而摆脱这种不稳定的生活景况；另一方面，子女在学校的读书成绩其实也被默认为是他们努力工作的一种回报，如果他们努力工作，他们的子女成绩也好，对于他们其实也是一种激励，在同乡中间有"面子"。因此，对子女的要求更多的是子女必须在学业上取得成就，至于子女对父母的感情以及其他的兴趣，父母的期望值和关注度相对较弱。在本案例中，案主最大的希望是取得好成绩，不辜负父母的辛苦付出。最后，在正常情况下，子女对父母的要求只是希望父母能够多花些时间陪伴自己，而在本案例中，由于代际关系出了问题，所以案主对父母的态度则是疏远的,对现状是害怕的,对父亲、祖父母则是排斥的态度,这与正常儿童对父母的要求存在着显著差异。

四、总结

社会事件在人的生命历程中发挥的作用可大可小,这是一项长期的研究工作,需要时间来验证其作用大小与否。农民工子女在"民工潮"和独生子女增多的社会背景下,其生命历程发生了一系列的变化。本案例虽然不具备完全的代表性,但是足以反映改革开放和社会变迁背景下的留守儿童受到的显著影响。最后,希望通过本案例的理性研究,对探索我国农村留守儿童健康成长问题和解决路径有所帮助。

（汪丹）

农村留守儿童安全问题研究

我国自改革开放后,在经济迅速增长、科技不断进步、人民物质生活水平不断提高的同时,城乡二元经济结构下的城乡差距越来越大,主要体现在经济发展水平、工资收入、基础设施建设、教育资源、医疗卫生等方面。农村富余劳动力在务农的投入产出比较低的情况下,选择进城务工以便获得更高的收入,以提升生活质量,由此便产生了我们所熟知的特殊人群——农民工。伴随这一群体产生的便是留在农村的儿童、妇女、老人,也就是留守儿童、留守妇女、留守老人,这部分群体由于年龄、性别、自身能力等原因,不可避免地产生很多问题。留守儿童是无民事行为能力人,其自我保护意识和自我保护能力较差,从而极易受到伤害,引发安全问题。笔者试图在分析留守儿童安全问题成因的基础上提出相关策略,以期保护留守儿童的权益。

一、概念界定

(一) 农村留守儿童

"农村留守儿童"的概念界定,关系到留守儿童问题研究的范围、方法、深度及意义。目前,学术界对于"留守儿童"有不同的定义,主要争论点在于符合什么样的条件算是留守儿童,是父母双方都外出打工还是父母中的一方出去打工的孩子算留守儿童?父母中的双方或者一方外出打工多长时间或孩子在家"留守"多久才算留守儿童?父母离家外出的范围多远才算是留守儿童?留守在家的孩子年龄多大才算是留守儿童?笔者在梳理前人研究成果的过程中认识到,虽然各方对于留守儿童概念的界定存在分歧,但其共性认识是:(1)留守在家的孩子无法感受到正常家庭中的孩子所感受到的父母双方的完整的关心和爱护,即无论是父母中的一方还是双方外出,其家庭都无法发挥正常的社会功能及家庭教育功能。(2)无论父母离开的时间或长或短、离开距离或近或远,其子女都离不开在家"留守"的"不幸命运"。

在梳理并参考前人研究成果的基础上,笔者将"农村留守儿童"界定为我国农村地区因父母中的一方或双方外出务工,并无法随父母外出而留在家乡由其父母单方监护或祖父母、外祖父母、亲戚、邻里等代为监护的未成年人。

(二)安全

《现代汉语词典》中对安全的解释是"不受威胁,没有危险、危害、损失",所谓"无危为安,无损为全"。人们通常所说的安全包括国家安全、民族安全、区域安全、人身安全等,本文所讨论的安全是指人身安全,即:个体的生命不受到外界环境和他人的威胁,身体不受伤害,在不违反法律和道德的前提下,能按照自己的意愿进行自主活动的自在状态。

儿童是民族的希望和未来,儿童的健康成长关乎祖国未来的进步和发展。梁启超也曾在《少年中国说》中写道"故今日之责任,不在他人,而全在我少年。少年智则国智,少年富则国富;少年强则国强,少年独立则国独立;少年自由则国自由;少年进步则国进步"。从发展的角度说,没有"智的""强的""独立的""进步的"儿童,就不可能有"智的""强的""独立的""进步的"少年,在对儿童所有的关怀中,安全无疑是第一位的,因为所有的一切都建立在拥有生命充盈、身体健康的基础之上。高尔基曾说:"谁爱孩子,孩子就爱他,只有爱孩子的人才可以教育孩子。"因此,本文主要探讨的是农村留守儿童的人身安全问题,旨在从分析安全问题产生的原因,以唤起相关人士的注意,并试图提出一些对策,供相关部门参考,以保障留守儿童的人身安全,促使其健康成长。

二、农村留守儿童的产生

不管是农民工这个"候鸟群体",还是留守老人、留守妇女、留守儿童这些"守望群体",都是改革开放后才出现的特殊群体,其产生都和经济的发展、社会的转型密切相关。

（一）经济发展上的差异

1978 年后我国经济整体发展迅速,取得了举世瞩目的成就。但是就全国各个地方来说,由于地理位置、地理环境、自然资源、经济基础、历史条件等原因,各地发展不平衡,尤其明显的是城乡差距较大。总体来说,我国东部、南部的沿海、沿江地区改革程度深、范围广,经济发展较快,西部、北部的内陆地区发展较慢;一般大中城市发展速度快于小城市,城镇发展速度快于农村地区。在城乡二元社会结构下,经济发展上的差距是十分明显的。从人均收入指标来看,1980 年城镇居民的人均收入为 477.6 元,而农村居民人均收入为 191.3 元,前者约为后者的 2.5 倍;1985 年,城镇居民的人均收入为 739.1 元,农村居民人均收入为 397.6 元,前者为后者的 1.86 倍;2000 年城镇居民的人均收入为 6280 元,农村居民人均收入为 2253.4 元,前者为后者的 2.79 倍;2010 年城镇居民的人均收入为 19109.4 元,农村居民人均收入为 5919 元,前者是后者的 3.23 倍;2012 年城镇居民的人均收入为 24564.7 元,农村居民人均收入为 7916.6 元,前者是后者的 3.1 倍;在增长速度上,前者收入的增长速度大约是后者收入增长速度的 2 倍。仅就收入而言,对劳动力来说,城市对农村有较强的吸引力。

（二）农村劳动力过剩

在我国由传统社会向现代社会加快转型的今天,城市化水平是一项重要的考察指标。目前,国际上普遍以一个国家的城市人口占总人口的比例来评判一个国家的城市化水平。从城乡人口数及其比重可以窥探中国城市化的进程,1978 年城镇人口为 17245 万人,占总人口比重为 17.92%,乡村人口为 79014 万,占总人口比重为 82.08%;1988 年城镇人口为 28661 万,占比 25.81%,乡村人口 82365 万,占比 74.19%;1998 年城镇人口 41608 万,占比 33.35%,乡村人口 83153 万,占比 66.65%;2008 年城镇人口 62403 万,占比 47%,乡村人口 70399 万,占比 53%。由以上数据可以看出城镇人口比重一直在上升,相对而言,乡村人口比重一直在下降。但从绝对数来看,从 1978 年到 1998 年,乡村人口一直在增加,在耕地有限的条件下就必然出现人多地少的情况;再者,农业不断现代化使得单位面积的耕地需要投入的劳动力越来越少,因此就必然出现农村劳动力过剩的情况,就这使农村劳动力向城市转移成为可能。

根据新古典经济学的"理性经济人"假设,每个人都会经过理性的思考来选择使自己获益最大的方式去活动;按照美国著名社会心理学家亚伯拉罕·马斯洛的需要层次理论(生理上的需要、安全上的需要、情感和归属的需要、尊重的需要、自我实现的需要),人在满足了较低层次的需要后会追求较高层次的需要,对低收入者来讲,较高的工资收入意味着更高的生活水平,人类都有追求美好幸福生活的天性。农村剩余劳动力为了获得更高收入便进城务工,以期过上更好的生活,但由于种种条件的限制,进城务工的青壮年劳动力无法携家带口,于是就产生了"留守一族",留守儿童便是其中之一。

三、农村留守儿童安全问题及原因探析

(一)拐卖

近几年,拐卖儿童的案件时有发生,被拐儿童大多为农村孩子。根据公安部发布的信息,"自 2009 年 4 月 9 日全国'打拐'专项行动开展以来……截至 2011 年 3 月 14 日,全国公安机关共破获拐卖儿童案件 7867 起,打掉 4535 个拐卖犯罪团伙,解救被拐卖儿童 13284 人"。这一数字是非常惊人的,一万多个孩子就牵连着一万多个家庭,当然,这只是被解救的孩子数量,还有多少没被解救的孩子以及每年有多少被拐儿童,我们尚无权威数据可查。拐卖儿童案件多发的原因是多方面的,大体上可以分为外因和内因两方面。

外因:第一,政策影响。我国自 20 世纪 80 年代初开始实行计划生育以来,其积极影响是有效控制了人口的爆炸性增长,缓解了因人口过剩引起的住房紧张、环境污染、工作困难、人均 GDP 增长缓慢、资源能源消耗过快等问题。同时,也不可避免地出现一些新的问题,降低家庭抵御风险的能力就是其中之一。我国 2001 年通过的《中华人民共和国人口与计划生育法》第三章第十八条,"提倡

一对夫妻生育一个子女；符合法律、法规规定条件的，可以要求安排生育第二个子女"的规定，使得大多数家庭只生育一个孩子，这无疑降低了家庭抵御风险的能力，即一旦孩子发生意外而死亡，独生子女家庭就会成为"失独家庭"，其对家庭的伤害是十分巨大的。有些失独父母会选择再育，而无法再育的失独父母为了抚平失去孩子的痛楚，多数会选择收养，而收养又分为合法收养和非法收养，合法收养暂且不论。这里非法收养不仅仅指未办理相关手续，重点是指通过非法途径得到被收养的孩童，如偷盗、抢夺、拐骗、收买等。这在一定程度上，导致拐卖儿童案例多发。

第二，传统观念影响。"孝"在我国传统伦理观念中占有十分重要的地位，所谓"不孝有三，无后为大"，这里的"后"主要指能够延续家族"香火"的男丁，这种在封建社会形成的重男轻女的落后观念在现代社会仍旧影响很大，特别是在发展相对落后的乡村、边远地区。在这种"续香火"的宗族观念支配下，一些没有男童的家庭希望能有个男孩并且不希望该男孩长大成人后知道自己的身世，出于"保密"的考虑，这些家庭趋向于以收买、拐骗的方式来非法收养男童。

第三，法律意识淡薄。不管是拐卖儿童的人贩子，还是收买儿童的家庭，都存在法律意识淡薄的问题，有的是不知法、不懂法，更枉谈守法；而有的是为了金钱泯灭人性，并且心存侥幸，认为自己不可能被抓，这也使得拐卖儿童的问题一时难以完全解决。

内因：监护不到位。从受害家庭方面来讲，对留守儿童监护不到位也是造成农村留守儿童被拐卖的重要原因。前文已经提到，农村留守儿童基本是由父母单方监护或者由祖父母、外祖父母、亲友监护，在农村地区由于农务较多，监护人没有足够的时间、精力去监护留守儿童或者隔代监护人因年龄较大、腿脚不方便，从而造成监护的缺失，这就使不法分子有了可乘之机。

（二）性侵害

据有关调查表明，2013 年 1 月 1 日至 2013 年 12 月 31 日被媒体曝光的性侵儿童案件高达 125 起，平均每 2.92 天曝光一起！另外,从中华社会救助基金会发布的报告可知,自 2013 年 5 月 23 日至 2014 年 5 月 22 日被媒体曝光的性侵儿童案达 192 起,由于乡村地区留守儿童较多,发生在乡村地区的高达 106 起,占总案件数的 55.21%,以上的一组组数据触目惊心,造成这一现象的原因除了监护的缺失,笔者认为还有以下几点。

第一,儿童的社会化程度低,社会经验极度缺乏,心地单纯,自我保护意识较弱;再者,即使儿童意识到了侵害,也缺乏自我保护的能力。

第二,性安全教育缺乏。我国的父母思想比较保守,在孩子面前很是忌讳谈论有关性的话题,特别是农村的父母,可以说是"谈性色变",极少有人对孩子进行性安全教育。性安全知识的缺乏使很多儿童在遭受侵害时不知施暴者在干什么。

第三,男女比例失调。根据国家统计局公布的数据,我国第六次人口普查男女比例为 105.2:100。男女比例的失调使单身男性增多,从而易产生性暴力问题。

第四,熟人作案,难以防范。在上文提到的 192 起性侵儿童案中,有 80.2% 为熟人作案,这些熟人中有老师、邻居甚至亲戚! 2015 年 8 月 4 日贵州毕节一对留守儿童被害,女童曾遭性侵,嫌犯系同族的亲戚。对农村留守儿童来说,由于父母(或父母单方)不在身边,熟人比陌生人有更强的依赖感、亲近感、信任感,从而没有防范心理;而对于监护人来讲,由于农村是熟人社会,对于熟人也是"知根知底",将儿童交给熟人也较放心。正是对熟人的这种"信任"和"放心",使心怀不轨的熟人有了对儿童下手的机会。

(三)虐待

近年来,虐童事件经常见诸报端,如南京虐童事件、福建仙游县男童被母亲剪耳朵、广东河源男生被继母暴打、浙江温岭幼师虐童事件等等,其行径让人愤怒,令人发指。一般儿童受到虐待是在家庭中或者学校中,施虐者也往往是儿童较为密切的人。儿童具有很强的学习模仿能力和较长的生活依赖期,父母和老师以什么样的方式对待儿童,会对儿童一生产生巨大而深远的影响。虐打儿童,可能会使儿童长大后变得胆小、唯唯诺诺、自卑、做事畏首畏尾,也可能会使其变得冲动、偏激、暴力、易怒,甚至罹患精神疾病。对于农村留守儿童来说,这种伤害更是雪上加霜。各界对于虐童产生的原因众说纷纭,主要有发泄论(即认为虐童是因为儿童活泼调皮惹怒了施虐者)、心理论(认为施虐者因为各种原因导致心理失衡而寻找弱者施虐)、道德滑坡论、法律论(认为法律对于此现象惩罚力度不够),笔者认为这几种解释都过于简单化,当虐童事件屡屡发生时,这就不是偶然事件,本文仅从留守儿童的家庭和学校两个方面寻找原因。

第一,传统的教养方式。在传统的"棍棒底下出孝子""不打不成才"的教育理念下,农村地区家长对孩子的教育多采取简单粗暴的打骂方式。然而什么样的打骂算是虐待?这就涉及打骂的"度"的问题,多数农村地区家长受教育水平较低,缺乏教养孩子的正确理念,只是按照其父辈对待他们的方式去对待下一代,因此,打骂也成了家常便饭。

第二,学校老师的素质问题。韩愈在《师说》中写道"师者,所以传道受业解惑也",老师不仅仅是知识的传授者,更是人类灵魂的塑造者,那么我们对老师的要求不光是知识广博、教学本领过硬,更重要的是有道德、守节操,正所谓"学高为师、身正为范"。但是在现实生活中,有些老师并不如人们所期待的那样,特别是在一些偏远的农村地区,一些在职教师只是有点知识,没有经过专业的培训和考核,根本不具备当教师的资格,但是由于地处偏远、师资短缺,不得已让其成为老师,那么这些老师的素质就难以保证了。再者,在"以分论英雄"的考评机制下,一些老师对待留守儿童中调皮、成绩差的学生采取体罚措施,一旦体罚过了"度",就成了虐打了。

(四)意外伤害

在农村留守儿童所有的安全问题中,意外伤害也是不容忽视的一个方面。主要的意外伤害包括溺水、触电、交通意外等。

第一,溺水。一般的农村地区都有水库、河流、水塘、水井,而其中绝大多数没有安全防护措施,农村留守儿童由于缺乏监护,其在打水、洗澡、游泳、摸鱼时极易跌落溺水,若没人及时施救就容易死亡。

第二,触电。由于儿童的科学知识有限,在接触电器时有可能不懂得如何正确操作,或者当电器发生故障、电线破损漏电时不知道如何保护自己,从而发生触电的危险。

第三,交通事故。据统计,仅2011年上半年我国共接报的交通事故1840998起,共计25864人死亡、106370人受伤。农村留守儿童在独自上下学时也可能发生交通安全事故。

(五) 自杀

留守儿童中有些因为父母不在身边感觉自己不受重视、不被关爱、没有存在感而产生自卑、自闭、抑郁等心理问题,如若不能及时教育疏导,则可能走上自杀的道路。涂尔干按自杀的原因把自杀分为四种类型:利己型自杀、利他型自杀、失范型自杀、宿命型自杀,他认为"当社会整合程度较低时,利己型自杀和失范型自杀率就高;当社会整合程度过高时,在某些条件下,利他型和宿命型自杀率就高"。按照此种理论来讲,一些自杀的留守儿童因为与父母聚少离多,其家庭聚合力低,儿童因缺乏归属感和安全感而产生各种心理问题,从而走上自杀之路。

四、基于农村留守儿童安全问题的对策分析

(一) 国家

第一,发展农村经济,增加农民收入。前文已经提到,农民工及"留守一族"产生的根本原因是经济发展不平衡,国家应大力发展乡村经济,扶持农业,缩小城乡差距;鼓励因地制宜发展乡镇产业,如农产品深加工、农家乐旅游等,就地消化当地剩余劳动力;对边、穷地区加大扶贫力度,修路架桥保证交通顺畅;增加农民收入,改变他们"候鸟式"的生存方式。

第二,完善相关法律,保护儿童权益。我国法律较改革开放前有了很大程度的完善,但目前仍有许多需要改进的地方。如关于

拐卖儿童的法律,根据我国现行刑法第二百四十一条规定,"收买被拐卖的妇女、儿童的,处 3 年以下有期徒刑、拘役或者管制"。但在该条第六款中规定:"收买被拐卖的妇女、儿童,按照被买妇女的意愿,不阻碍其返回原居住地的,对被买儿童没有虐待行为,不阻碍对其进行解救的,可以不追究刑事责任。"这一规定似乎对于买方量刑过轻,不足以体现对买方的惩罚和威慑。再者,对性侵儿童的定罪中有"嫖宿幼女罪"这一罪名,其最高量刑是 15 年,而强奸罪最高可判死刑,这似有不合理之处,另外"嫖宿"二字易让人感觉为自愿,给被害人贴上"卖淫"标签,这是对被害人的二次伤害。令人欣慰的是,2015 年 8 月 29 十二届全国人大常委会通过了刑法修正案(九)的表决,嫖宿幼女罪在表决稿中被删除,修改后的刑法修正案于 2015 年 11 月 1 日起施行。

(二) 社会

社会各界应该加大对农村留守儿童的关注力度,给予留守儿童更多的关爱。各大媒体应加强留守儿童的有关宣传,在全社会营造一种关注留守儿童的舆论氛围。社会上各种公益组织和志愿者团队可以开展有关留守儿童的项目,对农村留守儿童进行安全教育,同时对农民工进行家庭教育辅导,增强其与孩子的沟通能力。

(三) 学校

第一,注重师德。学校应注重在职教师的师德培养,在招聘教师时注重对应聘者的人品考察。

第二,改变对老师业绩的考核方式。应改变以往对老师"以分数论英雄"的考核方式,综合考核老师对学生的智育、德育成果以及对学生的关爱程度。

第三,对学生进行安全教育,并设立留守儿童成长档案,老师定期对留守儿童进行家访,了解留守儿童的生活情况。

(四) 家庭

家庭是一个人出生后进行社会化的第一场所,家庭的教养方式和家庭环境、家庭背景都会对其行为习惯、思维方式、价值观念产生深远影响,因此,家庭对留守儿童的安全问题影响巨大。父母尽量在孩子年龄较大时再外出打工,延长对孩子的监护时间,因为孩子越大心智越成熟,这样不仅能够降低孩子的安全风险,还能够对孩子进行安全教育。再者,在条件允许的情况下,常回家陪伴孩子或者将孩子接到工作的地方;若是条件不允许,也要经常打电话与孩子沟通交流,及时了解孩子的生活及心理状态,以便进行及时教育引导。

五、结语

儿童的安全、健康成长关乎着家庭的幸福、社会的发展、国家的未来、民族的振兴。良好的成长环境要依靠国家、社会、家庭、学校共同营造,我们每个人都有责任给予儿童应有的关爱。

(梁传龙)

留守儿童的伦理关怀

在越来越多的农民进入城市以改善生活条件和谋求发展,大量农村剩余劳动力逐渐向城市转移的背景下,留守儿童由于长期与父母分离,缺乏父母的直接关怀和教育,无论是在学习上、生活上还是心理上,都容易产生一些问题。如,学习无动力,性格内向、孤僻、逆反心理突出等,这些留守儿童的问题已经引起了社会各界的广泛关注。本文从伦理学视角,对留守儿童这一群体进行研究,重点探讨了留守儿童的伦理问题解决对策,从伦理学角度进行研究,旨在为留守儿童问题解决提供有效的理论指导。

留守儿童问题关系到社会的和谐与稳定,关系到中国特色社会主义建设者和接班人的健康成长,留守儿童是社会发展的产物,是城乡发展不平衡的结果,我们要正视这一问题,全体人民都应有道义担当,承担起社会责任,解决留守儿童问题,因此,给予留守儿童全方位的伦理关怀应该尽快提上议事日程。从伦理学的角度解决"留守儿童"问题,而这种伦理关怀不仅仅是只通过某个人、某个团体或某个部门的努力就能完成的,它需要政府、社会、学校、家庭甚至包括"留守儿童"自己在内进行全方位的关怀,才能得以解决。伦理关怀作为一种道德实践,它已外化为应用伦理学解决问题的一种实践方法。而在下文,笔者尝试着将这一方法用在"留守儿童"的伦理问题的解决上,以求对"留守儿童"问题的解决提供有效的帮助。这同时也是本论文探讨的重点。

一、加强对留守儿童伦理关怀内涵及意义

(一)"留守儿童"伦理关怀的内涵

"留守儿童"这一群体的现实处境及产生的社会问题,已引起全社会的普遍关注。这些问题如果不能得到有效解决,将会影响到社会的稳定与发展,因此吁请全社会从道德上对"留守儿童"生存状态进行伦理关怀。在留守儿童问题上,我们应该以关怀伦理

29

学为视角,对"留守儿童"进行伦理关怀,唤起人们的恻隐之心、仁爱意识,发扬人道主义精神,帮助留守儿童解决各种现实问题。具体来说,对"留守儿童"的伦理关怀的内涵就是发扬"把人当人看"的德性,坚持以人为本,在学习、生活、心理等各方面给予留守儿童充分的关心与爱护,使留守儿童感觉自己不是被遗忘的个体,而是社会大家庭中备受关注的一分子。

(二)加强对"留守儿童"伦理关怀的意义

加强对留守儿童的伦理关怀,具有重大的社会意义,具体表现在以下方面:

1. 有助于"以人为本"科学理念的贯彻落实

党在十六届六中全会中指出,构建社会主义和谐社会必须坚持"以人为本'的理念,"以人为本"就是要求人们在办事情的过程中要尊重人,依靠人,为了人,没有种族、职业、性别等歧视,不管处于何种社会地位的个体,一律平等对待。在社会发展的过程中强调以人为本,就是强调在促进社会发展的过程中要以实现人的自由全面发展为目标,让我国经济实惠的发展成果由全体人民共享。对"留守儿童"的伦理关怀,就要关心留守儿童的生活情况、学习情况、心理健康情况、安全意识情况等方面,充分尊重他们的想法,满足他们的合理的生理和心理需求,这与坚持"以人为本"的理念是一致的。此外,经济的全面发展与人的自由全面发展是相辅相成、不可割裂的,人的全面发展程度决定着社会全面进步的速度和水平。留守儿童在未来农村经济社会的发展中处于十分重要的地位和作用,是社会主义的建设者和接班人,这就要求我们把促进农村经济社会的全面发展与解决留守儿童问题及促进留守儿童的自由全面发展统一起来,对留守儿童进行伦理关怀,为他们提供良好的生存环境,可以使他们健康快乐地成长,拥有积极向上的心态,为农村经济社会的全面发展和社会主义建设贡献自己的力量。等到他们成年之后就可以凭借自己的学识和热情,为农村经济社会的全面发展和社会主义建设出一己之力,为社会创造巨大的财富,实现自己的人生价值。由此可见,解决农村留守儿童问题最终是为了实现其个人价值和社会价值，归根到底也是为了人的自由全面发展。

2. 有助于社会主义和谐社会的顺利构建

社会主义和谐社会的构建是现阶段我国的重要任务。社会的和谐与稳定是社会发展的重要条件，中国共产党历来就重视社会的和谐稳定，党的十八大明确指出，"必须更加自觉地把全面协调可持续作为深入贯彻落实科学发展观的基本要求，全面落实经济建设、政治建设、文化建设、社会建设、生态文明建设五位一体总体布局，促进现代化建设各方面相协调，促进生产关系与生产力、上层建筑与经济基础相协调，不断开拓生产发展、生活富裕、生态良好的文明发展道路"，这是对和谐社会建设提出的更高层次的要求。

留守儿童存在着许多不利于和谐稳定的因素：其一，由于受户籍制度的限制，留守儿童不能公平享受教育权利，心中有埋怨，这种埋怨积累起来，如果得不到正常释放，很可能引发不良的社会行为；其二，由于家庭教育缺位、监护不力等原因，外出的父母和家里的监护人忽视了留守儿童的生活、学习、心理、情感等方面的困惑与需求，使其产生不健康的道德情感，进而形成不良的道德行为习惯。加强对留守儿童的伦理关怀，能够满足留守儿童的需求，疏通留守儿童的情感，消除他们心中的不良情绪，这不仅有利于留守儿童自身健康快乐地成长，还有利于社会的协调与和谐发展。

3. 有助于促进社会经济的发展

从家庭方面来说，留守儿童在农民家庭中处于重要地位，父母外出打工的目的就是给他们创造良好的生活条件，他们能否健康发展，直接影响到农民工务工的积极性与创造性。从农村社会来说，数以千万计的留守儿童是农村社会经济未来发展的主力军，他们能否健康成长关系着社会主义新农村的未来。从国家发展的角度来说，留守儿童跟其他儿童一样，是祖国的花朵，是祖国未来的希望，是早晨八九点钟的太阳，是社会主义的建设者和接班人，肩负着中华民族伟大复兴的历史使命。他们能否健康成长直接关系到社会主义现代化建设的成败。由此可见，无论是从家庭发展来说,还是从农村经济的发展来说,抑或是从国家建设来说,加强对留守儿童的伦理关怀,让他们幸福健康成长,激发他们服务社会的热情,是十分重要的。

4. 有助于提高我国的国际影响力

随着全球化的深入推进,国家之间的政治、经济、文化交流越来越频繁,各国联系越来越紧密。由于这种联系的紧密性,国家内部社会问题解决的好与坏,都将会在国际上产生影响。毫无疑问,"留守儿童"问题的出现,将引起国家的密切关注。由政府牵头,社会各界都加强对留守儿童的关心和照顾,给留守儿童一个温暖的"大家庭",这不仅解决的是留守儿童的问题,还彰显了中国共产党的办事能力,向世界表明,中国政府是全心全意为人民服务的政府,是有能力为人民办实事的政府,这对我国的政治稳定将起到重要作用,也将有助于提高我国在国际上的影响力。

二、坚守伦理关怀的基本原则

"留守儿童"伦理关怀原则就是在加强对"留守儿童"进行伦理关怀时应该遵循的基本标准,它对伦理关怀的实施起着重要的指导和规范作用。当前,对"留守儿童"进行伦理关怀主要是要遵守社会主义公平正义原则、人道主义原则、利益最大原则和留守儿童相互照顾原则等。

(一) 社会主义公平正义原则

公平正义是衡量社会合理性和进步性的一个基本标志,是每一个现代社会孜孜以求的理想和目标。公平是指按照一定的社会标准、正当的秩序合理地待人处世,是制度、系统、大型活动的重要道德标杆。公平包含公民参与经济、政治和社会其他生活的机会公平、过程公平和结果分配公平。正义是指公正、正当的道理,包括社会正义、政治正义和法律正义等。由此可见,所谓公平正义是指人们按照一定的社会标准、正当的秩序合理地待人处世的道德品质。另一方面,公平正义又是一种道德判断标准,是处于一定社会经济关系中的人们用于评价社会中的制度、规则等合理与否的价值尺度。这种道德判断标准由一定的社会经济关系决定，具有历史性和相对性。因此，我们不能脱离具体的社会经济关系抽象地谈公平正义，而应该全面、辩证地看待它。

对留守儿童进行伦理关怀，要坚持社会主义公平正义原则，主要是要做到以下几点：第一，关注留守儿童的基本权利。这些基本权利包括生存的权利，受教育的权利，资源共享的权利，等等。留守儿童由于户籍制度的限制，不能跟城里的儿童一样享受同等的教育条件，必须回到户籍所在地参加升学考试，农村的教育条件、生活条件明显不及城市。当前，留守儿童的这些基本权利都有较好的保障。第二，社会财富的分配要坚持公平正义原则。意即既要照顾大多数的利益，体现效率，也要保障低收入者的基本生活条件，体现公平。当前，进城务工的农民工并不能享有与城市市民同等的各项服务，也就是说社会发展带来的利益并没有覆盖到他们。而且他们收入低、工作稳定性低、生活成本高，生活状况不容乐观，因此无法把子女留在身边，导致留守儿童问题的出现。留守儿童问题的根本解决还需要人们从公平正义出发，坚持社会财富的公平分配，缩小贫富差距。

（二）社会主义人道主义原则

人道主义是关于人的本质、使命、地位、价值和个性发展等的思潮和理论，它是一个发展变化的哲学范畴。它起源于欧洲文艺复兴时期，是提倡关怀人、爱护人、尊重人，做到以人为本、以人为中心的世界观。法国资产阶级革命时期又把人道主义的内涵具体化为"自由""平等""博爱"等口号。人道主义要求充分发展人的个性，在资产阶级革命时期起着反对封建制度的积极作用。但是，这种人道主义"是为资产阶级服务，广大的劳动人民并没有得到尊重、关心和爱护。这种人道主义并不是针对所有社会成员的"。

社会主义的人道主义与资本主义的人道主义截然不同，它以关心人民群众的幸福为宗旨，尤其表现在它对慈善活动和社会改革感兴趣，人道主义原则的实践或表现亦称为"博爱主义""慈善行为"。社会主义人道主义主要包括以下几个方面的内容：其一，尊重人、尊重劳动。社会上的人，无论种族、肤色、职业、性别，都处于平等地位，无贵贱之分。劳动是光荣的，只要是凭借自己劳动生活的劳动者，我们都要尊重他们、爱戴他们。其二，关注人们的需要。这种需要包括物质和精神两个方面。其三，为人们创造安全的生活环境。坚决禁止对国家、对人民产生危害的行为。对留守儿童进行伦理关怀，选择解决途径时，必须坚持人道主义原则，以人为本作为出发点，充分认识到留守儿童在未来农村经济社会发展中的主体地位和作用，认识到解决农村留守儿童问题最终是为了实现他们的个人价值和社会价值，归根到底也是为了人的全面发展。

（三）利益最大原则

所谓利益最大原则就是在留守儿童权益保护的问题上应该遵循维护其最大限度的利益的原则。我们的社会生活环境以成人为主体，儿童一直被界定为"弱势群体"，留守儿童由于其边缘化的地位，其权利更应得到重视和有力保障。关爱留守儿童不仅具有普世价值，也符合我国社会主义和谐社会理念的利益取向。

普遍认为，"最大利益原则"被确立为针对儿童尤其是留守儿童等特殊群体权益保护原则，起步于 1989 年联合国通过的《儿童权利宣言》，该宣言以保护儿童作为社会人的合法权益为出发点，以创造良好的儿童成长环境为基础，保证儿童健康成长为目的，明确了与儿童有关的一切个人和社会行为必须以儿童权利为重的理念。《儿童权利宣言》明确指出，"暂时或永久脱离家庭环境的儿童，或为其最大利益不得在这种环境中继续生活的儿童，应有权得到国家的特别保护和协助"。联合国在 1986 年通过的《关于儿童保护和儿童福利、特别是国内和国际寄养和收养办法的社会和法律原则宣言》中也指出，"儿童的第一优先是由他或她的亲生父母照料"，在不得已情况下必须交由他人照管时，"一切事项应以争取儿童的最大利益特别是他或她得到慈爱的必要并享有安全和不断照料的权利为首要考虑"，并对于收养人，必须要征得儿童的同意，在整个收养过程中，在最大利益原则的基础上，也应保证儿童与父母之间联系的沟通，保障儿童能够得到亲情的关爱。

总而言之,在留守儿童处于留守状态时,父母必须保证留守儿童能够得到合适的照顾,并重视与孩子的亲情沟通,坚持合理的关爱与教育;对于社会,必须依照儿童最大利益原则,制定一整套保护留守儿童合法权益的相关法律法规,对留守儿童给予特殊的照顾,对于儿童成长中的重要教育主体——学校来讲,要在保证所有儿童基本权益的基础上,对留守儿童的成长给予特殊的关爱教育,尤其要关注其心灵的健康成长。

(四) 平等互助原则

留守儿童有着相同或类似的境遇:来自父母的关爱较少,与父母亲昵交流的时间较少,学习状况不好甚至厌学,自信心不足,缺乏安全感,内心孤独,等等。心理学研究表明:具有相同或类似境遇的人,能够较好地进行心灵的交流,产生情感共鸣,容易达成共同的观点或倾向性意见。基于此,"留守儿童"伦理问题的解决需要发掘留守儿童这类群体自身的力量。我们要充分利用留守儿童由于境遇相同或相似容易产生情感共鸣这个特点,坚持留守儿童相互照顾的原则,用正确的舆论引导留守儿童,帮助留守儿童树立互帮、互助、团结、友爱的价值观,为了共同成长这个目标而为对方伸出帮扶之手。当然,这里的帮扶更加注重的是精神方面的互助,当身边的留守儿童出现思想上的偏差、行为上的偏差时,可以通过感情上的交流、心灵上的取暖,共渡难关。这样可以避免许多不幸事件的发生,也可以消除很多不和谐的因子。

三、解决"留守儿童"伦理问题之策:进行全方位伦理关怀

"留守儿童"伦理问题的解决,关系到留守儿童的健康成长,关系到社会主义和谐社会的构建,应该加紧步伐,通过施行全方位的伦理关怀实践措施,使留守儿童问题早日解决。具体的解决措施包括以下几个方面。

(一) 政府伦理关怀

我国是社会主义国家,政府是人民的政府,它的权力来源于人民,它的行为必须体现人民的意愿,为人民谋福。留守儿童问题社

会影响严重,单靠某个人或某个团体解决非常困难,政府就应该本着为人民谋福、保障人民的权利的宗旨承担起主要责任,为留守儿童撑起一片蓝天。具体说来,政府应该从以下几方面进行努力:

1. 逐步建立城乡统一的户籍管理制度

产生农村留守儿童现象的根本症结在于城乡的二元户籍制度。城乡户口的对立,使得农民工进城落户的障碍很大,相应的,在劳动就业制度、教育制度、社会福利制度等方面的权利享受方面就会出现很大的差别。因此,要彻底解决"留守儿童"问题,给予"留守儿童"真正的人文关怀,政府就应该尽快消除城乡二元的户籍制度,逐步建立城乡统一的户籍管理制度,解决农民工的户籍流动问题。

2. 尽力保障留守儿童在城市公平接受教育的权利

留守儿童之所以被留守,很大程度上是因为其在城市不能正常接受义务教育,一方面是赞助费太贵付不起,另一方面是不能参加升学考试影响升学。因此,政府要尽力解决农民工子女不能在城市平等接受教育的问题,使他们不交赞助费或少交赞助费也能公平地享受城市的教育资源,接受义务教育。除了九年义务教育外,政府也应该保障农民工子女能够顺利完成高中阶段的学习,解决异地高考等一系列问题。比如说,政府可以出台相关政策,以农民工在某城市工作的年限来确定其子女参加高考的资格,或者申请专门经费为农民工子女创办特殊学校,等等。

3. 加强对留守儿童教育的经费投入

当前,我国的九年义务教育已经普及到农村,农村大多数儿童上学都不用交学杂费和书本费,但是,农村义务教育生均预算内事业费及公用经费还是比全国平均水平落后 10 个百分点。因此,政府还要进一步强化责任,大力扶持贫困地区农村教育,加大投入,改变农村的办学条件、师资队伍等方面的落后情况,为留守儿童的发展打下良好的基础。其次,政府应该将义务教育经费的一部分化作专项资金,投入到留守儿童的教育上,保障留守儿童的就学。当前寄宿制教育越来越受到人们的关注,它可以通过规范管理的集体生活来帮助留守儿童养成良好的生活习惯和学习习惯,通过老师的集体或个别关怀,弥补留守儿童在思想、情感上的需要。政府就应该加大这一部分的教育经费投入,提高教师待遇,扩大寄宿规模,改善寄宿条件,解决留守儿童的实际困难。

（二）社会伦理关怀

"留守儿童"是社会一员,社会对留守儿童的成长成才有着重要的作用,并且还是关怀留守儿童的重要主体。具体来说,加强社会对"留守儿童"的伦理关怀可以从以下几个方面着手:

1. 加大宣传力度,引起社会对留守儿童问题的关注

比如,利用广播、网络等宣传媒介,宣传一些关爱留守儿童的先进事迹,树立关爱留守儿童的典型,调动全社会的积极性,促进更多的单位和组织积极参与,努力营造全社会关注农村留守流动儿童的良好氛围。针对农民工关注子女的物质方面较多、精神方面较少的情况,还可以在农民工较为集中的区域,通过宣传媒介传播一些教育留守儿童的成功案例,让农民工能够了解相关的教育方法,对留守儿童进行正确的家庭教育,使更多的家庭对教育引起足够的重视,承担起家庭责任。

2. 建立健全留守儿童的社会帮扶体系

目前,我国已成立了许多社会救助组织,如"希望工程"、中国扶贫基金会、中华慈善总会等,这些社会组织在帮扶社会弱势群体方面发挥了很大的作用,但是关注到"留守儿童"这方面的还比较少。当前,对于留守儿童问题的解决需要更多的人来关心和支持,迫切需要全社会携手帮助,启动"留守儿童"关爱工程,形成完整的社会帮扶体系,积极开展各种各样的结对帮扶活动,形成整个社会关注"留守儿童"健康成长的良好氛围。如,公安部门加强留守儿童生活学习的周边环境的综合治理,为其提供良好的成长环境;妇联要积极组织开展"爱心妈妈""送温暖"等帮护活动,满足留守儿童的情感需要;共青团要发挥志愿者的作用,及时了解留守儿童的生活现状、学习现状及心理方面的相关问题并给予帮助等。如此一来,就形成了由政府倡导,包括公安部门、村委会、妇联、共青团等在内的社会帮扶体系,帮助留守儿童健康快乐的生活。

在对留守儿童进行帮扶的过程中,需要注意的是不能让关爱等同于送钱送物,因为"留守儿童需要的,是弥补父母不在身边的亲情缺失"。在过于倾向物质关爱的情况下,一些学生甚至不愿意承认自己是留守儿童,拒绝接受这些物质帮助。我们应该在如何给予留守儿童更多的亲情的关爱上下功夫。邯郸市妇联主席王玉双指出:"对留守儿童的关爱我们充分调动发挥了巾帼志愿者的作用。志愿者要求有一定学历、有爱心、能对孩子给予生活上的关爱、心理上的辅导、成长路上的指引,志愿者就近与留守儿童结成对子,实行一对一的帮助。随着服务的逐渐成熟,我们已经形成了'爱心代理妈妈'这样一个品牌。"这些"爱心妈妈"弥补了留守儿童缺失的关怀和爱,她们能够及时发现孩子的问题,并给予帮助和引导,为孩子健康成长设置了必要的防线。因此,我们呼吁,为了留守儿童的健康成长,我们应该进一步完善社会帮扶体系,希望更多的"爱心妈妈""代理妈妈"出现。

3. 建立情感和制度双层面留守儿童社会关怀体系

社会控制理论,又称社会联系理论、社会键理论(social bond theory),是美国著名犯罪学家特拉维斯·赫希(Travis Hirschi)在1969年出版的《少年犯罪原因》一书中提出来的。留守儿童由于长期与传统家庭联系的缺失,监护人在整体上来讲又重"抚养"而轻"教育",因此,我们有必要加强留守儿童的社会联系,通过留守儿童个人在成长过程中对他人,特别是与老师、朋友、邻里之间的情感的加深,形成一种社会性的情感约束力与凝聚力,进而在留守儿童中形成与社会发展相一致的价值体系和道德观念。同时,还应建立关怀留守儿童的相关规章制度,从社会制度层面上加强留守儿童的监督管理和控制。当前留守儿童的规模正不断扩大,问题繁多并日渐凸显,与之相应的良策也较少,留守儿童正处于从儿童时期走向逐渐成熟的转折期和关键期,应该受到社会各界的高度重视。如果这一阶段的管理和控制失范,如此庞大的留守儿童队伍如果控制和管理不善,将会出现很大的潜在危机。应该建立健全相应的留守儿童控制和管理制度,探索有针对性的管理控制对策,从宏观上加强对留守儿童的社会控制,有效引导留守儿童健康成长。

(三) 学校伦理关怀

学校是对留守儿童进行教育的主阵地,也是留守儿童除了在家之外呆的时间比较久的地方,对留守儿童的思想和行为上有着重大的影响。因此,加强学校对留守儿童的伦理关怀,对留守儿童的健康成长具有重要意义。

1. 学校要建立留守儿童档案

每个留守儿童的家庭情况、生活境遇都不一样,学校应该建立留守儿童档案,对留守儿童进行动态监测,以便及时地对留守儿童进行有针对性的教育。档案记录的内容包括:留守儿童的家庭基本情况,留守儿童父母外出的地点和联系方式,留守儿童的监护人的生活情况等。学校应该根据留守儿童的在校情况主动与留守儿童的父母和临时监护人进行沟通和交流,与他们协商对策,共同做好留守儿童的教育。

2. 开发以促进留守儿童健康成长为目的的校本课程

当前由于教学条件和师资水平的制约,农村学校对于留守儿童的教育辅导往往会表现出一定的随意性,教育效果欠佳。在新课改中,学校可以尝试增加一些关于农村留守儿童教育的相关内容,开发专门针对留守儿童健康成长问题的校本课程,以此提高留守儿童教育的针对性。

3. 学校要成立留守儿童学习互助小组

留守儿童受家庭的影响,在许多方面表现出与非留守儿童的不同与差异,但是留守儿童群体在心理特征上、在生活境遇上具有很多相同的地方,这些相同的特点可以拉近留守儿童之间的心理距离,找到许多共同的交流话题,引起情感共鸣。学校应该根据实际情况,利用留守儿童成员之间具有相同或相似经历和境遇这一特征,成立留守儿童学习互助小组,制定活动计划,通过各种活动使他们分享彼此的烦恼与快乐,交流生活和学习中的遇到的困惑与难题。这样的活动可以让留守儿童了解到自己并不是"特殊"的一员,缓解他们在情感上缺少父母关爱的痛苦,减少生活上的孤独感和自卑感,进而形成积极的情感体验。

4. 学校要对留守儿童积极开展有针对性的心理健康教育工作

心理素质是人的一个重要的素质,加强人文关怀和心理疏导是新时期促进人自由而全面发展的重要措施。韩利敏明确指出:"尽量让留守儿童在老师、同学群体中成长,教师应多与留守儿童交流谈心,提高亲密信赖程度,给予更多关爱和正面引导,切实有效地对留守儿童进行教育与管理。"由于父母关爱较少、生活状况的不如意等原因,容易产生自卑、孤独、焦虑等心理,这种心理如果长期得不到排解,容易产生情绪困扰,进而导致行为失范。学校应该根据留守儿童的这些心理问题,对他们开展针对性的心理健康教育工作,帮助他们翻越心理障碍,提高心理素质。具体说来,可以从以下几个方面着手开展心理健康教育工作:一是开设关于心理教育、安全教育方面的选修课或专题讲座,帮助留守儿童掌握一些心理保健知识,使其能够利用这些知识解决生活和学习上遇到的困惑和难题。二是进行个别咨询与辅导。安排专门的老师对有心理困惑的学生进行一对一的辅导,排忧解难,使他们勇敢地面对"留守"这个事实,直面生活和学习中的困难。三是要把心理健康教育渗透到教育教学活动之中。如:可以通过开展"留守儿童"主题教育活动,使留守儿童充分表达各自的思想困惑,积极分享成功的生活、学习经验。通过分享和交流,不仅能够完全消灭思想上的困惑,而且还可以使一份经验转化成多份经验,使全体儿童都得到丰富的知识与经验。这些教育教学活动的开展要注重发挥教师为人师表的作用,建立起民主平等的新型师生关系;发挥班干部的模范带头作用,建立起互帮互助、团结友爱的师生关系。

(四)家庭伦理关怀

父母的亲情在孩子的成长中永远不可替代。有些留守儿童的父母多年不回家。对于孩子来说,家庭是一个温柔的港湾,家庭环境对孩子会产生终身影响。留守儿童与父母长期见不到面,沟通较少,难以与父母形成亲密的亲子关系,这种情感扩展到留守儿童的性格方面,则表现为对他人冷漠、不信任等。为了使留守儿童能够健康成长,减少社会问题的产生,家庭应该承担起重要的教育责任,多给孩子一些关爱,不能因为社会的关爱使部分孩子的父母逃避责任。

1. 多加强交流

首先,加强父母与子女的交流。父母对子女的教育营造的是一种天然的亲子氛围。因此,应该发挥父母与子女的这种亲子关系来加强留守儿童的教育。父母要主动与子女进行沟通,通过各种方式密切联系子女,多增加亲子互动,密切关注留守儿童的思想动态、情绪变化、所需所求等,鼓励子女勇敢地表达自己的情感,并进行有针对性的引导。这样既可以让留守儿童充分感受到亲情的温暖,又可以帮助留守儿童解决心理、情感等各方面的问题。其次,父母以外的监护人也应该加强与留守儿童的交流与沟通。他们不能只顾着忙田里的农活,也应该起到监护和教育的责任,多关心留守儿童的生活、学习和情感变化,多向学校了解其在校表现,配合学校共同为留守儿童的健康成长而努力。再则,留守儿童的父母要和留守儿童的监护人进行交流。一方面可以从交流中掌握孩子的近况,以便实施针对性教育,另一方面要通过交流使监护人明白自己的教育责任,消除"怕亲生父母心疼"的顾虑,放开手脚监管孩子,使家庭成为一个有血有肉、有交流有沟通、有爱的港湾。

2. 合理选择监护人

有研究表明,结构完整的家庭更有利于孩子的成长。无论缺乏父爱还是缺乏母爱,都可能给处在社会化关键阶段的儿童带来终生难以愈合的心理创伤,使孩子在角色认识、结识伴侣、职责承担和适应社会的过程中出现偏差,甚至导致越轨行为。因此,父母选择监护人的时候要充分考虑家庭结构这个因素,尽可能创造完整的家庭结构模式,使孩子能够获得一定程度的父爱和母爱,能够感受到家庭的归属感,减少离开父母的无助感,弥补亲子之爱的缺失。

3. 加强对留守儿童家长及临时监护人的培训和指导

留守儿童的成长教育离不开家长及临时监护人的教育方法，因此，农村教育的相关部门应该组织一些免费培训活动。培训内容包括：如何进行言传身教；如何引导留守儿童的道德行为；如何与留守儿童进行深层次的沟通；如何增强留守儿童的安全防范意识；如何增强留守儿童的学习动力；等等。

4. 调整家长及临时监护对留守儿童的期望值

当前对于留守儿童的发展问题，有些农民工受市场经济的影响，认为孩子能够认识字就行，成年了就应该去赚钱，养家糊口，导致孩子的学习观出现偏差；有的农民工受"光宗耀祖""金榜题名"等封建思想的影响，要求孩子必须考上名牌大学。这种过高的期望给留守儿童造成很大的压力，成绩不好的儿童还倍受"父母离乡为自己赚钱，对不起父母"的良心谴责。要使留守儿童能够健康成长，家长和临时监护人就应该从客观需要和孩子自身的愿望、兴趣和能力出发，与孩子一起制定人性化的学习目标，让留守儿童感到亲人对自己的肯定和尊重。

（五）提升自我伦理关怀意识

"留守儿童"的产生是由于经济结构、户籍制度等因素决定的，他们本身不能改变这个角色。但是，他们可以通过自身的努力避免对社会产生不良的行为，争取相关权益，走出弱势群体的队伍，使自己健康快乐的成长。

具体而言，"留守儿童"可以从以下几个方面来提升自我伦理关怀意识：

1. 要勇敢地面对现实，积极向上

作为一个留守儿童，首先要认清自己的处境，而不是去逃避，父母外出并不是一件可耻的事情，他们只是暂时性的外出，而且他们外出的目的是为家人提供更好的物质生活条件，他们是辛苦的，是伟大的。贫困也不可怕，相信通过自己和家人的共同努力能够改变贫困，拥有美好的未来。

2. 要做一些力所能及的事情

作为家庭的一员，有责任为家庭做一些贡献；作为社会一员，有责任为社会贡献自己的力量。因此,留守儿童应该多思考自己在这个年龄阶段能够为家庭、为社会做些什么,而不是去埋怨命运的不公,或者破罐子破摔。应该明确努力学习是自己应该做也能够做到的事情。对于家庭来说,孩子的成长和成才是他们的骄傲,吃再多的苦也是值得的;对于国家来说,儿童是未来建设的建设者和接班人,好好学习就是在为国家做贡献打基础。因此,留守儿童应该明白自己的角色,努力学习。

3. 应该提高自我控制意识

当前,很多个体户为了盈利,不顾年龄,私自"放行",让留守儿童进入迪厅、网吧、游戏厅等娱乐场所。由于父母不在身边,管束比较放松,很多留守儿童由于自制力不够,抵制不了这些娱乐场所的诱惑,通宵上网,沉迷网游。还有的留守儿童由于监护不力,成为街上的小混混,每天浑浑噩噩过日子。从这些情况来看,留守儿童应该加强自身的道德自觉和自立,提高自我控制意识,减少道德失范。

"留守儿童"的产生是城乡二元发展的必然产物。千千万万的留守儿童将来定会成为农村社会发展甚至整个国家发展的主力军,留守儿童问题解决的好与坏关系着社会主义新农村建设,关系着和谐社会的构建,也关系着国家的未来。为此,必须着力解决留守儿童问题,促进经济社会的协调和谐发展。

(冯晔)

我国孤残儿童福利政策实施的主体和路径

儿童福利政策是保障儿童获得必要资源的国家保障计划。由于社会、经济、教育等方面的影响,儿童发展及权利保护仍然面临着诸多问题与挑战。城乡区域间发展不平衡、公共资源分配不均衡、义务教育发展不平衡等带来的儿童问题尚未得到有效解决,儿童均衡发展仍受诸多因素影响。

一、我国孤残儿童的基本状况

孤残儿童是中国儿童群体中的一个特殊群体,也是社会救助中需要关注的群体。他们通常因为身体上、智力上的缺陷或者其他原因被亲生父母遗弃,而被儿童福利机构收养。目前,中国的孤残儿童人数逐年增多,分析孤残儿童人口数量、分布,以及建立基本保护制度,帮助政策制定者与实施者判断孤残儿童群体的需求并预测未来的变化,可以更好地为孤残儿童群体提供服务和社会支持。

2010人的第六次人口普查结果显示,全国 18 周岁以下的儿童总人口数为 29966 万人,占全国总人口的 22.48%。从表 1 的数据资料可以看到,中国的孤儿总数已经达到 54 万人之多,从数据分析,一些人口大省的孤儿数量较多,部分欠发达城市孤儿所占比例也相对较高,甚至高于京津沪等发达省区市。从表 1 数据中还可以进一步得出全国的少年儿童总抚养比为 22.20%,意味着每一百个 14 岁~65 岁的人口就需要抚养 22 名到 23 名 14 岁以下的儿童。但从整体来看,西部的抚养比例远低于中部和东部,从家庭儿童收养比和家庭儿童收养登记总数的相关数据分析,所有省份收养的儿童数都相对较高,其中浙江、江苏、山东等地的收养件数为全国前三。

表 1　全国孤儿基本状况

地区	孤儿总数(人)	家庭儿童收养比例(%)	家庭儿童收养登记总数(件)	少年儿童总抚养比(%)	地区	孤儿总数(人)	家庭儿童收养比例(%)	家庭儿童收养登记总数(件)	少年儿童总抚养比(%)
全国	548845	4.5	24460	22.20					
北京	2374	9.2	218	12.17	湖北	29478	4.7	1381	19.89
天津	835	19.9	166	14.46	湖南	51633	1.6	844	25.67
河北	15278	2.9	439	24.37	广东	43526	4.6	1989	21.93
山西	16115	1.6	255	20.61	广西	22502	6.4	1438	31.01
内蒙古	6127	3.2	198	17.67	海南	2337	7.4	174	25.64
辽宁	7702	2.7	208	13.13	重庆	13532	2.6	350	21.93
吉林	5880	0.6	37	14.96	四川	30137	3.5	1068	23.41
黑龙江	8121	1.1	93	15.15	贵州	22630	1.7	387	32.19
上海	2141	14.8	316	11.71	云南	25371	5.0	1278	27.83
江苏	19503	13.5	2636	17.91	西藏	5576	2.1	115	32.50
浙江	5204	77.6	4037	15.14	陕西	13473	2.6	357	20.09
安徽	27076	3.9	1046	26.00	甘肃	22411	0.5	102	22.78
福建	6642	17.3	1150	22.48	青海	16351	0.4	60	27.24
江西	27107	3.2	872	27.63	宁夏	7066	0.5	35	27.86
山东	19077	11.0	2092	21.04	新疆	26796	1.6	429	28.61
河南	46844	1.5	690	29.54					

资料来源:中国统计年鉴(2014)

　　对于残疾儿童来说,他们这个群体不仅仅需要被人关怀,更需要从康复、教育、医疗等方面对其进行全方位的照料。根据表 2 分析得出,从 2010 年至 2013 年的 4 年间,康复治疗基本呈逐年上升趋势,未入学学龄残疾少年儿童人数逐年减少,说明适龄残疾儿童接受教育的人数在逐年增加。

综上所述,中国的孤残儿童群体仍是需要加大关注力度的弱势群体,要想改善我国孤残儿童群体的生存环境和发展条件,使其享受基本的公共服务,就必须对中国现有的孤残儿童福利现状与政策进行分析。

表2 全国残疾儿童基本状况

项目	2010	2011	2012	2013
康复				
新收训聋儿(万人)	1.9	1.8	2.0	2.0
肢体残疾儿童康复训练人数(人)	21375	17558	29522	35000
智力残疾儿童康复训练人数(万人)	2.7	2.8	11.5	10.1
孤独症儿童机构训练(人)	5620	6910	11119	16656
教育				
未入学学龄残疾儿童少年(万人)	14.6	12.6	9.1	8.4

资料来源:中国统计年鉴(2014)

二、孤残儿童的救助现状

中国是一个重视儿童福利的国家,自新中国建立以来,我国在儿童福利建设领域内做了很多工作,并且成绩显著。进入21世纪后,我国各级政府制定了各项有利于儿童发展的政策和文件,分别涉及家庭寄养、未成年人思想道德建设、受艾滋病影响儿童的救助、进城务工就业农民子女义务教育、孤残儿童保护、流浪儿童救助、服刑人员子女救助、少年儿童的人身安全与心理健康等方面。这些儿童福利政策的不断完善,提升了我国儿童福利事业的制度化水平,也在实践中保障并增进了儿童福利事业的发展,促进了他们的健康成长。其中,中国孤残儿童福利政策作为儿童福利中重要的一环,是削减市场经济发展给儿童带来的负面影响的社会开支,同时起到了"社会稳定器"的作用。它是通过再分配的方式帮助孤残儿童群体获得必需的社会资源,进而在保障孤残儿童群体

46

权利的同时,实现了社会公平,也维持了社会秩序。但总体看,专门针对孤残儿童群体制定的福利政策还是相对较少,并且现行的政策大部分倾向于妇女群体、残疾人群体、未成年保护等。另外,现有的孤残儿童福利政策层次较低,主要围绕的内容相对宏观,缺乏针对性,较少涉及到孤残儿童群体,因此孤残儿童福利政策的价值取向应有所转变,应逐步迈向发展型儿童福利政策的道路。

表3　孤残儿童的福利需求

孤儿	医疗服务、寄养服务、福利院收养、收养、收养儿童辅导
残疾儿童	心理辅导咨询、早期治疗、医疗救助、互助团体、优先保健门诊、转介服务、特别护士、临时托儿、居家照顾、亲职教育

孤残儿童群体有着不同的现实需求,所需要的服务类型也是各不相同的。在了解孤残儿童群体得到的国家救助状况之前,应先分析孤残儿童群体的不同需求。就孤儿而言,在其成为孤儿之时,最急需解决的问题就是其住所问题以及日常生活问题,也就是生存与发展这两个问题。在完成收养登记之后,需要及时对他们进行儿童生理与心理的再辅导,使得儿童可以在进入新家庭时能够更好地转换角色,融入新的家庭。此外,还应在医疗、教育等方面加深关注。残疾儿童在出生之后,因身体上或智力上的缺憾,造成了残疾儿童心理上的创伤,这种创伤需要专业心理辅导类人才给予心理上的疏导,在医疗救助的辅导下进行更加多元化的社会交际辅导。

就收养情况来看,2014年全国残疾儿童收养总人数达到了2830人,其中广东、河南、陕西三省的收养人数最多,占比分别为22.2%、18.2%和7.2%。社会弃婴全国收养人数为9793人。社会福利机构抚养的孤儿数和弃婴数分别为1679人和10019人。这也说明社会福利机构在救助及抚养孤残儿童方面发挥着非常重要的作用。

表4　全国范围内收养情况

地区	残疾儿童（人）	社会福利机构抚养的孤儿（人）	社会弃婴（人）	社会福利机构抚养的弃婴（人）	地区	残疾儿童（人）	社会福利机构抚养的孤儿（人）	社会弃婴（人）	社会福利机构抚养的弃婴（人）
全国	2830	1679	9793	10019					
北京	38		8	45	湖北	9	20	279	293
天津	4	8	112	22	湖南	120	38	459	378
河北	89	20	242	147	广东	627	120	535	1770
山西	26	7	23	218	广西	148	128	852	504
内蒙古	7		122	77	海南	7	7	121	38
辽宁	18	9	88	99	重庆	46	4	117	178
吉林	4	37	10	7	四川	27	86	442	382
黑龙江	25	2	4	28	贵州	57	62	190	161
上海	121	1	340	148	云南	76	2	857	183
江苏	178	161	1281	871	西藏			3	
浙江	48	237	1371	2350	陕西	205		103	209
安徽	140	227	571	250	甘肃	31	1	28	104
福建	78	92	585	287	青海	8		24	14
江西	75	327	159	520	宁夏	11	12	35	
山东	242	108	1157	671	新疆	36	16	205	108
河南	515	28	75	572					

资料来源：中国民政统计年鉴（2014）

三、孤残儿童福利政策的实施主体

（一）政府

一项社会福利政策的制定与实施是需要经历反复论证和检验的。在我国，政府作为制定儿童福利政策的主体，对儿童群体福利需求的评估等需要获得更多方面的支持。因此，政府对儿童福利政策的整体运作起着举足轻重的作用。孤残儿童群体作为中国诸多弱势群体中的一部分，在福利政策的制定和实施中也占据了相应的位置。

一般来说，对于社会政策整体效果的考量始于两个方面：一方面是从动态的角度考量，另一方面是从静态的角度考量。从动态角度分析，在政策的运作过程中，需要多方面考量孤残儿童群体的方方面面，不仅需要考量孤残儿童群体数量上的变化，也需要从孤残儿童的现有政策出发，对需要修正的部分能够及时订正，并且政府作为儿童福利政策制定与实施的主导部分，对其儿童福利政策的执行效果有着监控和把关的责任。从静态角度考量，应有针对性地对儿童福利政策效果开展理论分析，从孤残儿童的切实需求出发，以考量孤残儿童福利政策的覆盖面、针对性等相关问题。

（二）儿童福利机构

儿童福利机构是为了维护儿童权益，促进儿童社会福利事业健康有序发展的社会机构，主要是收养孤儿、弃婴和患有各种残疾的儿童。儿童福利机构作为儿童福利政策的直接执行机构，发挥着十分重要的中介作用，一方面需要对政策的实质操作内容有清晰的了解与认识，另一方面还要将所内化的政策通过可操作化的方法运用至儿童群体上。儿童福利机构是致力于保护孤儿和残疾儿童的专业机构，满足儿童福利事业发展的客观需要，在儿童福利事业总体布局中起着支柱性作用。因此，儿童福利机构通过解读儿童福利政策，能更快更好地了解当前政策所需解决的问题，能起到"上传下达"的作用，在社会上也起到了"减震器"的作用，辅助政府部门妥善安排孤残儿童群体生活。

在孤残儿童福利政策的实施阶段,儿童福利机构同样起着至关重要的作用,福利政策的实施离不开儿童福利机构的支持与配合。在孤残儿童福利政策实施过程中,儿童福利机构作为实施主体,承担着相应的责任与义务。儿童福利机构不只是单方面提供服务,还能为政策提供各种反馈意见,在发挥政策的整体效应下,也需要确保政策实际达到应有的效果,而这时,儿童福利机构作为孤残儿童福利政策的直接执行机构,可以更加系统更加全面地服务于孤残儿童群体。而当政策之间出现不配套、有摩擦的情况时,儿童福利机构可以更好地对政策进行综合平衡。

(三)非营利组织

非营利组织不是以营利为目的的组织,作为独立于政府的组织,在参与孤残儿童福利政策上有其自身的灵活性优势,这不仅仅体现在孤残儿童福利政策上,也能在其他领域产生影响。

近年来,非营利组织在我国得到了长足的发展,在社会事业的发展中发挥着越来越重要的作用。在孤残儿童福利政策中,非营利组织扮演着第三方参与者的角色,不只停留在关注层面,而是积极参与到实践当中,引导公民更好地了解孤残儿童福利政策的相关信息,同时也使利益相关方能够知晓政府政策实施的意向。与直接主导福利政策的政府比较而言,非营利组织在参与孤残儿童福利政策上更具有灵活性,可以节省更多的资金,提供相较于其他社会组织来说更好的服务,从而实现服务效率的整体性提升。

四、孤残儿童福利政策的实施路径

孤残儿童群体是中国弱势群体的一部分,保护他们的权益不受侵害是中国社会福利,特别是儿童福利的重要组成部分。我国的孤残儿童福利政策必须从结构上有新的突破,使政策从设计到实施,能更全面的考量总体大环境,并在实施上突破原有的由政府主导的局面,使福利政策更具有全局观念,并且更具针对性。使得孤残儿童群体的需求能够得到更好的满足,以实现政策效果的最大化。

（一）政府角色的重新定位,培育多部门协同发展

我国政府在政策的制定与实施上有着绝对的权力,虽然这样能有效保障福利政策的有效开展与实施,但也不能忽视儿童福利机构与非营利组织等组织在政策的实施过程中的不可替代的独特作用。政府应重视儿童福利机构与非营利组织在孤残儿童问题上的积极作用,大力发展民办组织,将其在工作中的建议融入新的福利政策之中,将行之有效的实施办法进行全面推广,从而进一步保证儿童群体的切身利益。随着社会的发展,政府的角色与职能都应进行转变,从服务方式上看,应从原来的"统治型"管理模式转变为"服务型"治理模式。原先政府的作用主要表现为通过国家强制力发挥其领导作用,在特定的时期内,我国行政管理体制仍带有转型期经济体制的标记,这样的形式直接表现在政府权力关系上。确立以"服务为中心"的治理模式,是对传统管理模式提出的新要求,也会使政府的管理目标和管理方式发生变革,同时还需要强化政府的调控作用。从政府的社会角色分析,政府应当成为国家创新体制的支持者,通过制定法律、法规,调节社会的整体环境与氛围,从而提供政策引导和配套服务,这样才能使政府的角色发生根本性转变。政府角色的重新定位将为儿童福利政策的实施提供新的社会环境。

在政府角色发生转变的同时,应积极培育儿童福利机构与非营利组织,使其能在孤残儿童福利政策的实施中发挥其自身的独特作用。政府部门应该制定和完善相关法律法规,使其在正确的方向下积极为全社会谋取福利。政府也应适时放宽对于儿童福利机构与非营利组织获得社会资源的限制,使这些组织与机构能够得到更多的资源用于发展和建设,以保障孤残儿童群体在接受服务的同时,儿童福利机构与非营利组织能够得以发展壮大,从而使其提供的服务不再是一次性或临时性的,而变成持久性、长效性的服务。

只有在政府的主导下,发挥儿童福利机构与非营利组织等社会组织的作用,形成有效的、合理的、全面的政策实施结构,才能使

孤残儿童福利政策得到真正的落实。

（二）采取因地制宜的政策措施，区别应对问题

儿童政策的制定是为了儿童更好的生存、生活与发展，因此孤残儿童福利政策应根据不同地域孤残儿童的不同需求提出不同的福利政策，运用不同的帮助方式，满足孤残儿童群体的真实需求。在孤残儿童福利政策的制定时，可以多方听取建议、意见，明确其工作目标与方法，加强各单项政策之间的关联。并应根据各地方的基本情况开展调研，实时掌握本地区的孤残儿童状况，采取因地制宜的政策措施。应提前做好预警工作，将之前工作中遇到的问题集中讨论，对具体问题具体分析，各个击破。

儿童福利政策涉及面较广，针对孤残儿童群体的方面并不多，因此在采取"因地制宜"的政策措施时，应充分考虑该群体所面临的问题，从而具体应对所发生的问题。孤残儿童是一个特殊的群体，他们需要整个社会施与爱心和帮助。政府应根据孤残儿童发展的不同时期，予以不同的帮助。儿童福利政策应能够满足一般性的福利需求，又具备特殊问题特殊处理的解决能力。就同一问题能否"因地制宜"并发挥自身的特点与原则，决定了政策能否真正落到实处，是否能保护该政策实施对象的合法权益不受侵犯。

（三）推动宏观、中观、微观三方面的协调发展

孤残儿童福利政策在实施过程中可能会产生问题。就政策制度本身而言，存在着针对性不强、操作性不具体等问题，因此应该从全局考量，发挥自主能力，增强孤残儿童福利政策的实施能力，所以应从宏观把握、中观构建、微观整合三方面进行合理分析。从宏观层面分析，我国的儿童福利事业大体呈现良好态势，对于孤残儿童的关注也愈发深入，政府应在宏观上有一个相对应的把握，对国家和各种社会组织的法定责任有相对明确的规定，对福利资源的来源及其使用规范等内容做到有法可依，从政策上给予引导，使得孤残儿童关注的重点从简单的生活救助向全面发展转变。从宏观角度提高孤残儿童全面发展并参与社会活动的能力，改变社会公众对儿童福利保障事业的认识。孤残儿童群体对于政府的依赖

性，促使政府在进行服务时，应多发挥自主能动性，积极创建良好的成长氛围。对孤残儿童救助工作中产生的新情况、新问题（例如集中供养率偏低、保障标准偏低等）采取方法予以应对，切实维护孤残儿童的合法权益，进一步提升孤残儿童生活水平。从中观层面分析，应更好地构建孤残儿童福利政策体系，以确保孤残儿童群体能够在政府政策制度的保护下，保障孤残儿童群体成长所需空间，从而应对突出问题。儿童期的生存成长质量直接关系到以后的少年期、青年期、成年期和暮年期的生活状况。在孤残儿童接受帮助的同时，需要确保孤残儿童的身心都能够在健康的环境下发展。从微观层面分析，应重点关注孤残儿童的照料和养护、康复与医疗、教育和就业等多方面的问题。

总的来说，通过从宏观、中观、微观三方面的协调发展，在注重外在环境对孤残儿童的影响的同时，也需要深切关注他们自身的感受、理解和行动，来推动孤残儿童福利政策的稳步实施，从而确保孤残儿童群体能有相对良好的发展环境。

（李璐）

孔子的仁爱慈善观与关爱流浪儿童

孔子的仁爱慈善观主张仁者爱人,重义轻利,从哲学角度阐述了父慈子孝的家庭关系和以义为首的社会道德,对于当今社会流浪儿童的救助与保护颇具借鉴意义。弘扬孔子的仁爱慈善观,对流浪儿童伸出救援之手,施以爱心,是政府和社会慈善公益组织的责任与义务,对构建和谐社会,维护社会公平与正义,践行社会主义核心价值观,具有非常重要的现实意义。

一、孔子仁爱慈善观的基本内涵

孔子的慈善思想以"仁"为核心,以"爱人"为尺度。从儒家的观点来看,仁就是爱人。《论语·颜渊篇第十二》载:"樊迟问仁,子曰:爱人。"孔子以"爱人"来解释"仁",提出了"仁者爱人"之说,并将"爱人"作为人的本性,为儒家慈善观的形成奠定了理论基础。孔子的仁爱慈善观在道德实践方面生发出了诸多向度。

(一)孝悌为本,爱众亲仁

要做一个施行仁道的君子,首先从孝敬父母做起,孝悌之道是仁爱的根本所在。《论语·学而篇第一》记载:"弟子,入则孝,出则悌,谨而信,泛爱众,而亲仁。"这句话是说后生小子,在父母跟前,要孝顺父母;要敬爱兄长;要诚实可信,博爱大众,亲近有仁德的人。这是由爱亲到爱人再到爱众的过程。爱亲,是爱护自己的亲人,孝敬父母,敬爱兄长,父慈子孝,这种爱是基于亲情的回报,即英国近代哲学家休谟所谓的"特定的仁爱",是有条件的爱,孝悌为仁之本,从孝顺父母的人伦道德中引申出爱民守礼的善念和品质。要做一个爱人助人之人,就首先要做一个孝敬父母之人。"爱人",即爱他人,是休谟所谓的"一般的仁爱",它"是我们在对一个人完全没有友谊或亲情或敬重时对他单纯感受的一种一般的同情,亦即对他的痛苦的怜悯和他的快乐的祝贺"。由孝敬父母、友爱兄弟、信任朋友逐渐推延至爱众人、爱众物,由内及外,由近及远,由亲及疏,成为一个施行仁道的君子。

(二) 为仁由己,重义轻利

在孔子仁爱慈善观的价值取向上,孔子提出了两个方面的内容,一方面是为仁由己,要靠自己,由心出发,而不是靠别人外在的监督。孔子强调只要内心有爱,一心向仁,就能做到仁。如何才能做到为仁由己?《论语·颜渊篇第十二》载:"颜渊问仁。子曰:克己复礼为仁。一日克己复礼,天下归仁焉。为仁由己,而由人乎哉?""克己复礼"为"仁"是孔子借用前人的话并赋予新的含义,意思就是抑制自己,使言语行动都合于礼就是仁,一旦这样做到了,天下的人都会称许是仁人。实践仁德,全凭自己,还会凭别人吗?该篇还载:"司马牛问仁。子曰:'仁者,其言也讱。'"这句话是说仁人的言语迟钝,也就是要谨言慎行,严于律己。《论语·雍也篇第六》载:"樊迟问仁。曰:'仁者先难而后获,可谓仁矣。'"先难而后获,就是要先付出一定的努力,然后才能获得果实,这才是仁人。这说明了仁爱的实施,是要自己脚踏实地努力奋斗,才能成就自己,成为仁人。《论语·阳货篇第十七》载:"子张问仁于孔子,孔子曰:'能行五者于天下为仁矣。''请问之。'曰:'恭,宽,信,敏,惠。恭则不悔,宽则得众。信则人任焉,敏则有功,惠则足以使人。'"孔子在这里提到的五种品德,即庄重,宽厚,诚实,勤敏,慈惠。庄重就不致遭到侮辱,宽厚就会得到大众的拥护,诚实就会得到别人的任用,勤敏就会提高工作效率,贡献大,慈惠就能够使唤人。这五种品德,都是个人从自身出发,克己复礼,以高尚品德作为指导,才能助人为善。

另一方面是孔子重义轻利的价值取向,《论语·里仁篇第四》载:"君子喻于义,小人喻于利。"在孔子看来,君子仁人看重的是道义,只有小人之流才对利益趋之若鹜。《论语·述而篇第七》载:"不义而富且贵,于我如浮云。"干不正当的事得来的富贵,在孔子看来犹如浮云一般,巧取豪夺,见利忘义最为孔子所唾弃。该篇还载:"君子坦荡荡,小人常戚戚。"说的是君子心地平坦宽广,小人却经常局促忧愁。君子见利思义,重义轻利,行事为人坦坦荡荡,而宵小之辈见利忘义,趋利若鹜,时常算计,时常担忧。孔子对义利观多有阐述,《论语·里仁篇第四》载:"放于利而行,多怨。"依据个人利益而行动,会招致很多怨恨。该篇还载:"富与贵,是人之所欲也;不以其道得之,不处也。"发财做官是人人所盼望的,不用正当的方法,仁人是不会接受的。《论语·宪问篇第十四》载"富而无骄""义然后取,人不厌其取",富贵而不骄傲,应该取才取,别人才不厌恶他的获取。

(三)推己及人,均富惠民

孔子仁爱慈善观的实施,从个人和统治者两个角度来说有着不同的方法。一方面,对于个人而言,孔子提倡的是推己及人。《论语·雍也篇第六》载:"子贡曰:'如有博施于民而能济众,何如?可谓仁乎?'子曰:'何事于仁?必也圣乎!尧舜其犹病诸。夫仁者,己欲立而立人,己欲达而达人。能近取譬,可谓仁之方也已。'"子贡问孔子,假如有这么一个人,广泛地给人民以好处,又能帮助大家过的很好,是不是可以说是人道呢?孔子回答说,这哪里仅是仁道呢?这一定是圣德!这是尧舜或许都难以做到的。在孔子看来,仁是自己要站得住,同时也使别人站得住;自己要事事行得通,同时也使别人事事行得通。能够就眼下的事实选择例子一步步去做,可以说是实践仁道的方法了。子贡与孔子的这段对话,告诉我们凡事能就近以自己作比,而后推己及人,可以说就是实行仁的方法了。《论语·颜渊篇第十二》载:"仲弓问仁。子曰:'出门如见大宾,使民如承大祭。己所不欲,勿施于人。在邦无怨,在家无怨。'"这句话的意思是出门工作好像是去接待贵宾,役使百姓好像是去承当大祭典那般严肃认真,小心谨慎。自己不喜欢的事物,不要强加给别人,在工作岗位上不对工作有怨恨,就是不在工作岗位上也没有怨恨,这就是仁德。这些都是个人实现仁道的方法。

另一方面,孔子认为统治者实行仁政,应从两点入手。其一为均富贵。《论语·季氏篇第十六》载:"丘也闻有国有家者,不患寡而患不均,不患贫而患不安。盖均无贫,和无寡,安无倾。"无论是诸侯或者大夫,不必着急财富不多,只需着急财富不均;不必着急人民太少,只需着急境内不安。若是财富平均,便无所贫穷;境内和平团结,便不会觉得人少;境内平安,国家便不会倾危。孔子此处所言,正是如今的贫富差距问题,在孔子认为,统治者应致力于缩小贫富差距,保障人民生活平安喜乐,才能真正造福于民。正如《论语·雍也篇第六》载:"吾闻之也,君子周急而不继富。"即君子只是雪中送炭,而不是锦上添花。所以,应该对贫穷困苦之人施以援手,真正做到助人为善,固邦为民。

其二为惠民。《论语·公冶长篇第五》载:"有君子之道四焉:其行己也恭,其事上也敬,其养民也惠,其使民也义。"君子之道有四种:自己的容颜态度庄严恭敬,对待君上认真负责,教养人民有恩惠,役使人民合于道理。这就是要求统治者施行仁政,施惠于民。在《论语·尧曰篇第二十》中也有相关论述:"君子惠而不费,劳而不怨,欲而不贪,泰而不骄,威而不猛。"君子给人民以好处,而自己却无所耗费;劳动百姓,百姓却不怨恨;自己欲仁欲义,却不作贪;安泰矜持却不骄傲;威严却不凶猛。这就是作为统治者在为国为民的同时,也能更好地维护自己的统治。该篇又载:"因民之所利而利之,斯不亦惠而不费乎? 择可劳而劳之,又谁怨? 欲仁而得仁,又焉贪? 君子无众寡,无大小,无敢慢,斯不亦泰而不骄乎? 君子正其衣冠,尊其瞻视,俨然人望而谓之,斯不亦威而不猛乎?"就着人民能得到利益之处,因而使他们有利,这不也是给人民以好处而自己却无所耗费吗? 选择可以劳动的时间、情况和人民再去让他们劳动,又有谁来怨恨呢? 自己需要仁德便得到了仁德,又贪求什么呢? 无论人多人少,无论势力大小,君子都不敢怠慢他们,这不也是安泰矜持却不骄傲吗? 君子衣冠整齐,目不斜视,庄严端正,使人望而有所畏,不也是威严而不凶猛吗?《论语·学而篇第一》载:"道千乘之国,敬事而信,节用而爱人,使民以时。"治理具有一千辆兵车的国家,要严肃认真地对待工作,信实无期,节约用费,爱护官吏,役使老百姓要在农闲时间。这些都是孔子对统治者的期望,实行仁政,养民以惠,博爱万民,"博施于民而能济众",履行其恤贫济民的责任,只有这样才可能超凡入圣。

二、孔子的仁爱慈善观对关爱流浪儿童的道德意义

中国公益慈善事业,是以中国传统文化的仁爱伦理为基础的。弘扬孔子的仁爱慈善观,在全社会形成推己及人之爱心,发展慈善公益事业,加大对流浪儿童的救助帮扶力度,是政府和公益慈善机构的共同责任。

流浪儿童又被称为街童,很大程度上是因为他们流动的生活状态和街头无序的生活方式。他们栖身在公共场所,或单独流浪或有组织聚居在一起,他们大多数没有正当的谋生手段,主要通过捡垃圾、卖报纸、做简单的体力劳动以及做杂活等方式维持自己的生活。流浪儿童一般都是群体聚居在一起,单一的或以家庭方式出外流浪的,一般都借助于天桥、马路等公共场所遮蔽风雨,他们的生活条件非常艰苦,基本的衣食条件都不能得到保障,没有接受过正规的教育,在复杂的大城市里很难及时寻找到稳定的工作。

家庭是儿童生存、社会化及情感支持的主要场所。儿童向街角社会流浪并走上违法道路,往往与儿童的家庭环境密切相关。比如父母受教育程度较低,职业技术含量低,流浪儿童的受教育程度低,九成以上未完成义务教育,文化程度普遍较低;父母的婚姻关系以传统型为主,且父母关系不良或离异的居多;家庭结构以扩展和断层家庭居多,还有一部分儿童不能与亲生父母共同生活;家庭成员关系不好,而且很多家庭亲子关系比较冷淡;在孩子的抚养教育上,"严父慈母"的机械分工导致对孩子的监护缺失,管教方式粗暴。流浪儿童,需要的是家庭的温暖和社会的关爱。本文从孔子仁爱慈善观的视角出发,通过解析孔子的仁爱慈善观,以期对流浪儿童的救助和保护提供哲学参考。

孔子的仁爱慈善观,对当代中国慈善事业的发展,特别是流浪儿童的救助与保护具有深远意义,这主要表现在以下三个方面。

首先,我们必须分析造成流浪儿童现象的主要动因和根源。在改革开放的大背景下,流浪儿童这一社会现象的发生,其原因是多方面的,家庭经济条件、家庭结构、家庭教养方式、家庭情感等因

素是主要诱因。利益诉求的多元化,社会贫富差距悬殊,是其根本原因。因此,对流浪儿童的救助与保护应从根源上采取措施,成长环境对儿童成长具有极其重要的作用,特别是家庭环境。对此,我们应发扬中华民族的传统美德,传承孔子的仁爱思想,孔子讲孝悌为本,仁者爱人,由爱亲到泛爱众。爱亲,是爱护自己的亲人,孩子是一个家庭的爱的延续,父慈子孝,兄友弟恭,是最温馨和谐的家庭,所以不论怎样的家庭状况,都应该尽力为孩子营造一个充满爱和温馨的氛围。社会各界也应该关注少年儿童的健康成长,秉承重义轻利的原则,注重社会道义,关爱少年儿童,伸出友爱之手,构建温情社会,为他们的成长创设一个良好的社会环境。

其次,"仁"是一种责任,一种义务,更是一种推己及人的利他风尚和助人为善的精神。孔子所提出的仁者爱人,自立立人,自达达人,己所不欲勿施于人等等,广泛地影响着中国人的人生观和价值观,最终成为中国慈善的原动力。我们应该秉承孔子仁爱之理念,爱众亲仁,助人为善。在当今时代,我们应当以"爱亲"为核心,在孝敬父母的前提下,关爱兄弟姐妹,关心同学朋友,关注弱势群体,要秉仁爱之心,行慈善之举。我们每一个人都应该对流浪儿童施以仁爱之心,伸出救援之手,帮助流浪儿童,使其不再流浪。

最后,孔子主张均富贵,养民以惠,这对流浪儿童救助具有一定的启发意义。流浪儿童之所以流浪,最根本的原因是经济原因,国家应该健全社会保障体系,支持慈善事业的发展。由中央到地方,构建完善的慈善事业发展系统。国家应对贫困地区、弱势群体加大扶持力度,以人为本,通过政府、慈善机构和基金会、私立基金会、企业社会责任部门以及公益营销、慈善志愿者协会等机构,使慈善组织层次向多元化发展,加大对流浪儿童的帮扶救助力度;采取切实可行的措施,建立流浪儿童培训学校,培养流浪儿童的自我生存技能,使他们回归社会,回归家庭,健康成长。

（齐晓红）

美国儿童媒体保护制度浅析

数字信息时代的快速发展使多媒体成为人们生活中不可或缺的重要组成部分,也使得儿童越来越多地接触到媒体。一方面媒体为儿童的生活和学习带来了很大的便利,但另一方面,也对儿童的成长和发展带来了诸多不利的影响,需要对其进行管制,对儿童进行保护。美国的儿童媒体保护制度相对比较成熟,业已形成了比较完善的儿童媒体保护体系,包括政府的法律保护、媒体的行业自律、社会的监管和学校的媒介素养教育以及家庭教育等。儿童媒体保护的内容比较全面,对儿童媒体的播出内容、播出时间数量及传播方式等都进行了规范,值得我们研究和借鉴。

一、为儿童创造良好的网络环境势在必行

随着数字时代的到来,多媒体成为人们生活不可或缺的组成部分,儿童接触媒体的机会和频率也在不断增加,但同时也带来了某些有碍他们健康成长的危险因素。在世界各地,从电视到手机、音乐播放器、视频游戏、社会网站,几乎是大部分儿童每天要接触的媒体。媒体的泛滥造成了越来越多的儿童和青少年把大部分时间花在了使用这些媒体上,甚至超过了他们体育运动时间和睡觉的时间,而且大多数儿童和青少年经常在缺乏成年人监督的时间和场合使用这些媒体,致使个人时间严重浪费,也引发了很多儿童心理及行为问题,如色情信息的胡乱传播;暴力信息、影视或游戏的不良影响;赌博、种族仇视或性别歧视等违背现代人文精神的信息的散布;网上诱拐、青少年网上侵犯性行为、"互恋网"等,导致有些少年儿童沉迷网络而荒废了学业,甚至走上了犯罪的道路。不健康的网络交流方式,使儿童渐渐对网络产生心理上的依赖性,同时也使他们丧失了现实感,混淆虚拟世界和现实,沦为网瘾青少年。

如何在媒介利益与儿童权益间获得平衡,是业内外人士亟须解决的问题。根据 20 世纪 90 年代联合国通过的《儿童权利公约》

规定,儿童享有接近媒介、参与媒介的权利,通过媒介获取有益信息的权利,以及免受成人世界侵害的权利。美国的传媒政策中,保护儿童免受媒体负面内容侵害的政策是较为完善的。本文试图对美国媒体监管中的儿童保护政策进行梳理和分析,希望对我国儿童媒体保护的发展有所借鉴。

二、美国儿童媒体保护体系分析

总体上来看,美国的儿童媒体保护政策是在家长、社会团体、政府、媒体行业以及研究机构等各种力量的相互博弈过程中产生并丰富起来的。具体来讲,美国的儿童媒体保护政策体系主要包括四个方面的内容。

(一) 政府的法律保护

在保护儿童利益不受侵害的过程中,美国政府尽最大努力协调各种利益,出台了一系列法案,对媒体尤其是电视和互联网的节目、内容、播出时段以及播出方式等进行严格规范。针对广播电视的儿童保护法案主要有:1990 年的《儿童电视法案》、1992 年《有线电视法》、1996 年的《电信法案》《通讯内容端正法案》、1997 年的"三小时法令"以及 2006 年的《净化广播电视内容执行法案》等。针对互联网的儿童保护法案主要有:1998 年的《儿童在线保护法案》、1999 年的《儿童在线隐私保护规则》、2000 年的《儿童互联网保护法案》等。

这些法案的出台及实施,较为有效地保障了儿童在接触媒体的过程中能够选择健康、安全的播出内容,避免有害信息的负面影响,儿童的个人隐私权也得到尊重。

(二) 媒体行业的自律

传媒业通过制定相关的行规进行自律,也是美国儿童保护政策的重要组成部分。这既是社会责任感的体现,也是在政府严格的管控压力下传媒行业的自觉行为。美国的行业协会能自行制定各种行业规则,进行媒体内容方面的自我规范。如全国广播协会在 1929 年制定了第一部无线电广播规则,1952 年制定了电视规则,1990年又出台了一套针对儿童电视、下流与淫秽言行、暴力和吸毒这四方面内容的节目设计原则。

电视分级制度是美国媒体行业自律的主要方式。这种电视分级办法是根据受众的年龄标准将电视节目分为六个等级。电视分级制度是模仿美国电影分级制确定的。不同的是,电视节目分级由节目生产商自我定级,而不是像电影分级那样交给"分级委员会"这样的专门机构定级。这主要是因为电视节目制作速度快、数量庞大,只好由节目生产机构自我定级。电视节目分级制度减轻了低俗电视节目对儿童的不良影响,家长根据节目级别选择适合儿童观看的内容,可见家长在媒体选择方向的主导性和决定性作用。

在美国儿童网络媒体的发展中,"安全"原则是最大共识。一方面许多大型的网络内容服务提供商增加了大量适合儿童浏览的高质量网络内容,另一方面有责任感的网站通过严苛的自律保护儿童的网络使用安全。著名的企鹅俱乐部网站在安全性方面的规定就取得了较好的社会效益和商业效益,它被授予了儿童隐私保护的认证。该网站采用一种称作"高安全聊天模式"的设置,儿童进行线上交流时不能直接输入词汇,只能从列表中选取网站提供的短语和句子进行聊天。在网站上说了脏话的会员,会被系统自动禁止入内二十四小时。企鹅俱乐部安排专人从事网络巡视工作,以便及时发现并纠正其不恰当行为。虽然完全杜绝网络中的不安全因素还不现实,但是美国儿童网站的很多做法是值得借鉴和学习的,尤其是当相关法案的颁布还需论证和等待的过程中,行业自律是一种非常有用且高效的保护方式。

(三)社会的监管

社会监管是美国广播电视及网络内容监管的重要一环。它一般表现为民众、市民团体(社团)或研究机构的意见或看法。在美国儿童媒体保护政策体系中,社会监督通常分为社会团体和研究机构监督两种。市民团体能够帮助形成广播电视行业的立法及政策环境,同时可以和媒体行业直接交流,对行业的自我规范施加影响。美国《儿童电视法案》就是在"改进儿童电视节目行动"组织、家长与教师联合行动委员会、联邦工会委员会以及一些黑人社团、宗教团体等的压力下由联邦通讯委员会和国会进行调研与听证后出台的。美国有一些类似家长协会的组织为保护孩子们不受色情、暴力情节的影响，通过收集电视节目中不适合儿童观看的内容信息，发布年度报告，以此对电视内容进行监督。

在美国有很多研究机构对广播电视的内容和社会影响展开研究，这些研究对商业性的广播电视内容起到了间接的监督作用。研究机构或社团通过研究，公开发表自己对节目内容的意见，对广播电视媒体形成一定的舆论压力，以达到监管目的。美国政府鼓励和支持各研究机构对涉及儿童网络安全的领域进行研究。例如，《为电脑空间的儿童而行动》（1996）的研究报告就得到美国贸易委员会的支持。这些研究一方面为各种儿童网络保护的政策制定提供了理论基础，同时也在激发儿童网络安全保护的社会意识上起到显著效果。

（四）学校的媒介素养教育

在美国的中小学教育体系中也强调通过媒介素养教育，指导未成年人了解并理解媒介，从而学会辨别内容，在接触媒体的时候进行自我保护。"保护"意识是美国媒介素养教育最重要的目标之一。"保护"是指将媒介素养教育作为抗拒不良媒介内容影响的重要途径。美国的媒介素养教育最重要的作用是让学生免于受到不良媒介内容（酗酒、吸毒、暴力、色情等）的影响。只有让学生充分了解媒介对自己的意义，排除不良干扰，才能合理利用媒介。他人保护与自我保护相结合，可以更为有效地净化儿童的成长环境。

三、美国儿童媒体保护政策的内容分析

（一）播出内容

儿童媒体的播出内容受到美国政府及各界人士的持续关注，因此，立法规定涉及面较广，规定严格。

1. 对于儿童类节目的界定有着明确的规定和要求

"三小时法令"中规定，儿童教育类节目指为 16 岁以下儿童提供各类教育信息并满足其需求的所有节目,包括能够促进儿童智力及情感发展的核心类节目。"三小时法令"规定商业广播站每周要播放最少三个小时的教育类节目。同时,联邦通讯委员会以"三小时法令"中关于儿童节目播出内容的规定为参考依据或标准之一,为电视台颁发许可证。

数字时代,互联网对儿童的影响巨大,为避免互联网无序信息和负面信息对于儿童的侵害,《儿童在线保护法案》规定商业性的色情网站不得为 17 岁以下的未成年人提供以下内容,如缺乏严肃文学、艺术、政治、科学价值的裸体与性行为影像及文字。虽然这样会违反美国宪法规定的公民言论自由权,但更多的家长和公众更倾向于对儿童媒体的信息予以过滤和筛选,以避免未成年人受到不良信息的侵害。

2. 对于可能对儿童心理和生理造成负面影响的内容的规定

第一,严格规定播出限制和收看资格认证。《儿童在线隐私保护规则》中要求,色情网站经营者须通过核查信用卡持卡人信息、登陆用户资料等方式,对用户进行鉴别,未满 18 岁的未成年人禁止进入色情网站。第二,电视分级制度是媒体行业自律的管用手段,其中对于儿童电视节目的分级,更是保护儿童媒体安全和健康的重要方式。该制度以年龄为标准,适用于美国境内公开发布的新闻、体育、付费节目以外的所有节目和频道。就儿童节目而言,主要分为三类:TV－Y,适合所有儿童;TV－Y7,适合 7 岁以下(包括 7 岁)的儿童;TV－Y7－FV,适合 7 岁以上的儿童。该制度实行两年后,电视业在此基础上再次推行新的内容分级制度,将所有娱乐节目分为四等:S 节目中有性内容,V 节目中有暴力内容,L内容语言粗俗,D 有刺激性、引诱性对话。如果节目分类为 TV－PG,则表示该节目需成人陪同观看,如果是 TV－14,则意为 14 岁以下儿童不宜观看。

不断完善的制度和规定,一方面保证了媒体节目的制作水准,避免了可能发生的纠纷和摩擦,另一方面保证了儿童媒体的安全性,家长更放心地让儿童观看电视节目,从而也带动了媒体的经济效益。

3. 对于儿童隐私方面的规定

由于互联网的特性,互联网运营商掌握着大量儿童隐私内容,为保护美国儿童隐私权不受侵犯,《儿童在线保护法案》和《儿童在线隐私保护规则》规定,互联网站在获取儿童信息时需获家长同意,并明确告知信息用途,如果家长拒绝提供,网站须停止收集并删除所存信息。任何网站不得擅自泄露儿童信息给第三人,如果这些信息涉及伤害儿童的行为,该网站将被起诉。

(二)播出时间和数量

1. 关于儿童节目的规定

目前,美国出台的法规规定媒体必须为儿童提供达到自律标准的一定数量的节目,以免媒体为追求利益最大化而忽视儿童应享有的媒体权益。尤其在相关法案细则中,规定了儿童节目所需时长。如在《儿童电视法案》中,要求美国广播媒体需为儿童提供一定数量的教育类节目;又如"三小时法令"明文规定儿童类节目的播出时间应在 7：00 到 22：00 之间。其次,对于"成人内容",尤其是低俗化、含有淫秽内容的节目播出时间进行了规定。《净化广播电视内容执行法案》中规定,广播电视媒体不得在任何时间播出淫秽内容等不健康的媒体内容,尤其是在 6：00 到 22：00 之间。

2. 关于刊登广告的规定

关于儿童节目间隙的广告,联邦通讯委员会如此定义:目的在于推销产品或服务的节目时间。美国法律严格限制儿童节目的广告时长,禁止在儿童节目中穿插广告。周一到周五,儿童节目播放的广告时间每小时不得超过 12 分钟,周末不得超过 10.5 分钟。

(三)传播方式

儿童可接触到的媒体因其接触方式和接收方式的不同,对儿童的影响也不尽相同,这就需要对不同的媒介方式采用不同的规制办法进行管理。美国《第一修正案》中曾明确表示,包括图书、报纸、期刊等在内的纸质媒体不同于广电媒体,从信息安全和资源利用等方面权衡,广电媒体需要限制,而纸质媒体则需要保护。在 20

65

世纪 70 年代联邦通讯委员会诉讼太平岩基金会一案中,法院对于广播领域引用了与纸媒不同的宪法标准和细则援引,明确表示,广电媒体更易为儿童接受和接近,相比纸媒,家长却更难监管,因此,广电媒体播出的儿童节目需要进行严格规制。这一原则至今仍然体现在美国儿童媒体的规制和监管体制中。

四、结语

美国的儿童媒体政策形成了一个由政府、社会、家长、学校以及儿童本身参与其中的,包括法规、行规、社会舆论和教育体系在内的较为完善的保护体系,其中政府进行立法保护;传媒业通过制定相关的行规进行自律;社会团体和研究机构进行监督;中小学教育体系通过媒介素养教育指导儿童合理使用媒体。在儿童媒体保护中,对儿童媒体的播出内容、播出时间数量及传播方式等都进行了规范,包括对儿童类节目界定的明确规定和要求,对儿童电视节目进行分级,对于可能对儿童心理和生理造成负面影响的内容,严格规定播出限制和收看资格认证,对儿童在线隐私进行保护;严格限制儿童节目的广告时长,禁止在儿童节目中穿插广告;对不同的媒介方式采用不同的规制办法进行管理等等,这些都对美国儿童媒体保护起到了很大的作用。而以上这些方式和举措也都值得我国借鉴学习。网络只是人与人之间沟通的工具,且工具本身是无害的,初衷是为了扩大交流,共享信息,是利是弊完全取决于我们使用者自己。所以,我们需要反思的是对网络的认识与应用,要趋利避害,而不是丢掉工具本身。因此,单纯的禁止、批评和限制网络的应用是无济于事的,关键是如何形成健康的网络文化,构建真正的网络文明,营造文化氛围浓郁的网络新环境。这要靠我们全社会的共同努力,家庭、学校、社会以及媒体自身都要承担起防火墙的重任,净化网络环境,优化网络资源,为儿童提供丰富健康益智的信息空间。

(周盈丹)

社会史视阈下的西安孤儿教养院研究

西安孤儿教养院是民国时期全国三大教养院之一,也是西北地区最著名的孤儿教养院。西安孤儿教养院由陕西著名慈善家张子宜先生于 1922 年创办。张子宜(1881－1964 年),名典尧,陕西兴平市南韩村人,青年时代加入同盟会,辛亥革命中为兴平民团团长。1915 年 12 月,袁世凯复辟称帝,陆建章督陕,张子宜投入到"反袁逐陆"斗争中。1916 年 2 月被陕西督军陆建章逮捕入狱,出狱后与冯玉祥结识,被任命为陕西第一平民工厂经理和陕西富秦钱局局长。1922 年起,他担任西安孤儿教养院院长,直至新中国解放,1964 年病逝于西安。张子宜是虔诚的基督徒,他把主要精力都用于西安孤儿教养院,救济众多孤儿,为近代陕西慈善事业做出了伟大的贡献,其在教养院的许多做法,对我们今天收治流浪乞讨人员和收养孤残儿童仍旧有着重要的借鉴意义。

一、西安孤儿教养院的成立与快速发展

民国九年(1920)春,张子宜代表西安基督教青年会赴天津出席全国基督教第八次代表大会,后转赴北平参观了龙泉寺孤儿院。张子宜对该院成就颇为钦佩,有了创办孤儿院的想法。1921 年,张子宜担任陕西第一平民工厂的经理,招收失学青年,教以生产技能,但工厂开工不久冯玉祥离陕,"(张子宜)遂将此厂停办,所余物资,造具清册,函请冯公同意,作为创建孤儿院之修建费"。张子宜兴办孤儿院的想法得到了高少农、郭希仁、唐慕汾、王仲和、俞嗣如、杨叔吉等人的赞成,并于 1921 年开始筹备。1922 年,陆少文(陆建章之子)捐地二十亩作为教养院的地产。民国十一年(1922)农历九月九日(重阳节),西安孤儿教养院正式成立。西安孤儿教养院成立后主要经历了以下几个特殊时期。

(一) 西安围城时期(1926.3－1926.10)

1926 年 3 月到 10 月,镇嵩军刘镇华围困西安城,城内居民饿

死者数万人。此时院内孤儿已达 130 余人,而存粮只有数十石,孤儿院陷入粮食危机。6 月,城内麦子每斗三四元,孤儿院开始购买杂粮充饥。7 月,张子宜"向各方呼求,捐募款项购买麦子、油渣、枣子、蔬菜充饥"。9 月,孤儿院筹借少数款项购买油渣配以野菜充饥。在西安围城期间,孤儿院初小四年级毕业,在炮火弹雨中,教养院在一月之内建成新教室并成立高级部。

(二)关中三年大旱时期(1928－1930)

1928 到 1930 年的陕西发生罕见旱灾。据统计,"民国十七年(1928)全省 91 县(包括西安、长安)户数 210 万户,1180 多万人,民国十八年(1929)灾害波及 80 余县,同年 11 月全省死亡达 250 万人,外逃 40 余万,灾民 535 万"。随着旱灾的加重,要求入院的孤儿骤然增多,"只扶(风)、武(功)、岐(山)、郿(县)、兴(平)五县,送到待救之孤儿,已达五百人以上"。据统计,从民国十七年(1928)2 月至民国十九年(1930)12 月,男女孤儿已增加到四百余名,每月款项需 2400 元。这一时期,孤儿院"幸承北平孝惠学社、陕西华洋义赈会、上海基督教协进会、陕西省赈会、华北慈善联合会、陕西省民政厅、中国济生会及各长官各慈善家之捐助,继得勉强维持"。

(三)抗日战争和解放战争时期(1937－1949)

抗战全面爆发后,华北各省难民涌入西安,要求入院的孤儿不计其数。1939 年孤儿院奉疏建委员会命令,先迁到南郊新开门村,租用民房祠堂作为孤儿读书生活的地方。"民国二十八年(1939),院名誉董事长于右任恳请中央行政院拨款 5 万元,在长安太乙宫购地 60 余亩迁建新院",兴建教室、宿舍、作坊、仓库等房一百多间,除恢复原来设施外,还增加了养猪、养蜂等副业。民国三十五年(1946)西安孤儿教养院更名为西安私立子宜育幼院,张子宜仍为院长。新中国成立后,西安市人民政府于 1950 年接办私立子宜育幼院,1952 年和朱子桥(庆澜)创办的西安灾童教养院合并改为西安市人民育幼院,1956 年更名为西安市儿童教养院,现为西安市第二社会福利院。

二、西安孤儿教养院的组织机构与管理运作

西安孤儿教养院由社会慈善人士组建,院内的一切机构都依据《社会团体组织法》设立。张子宜把董事制度引入孤儿院。该院成立时即设有董事部,设董事十二人。根据《西安孤儿教养院章程》规定,"本院董事以发起人并年捐经费五十元以上之赞助人及特别捐助巨款者推举之"。第一届董事为高少农、郭希仁、唐慕汾、王仲和、俞嗣如、俞绍如、石玉琴、孙奉堂、朱运生、张子宜、阎瑞庭、王翰卿等十二人。董事任期为三年,每年改选三分之一,可连选连任。在孤儿院发展历程中,董事的人选基本没有太大的变化。这在一定程度上保证了院内机构及其运作的稳定性。董事有募集经费、监督出纳及监察院务的责任。孤儿院设院长、副院长各一人,由董事部推举产生。院长管理全院事务,有监督教员及选聘、辞退雇员夫役的责任。董事、院长为义务职,无薪酬。

孤儿教养院"院长之下分事务、教务、训育、工农 4 组,每组设立主任 1 人",各组的主任都由张子宜亲自聘请。事务组以下又分会计股、庶务股、文书股、收发股、注册股、营业股、粮服股,其主要责任为处理一切文书和钱粮管理,登记孤儿进院出院,出售院内生产的产品等;教务组以下设有游艺股、教育股、体育股、图书股,主要负责孤儿的教育、体育、学习手艺和图书馆的管理等事务;训育组以下分训练股、斋务股、卫生股,其主要负责孤儿的医疗卫生、寝室管理以及训导犯错误的孤儿;工务股和农林股组成工农组,主要办理工厂、农业事项以及栽培花草树木等。

西安孤儿教养院还制定了各种规章制度。《西安孤儿教养院章程》《西安私立子宜育幼院章程》是孤儿院处理一切事务最重要的依据。《西安孤儿教养院章程》分七章,对全院各方面事宜都有明确规定。《西安私立子宜育幼院章程》和前者在结构和内容上基本相同,略作调整。另外,孤儿院为保障孤儿学习生活还制定了《教室规则》《体育规则》《儿童膳食规则》《寝室规则》《职员食堂规则》等规则。孤儿院同时还制定了各工场的运行规则,如《纺线工

场规则》《织布工场规则》《裁绒工场规则》《布鞋工场规则》《麻鞋工场规则》《缝纫工场规则》《成品销售处规则》,孤儿院办理民生市场后还制定了《民生市场管理规则》和《民生市场摊贩租赁地皮规则》。

张子宜把董事制度引入孤儿院,形成了决策、管理、监督互相分离的机制,这保障了教养院在实际运作中的透明度。院长、组长和股长三级组织结构使得各级人员专司其职,保证了处理事务的效率。孤儿院制定的各项规章制度不仅保障了孤儿院的有序运作,还为处理各方面的事宜提供依据。

三、工读并进、教养兼施、教重于育等理念与实施

中国传统的慈幼机构只注重婴孩的收养,而忽略了教育。西安孤儿教养院工读并进、教养兼施、教重于育的理念独具特色,孤儿在院中生活、读书、劳动相结合,孤儿院的教育达到了"教育生活化、生活教育化"。

张子宜十分重视孤儿的教育,孤儿院始终贯彻教重于育的理念,"所谓教育者,以其教重于育也,育而不教,则飞禽走兽之类矣"。孤儿院将所有孤儿遵照教育部颁布学制方案系统编为幼稚、初小和高小三部,所授课程采用新时代教科书,注重儿童的全面发展,张子宜把"训育""智育""体育""美育"结合起来。所谓"训育","教育之法,不独保身迪智,尤当注重儿童之品性。故教员之责任,不仅在执教鞭之时,于课外实施训练,更为重要"。孤儿院每周提出一个有利于儿童成长需要的主题,并于每天早会上宣讲,促使儿童在生活中能够贯彻实行。在"智育"方面,孤儿院根据新课程标准,授以普通常识,"并选商业科,教孤儿以经济之训练",还根据孤儿习性教以工艺。孤儿院十分注重孤儿的"体育"。孤儿每天早晨都做早操,还要学习柔术操、国术、乒乓、篮球、足球、田径赛、跳高等。院内还组织有雅乐队、新旧剧团和军乐队,各队团都有专人指导练习,加强"美育"。

孤儿教养院"以收养孤儿施以适当之职业教育各使成人后有自立能力为宗旨"。为了贯彻其宗旨,入院儿童都要参加劳动,学

习工艺，工读并进，"院内以'教养'并重，不惟'养'之有'法'且'教'之有'道'"。

凡是入院的孤儿，除幼稚生外，根据其体格和个性分配不同的工种参加劳动。孤儿院自成立后，工场种类不断增加，主要有裁绒、制鞋、织布、缝纫、卫生材料、刺绣、织袜、编衣等。织布、制鞋、缝纫等工场的规模最大。1934年，张子宜携带孤儿院生产的织绒毡、药水棉等工艺品参加在上海举办的第一届全国慈幼领袖会议，在慈幼工艺品展览会上，药水棉"获特等奖"，载绒产品还远销欧美。年龄较大的孤儿还参加农业劳动。1940年，孤儿院在空地上种植蔬菜，"菜类计有葱、韭、辣子、白菜、红白罗葡（萝卜）、茄子、菠萝、番茄、莲藕等种，院内用菜，毋庸外购"。院内有柿子、梨、栗子、桃、杏等果树，还有椿树、槐树、杨树等。

西安孤儿教养院这种工读并进、教养兼施、教重于育的理念在当时独具特色，其贯彻和实施不仅使孤儿得到全面发展和成长，也使孤儿学习到谋生的技能。经过张子宜和孤儿院的悉心栽培和教育，从1922年至1947年10月，孤儿院学校毕业生总计4401人。其中，留院306人；升学者462名，除285人在初高中、大学继续深造以外，其他人进入音乐（2人）、水利（1人）、神学（4人）、师范（70人）、商业（33人）、护士（47人）、军校（18人）等专科学校；就业者共计3633名，涵盖农、工、商、教育、医药、军事、政界、邮政、铁道等领域。

四、西安孤儿教养院经费考察

随着规模不断扩大，经费短缺一直是孤儿院发展的瓶颈。孤儿院"经费来源除由陕西省财政厅、教育厅按月拨款补助外，其他概由本院工厂生产盈余、房地租收入暨热心慈善人士捐款等项供应之"。

陕西政局动荡不安，政府补助经费数额并不固定，如民国十八年（1929）陕西省政府代主席宋哲元补助经费由每月的三百元增加为六百元。民国二十一年（1932）陕西省政府主席邵力子每月补助的经费由六百元增加到一千元。民国二十九年(1940)陕西省政府主席熊斌补助经费由每月的两千元增加至三千五百元。1928年孤儿院经费紧张,向陕西省政府请求拨款,"该院收容孤儿人数逐渐增多,恳请于该省逆产项下增拨经费,以利进行"。后来陕西省拨款三千元补助孤儿院。

张子宜的社会关系广泛,热心慈善人士的捐款是教养院经费的重要来源。"于右任、王陆一、杨虎城、张学良、宋哲元、石敬亭、景松山(此处应为井岳秀,字崧生)、左协中、孙蔚如、韩复榘、邵力子、张季鸾、张静江、李仪祉等都给孤儿院捐赠了不少银元。"在《西安孤儿院之过去与将来》(1931)一书中公布了捐款在百元以上的个人和社会组织。其中捐款个人有蒋介石、宋哲元、于右任、张伯英(钫)、冯焕章(玉祥)、吉鸿昌、马鸿逵等56人;慈善组织有乐善堂、旱灾救济会、义赈统一委员会、孝惠学社、陕西救灾委员会等。宋庆龄、宋美龄也对孤儿院给予过资助。"自十七年(1928)起至今年(1934)九月底结算共收捐洋一万一千四百零二元五角,足见赞助之热忱也。"

从1932年6月24日至7月24日《大公报》馆为孤儿院筹款,《大公报》连续刊载张季鸾亲自起草的《代收西安孤儿教养院捐款启事》:"鄙人鉴于各界善士之热心应为谋汇寄之便利,现声明自六月二十四日起以一月为限,如有愿向该院捐款托鄙人汇转者,不拘多少请送交'大公报张季鸾'代收,挚取收据,当负责汇寄西安。"一个月后,《大公报》上刊登所有捐款者名字及数额,"截至本月二十四日止,共收到大洋三千五百七十元整"。

张子宜早年经商,在他的经营下,自营收入是孤儿院经费的另一项重要来源,主要包括院内工场产品销售、房屋出租和民生市场收入。孤儿院20多种工场生产的产品除供给孤儿院内部使用外,多余的产品在市场上销售。1934年"所售物品计有地毯、马褥、椅垫、男女革履、卫生材料、绷带等项,合计以上各品出售共收洋二千三百七十九元七角"。

孤儿院中后期,房屋出租和民生市场收入是日常经费的主要支撑。1935 年孤儿院把院内的农地改建成房屋出租。1936 年孤儿院用捐赠得来的一万元钱"在原孤儿院盖房二百多间,在今东二路到四路之间盖二层楼门面房,约一百多间,其中包括三个旅馆即东方旅社、北平旅社、中州旅社,还有中药店和服装店、西药店、镶牙馆等。"根据《财产租赁出卖所得税法》规定,孤儿院租赁房屋的收入予以免税。

1946 年张子宜向陕西省及西安市政府申请建立民生市场。民生市场自上午六时至下午六时营业,主要经营布匹、洋杂货及其他日用品。民生市场"规定每摊位占地面积 2 平方米,每月收费 2 元,登记占用摊位。全场内分中院搭蓆棚 6 个,设摊位 240 个;前院搭蓆棚 2 个,设摊位 120 个;随着要求租用摊位的人数增多,又陆续扩大蓆棚,先后扩展北院和东院,全市场共发展摊位至 800 个"。1947 年民生市场摊贩租金由每月二万七千元增加为五万元(由于法币贬值,所以收款额巨大)。

西安孤儿教养院经费的收入和支出进行透明管理,"本院款项之出纳每月由会计编制预算、决算表,连同各项收据凭单经院长核阅后提交董事会审查并登报公布"。民国十三年(1924)9 月孤儿院的收支报告刊载在《陕西慈善月刊》上,报告把孤儿院结存的钱数,9 月份新收入和开支的钱数及最后结余的钱分门别类予以公布,其中以前结存"大洋九百三十九元七角七分五厘,钱三百七十八千一百八十二文";新收入"大洋一千一百六十五元三毛七分五厘,钱四百零七千二百二十二文";开支"大洋四百六十七元五毛四分六厘,钱四百五十九千七百七十文";最后结存"大洋六百五十二元五毛二分五厘,钱八十三千七百三十七文"。

西安孤儿教养院在经费筹集上,除政府拨款和募捐外,依靠孤儿院自身产业经营筹集经费的方法独具特色。张子宜把商业经营引入社会慈善公益事业的做法在当时具有较强的前瞻性。这打破了传统慈善机构纯粹依靠募捐筹集经费的被动局面,为教养院的长期稳定发展打下了坚实的基础。

五、西安孤儿教养院孤儿生活状况考察

西安孤儿教养院在成立之初只有孤儿二十余名,"至(民国)十六年终,兹院除中途出院者不计外,已增加至一百八十二名……(民国)十九年终增至四百〇七名;(民国)二十年终增至四百五十名。1932年院内仍住有男女孤儿四百六十三名,共计前后曾经兹院教养之孤儿已达一千二百三十七名之多"。西安孤儿教养院逐渐成为民国时期全国救助和教养贫困儿童人数最多的孤儿院。据1948年不完全统计,经西安孤儿教养院救助和教养的儿童总计14000余名,籍贯遍及陕西、河南、河北、山西、山东、辽宁、湖南、甘肃、湖北、江苏等12个省份,孤儿最多时达1000人以上。陕西省内,"这些孤儿以兴平、岐山、扶风、武功、郿县(今眉县)的为多"。孤儿教养院内的儿童数量不断增加,院方为他们提供良好的环境,各方面都秩序井然,并且儿童生活丰富多彩。

孤儿的居住和用餐都有良好秩序。每天起床和休息均有固定时间,洗漱用品放在指定部位,儿童被褥每隔两日晾晒一次。据记载,"寝室内前后两排木制的床板,每个人的床位俱以木板隔开,一条破被叠在木板的一头,和军营里的床位相仿"。用餐时,儿童在操场集合,由各队管理员分发碗筷后每队队长分配饭菜,儿童集体唱歌后方可用餐。

孤儿院的医疗卫生最初由西安基督教浸礼会广仁医院负责,后来转交给陕西省健康教育委员会。后来教养院建立起自己的医疗体系,院董杨叔吉任诊疗主任,并配有助理医师、护士、药剂师各一人,并建立保健室、诊治室、养病室等。院内医疗用品除购买外,国际救灾会西安医药委员会、中央卫生部陕西省卫生处、美国援华医药组、广仁医院等给予大量捐赠。孤儿院每年春季还为孤儿施种牛痘,以防天花。从1922年到1947年,孤儿院毕业4401名儿童,因伤寒、回归热、痢疾、黑热病等死亡的仅23人。

此外,院里还设有图书馆、阅报室、壁报社,每日课余,各管理员分别指导学生阅报、读书、编刊物。每当院里举行开学、毕业典

礼和集会纪念等活动时,院内的雅乐队、新旧剧团和军乐队都会表演助兴。由于院长张子宜笃信基督教,院内的职工和孤儿每天一起在礼堂静听牧师宣讲《圣经》。在礼拜日早晨祷告,中午礼拜,晚间唱赞美诗。

"幼童为国家未来之主人翁,为家庭后代之继承者,导之以善,则为圣贤为豪杰。"西安孤儿教养院在二十九年的发展历程中,收留和教养的孤儿遍及农业、商业、工业、政界和军界,为社会的发展和进步做出了巨大的贡献。张子宜把董事制度引入教养院,为教养院的透明、有序、健康发展起着引导和监督作用;其工读并进、教养兼施、教重于育等理念以及贯彻孤儿生活中的"训育""智育""体育""美育",引导孤儿全面发展;把商业运营模式引入社会慈善公益事业,不仅在当时而且在今天也具有参考价值。西安孤儿教养院整个发展历程处于国家动荡、民族危亡的时刻,能够为数以万计的孤儿提供有序、健康、和谐的生活、学习场所委实不易,"孤儿不孤"(于右任为西安孤儿教养院题词)是西安孤儿教养院最好的阐释和总结。

(司胜杰)

媒体与"成人化儿童"

当今时代,电视、网络等大众传媒对社会的影响无所不在,新媒体改变了人们的生活方式、交往方式和思维方式,缩短了儿童与成人的距离。以"影像图式"为介质的大众传媒,不再需要以艰深抽象的语言文字来理解,消弭了文字概念系统所具有的批判力,图像所引起的感官冲击力似乎在儿童与成人之间毫无差异。媒体权力不仅塑造着成人的精神世界,而且也改变了儿童的生活习惯,儿童的成人化与成人的儿童化已经成为一种社会事实和发展趋势。儿童面临"童年的消逝","儿童的成人化"即"成人化儿童"可以被称为当今时代儿童的显著表征之一。

尼尔·波兹曼在其《童年的消逝》中提到了现代社会中媒体对童年的不利影响。虽然笔者并不能完全认同尼尔·波兹曼的理论可以照搬到中国的逻辑,但在这一点上我十分认同,即媒体无视儿童和成人的差别,对公民空间无限地介入将会导致儿童和成人差距的缩小,导致整个社会放眼望去都是"成人化儿童"。他们看上去有生理年龄的差距,实际上思维水平的差距相差无几。探讨媒体与儿童的关系,揭示"成人化儿童"以及"新成人化儿童"形成的媒体环境,是当今时代儿童教育和儿童保护帮扶不容忽视的重大课题之一。

一、媒体与儿童的关系

(一)儿童与童年的概念

一般来说,大部分人对儿童的概念的理解更多与生物学有关。联合国 1989 年 11 月 20 日通过的《儿童权利公约》中明确指出,低于 18 岁的任何人都是儿童。儿童和成人的分水岭一般指的是生理的成熟程度。儿童作为人类生命初始阶段的存在,生理处于一种未发育完全的程度。而人在成年后基本上发育成熟并停止发育。童年一般也仅仅指身为儿童的人在生理上的一个时间区间。

直到后来,社会文化学者对童年的概念提出新的文化角度的解释。

卢梭在《爱弥儿》中塑造了一个"理想儿童",这样的儿童具有善良,真理,纯真,感性的特征,可以说是一切人类最美好品质的化身。他认为只有"高尚的野蛮人"是人类最美好的文明追求,这种最贴切自然的文明才是最值得追求的文明。因此,卢梭痛恨阅读,认为文字和阅读是童年的祸害,教儿童"讨论那些他们一无所知的事情"。

尼尔·波兹曼完全认同这一点,但他并不痛恨文字阅读。相反,他认为阅读是成人和儿童的真正分水岭,富有严谨逻辑和冷静思考的文字是区别儿童和成人的最大要素。因此,儿童必须接受一系列教育和训练才能理解这些升华了的抽象符号,从而成为一个有素质的公民社会的一份子。"童年的概念是文艺复兴最伟大的发明之一,也是最具人性的发明。"正是印刷术使知识不被少数人垄断,阅读的普遍导致了童年和成人的出现。因此,尼尔·波兹曼相信,童年(和成人)是伴随着印刷机被发明出来的,这一点深刻影响着后来社会文化学者的思想。

(二)"成人化儿童"

尼尔·波兹曼的著作中在描述现代的媒介环境时总是在围绕一个关键点:电子信息时代的到来会导致信息弱智化,从而导致人的幼稚化,使公民社会退步,使西方文明消亡。他用诸多史料论证,在中世纪时代,因为识字被少数人垄断,导致社会大部分各个阶层的人处于极低的文化水平,因此不同年龄阶段的人在思维、知识、情感方面不会有太多变化。因此他竭力想要证明一点,成人是印刷术发明出来的,而童年则伴随而来。

印刷术带来的是一种完全的识字文化,其要求的是更高一级的抽象认知和有序思维的能力。而电子信息时代中,电视等电子媒介通过更高的技术使得声像传播成为可能,因此将这种以抽象思维的文化边缘化,并占据了文化的中心地位。声像的认知比抽象认知容易得多,也原始得多,电子信息媒介就是用一个更高的科技水平推动一个更原始的认知方式。在这种环境下,印刷文化带来的成人的意义显得不再重要,因此人生的阶段在此被重新划分:"在电视时代,人生有三个阶段:一端是婴儿期,另一端是老年期,中间我们可以称之为'成人化儿童'"。《童年的消逝》对"成人化儿童"做出定义:一个在知识和情感能力上还没有完全发育成熟的成年人,尤其在特征上跟儿童没有显著区别。

(三)童年存在的意义

很多国内学者在解读尼尔·波兹曼在《童年的消逝》时常常从儿童权利的角度出发,认为尼尔·波兹曼做的只是单纯的儿童研究,他描述的电视和娱乐时代会导致儿童失去那段快乐和纯真的时光。事实上笔者认为,尼尔·波兹曼并没有从儿童的角度去关注儿童的快乐童年,他有着很强的社会关怀情怀,是从一个真正的具有公民社会素质,阅读训练与契约精神的成人视角,去关心"成人化儿童"的出现对公民社会和现代文明的极大冲击。"自从有了印刷术,未成年人必须通过学习识字、进入印刷排版的世界,才能变为成人。为了达到这个目的,他们必须接受教育"。尼尔·波兹曼相信,伴随着电子时代的到来,这种浅薄的"娱乐至死"的文化环境不光会使童年消逝,更会让成人消逝。而后者才是讨论的重点。通过《爱弥儿》,我们也可以从卢梭的观点得出以下结论,儿童是最接近野蛮人的存在。儿童和成人的区分以及儿童向成人的转变基本上就是野蛮人向文明人转变的翻版。因此,这种儿童接受教育的结果,必然造就现代的工业文明。

二、导致"成人化儿童"的媒介环境

工具往往并不仅仅是工具,人们发明工具的时候,工具往往超过了其本身的意义。就像媒介环境学的奠基人刘易斯·芒福德的著作《技术与文明》中描述的那样,钟表的发明让时间精确,大自然的日出日落被人们漠视,人们选择去遵守钟表里的"精确时间",节约钟表的时间,并成为钟表时间的奴隶。芒福德认为,是钟表,而不是蒸汽机带来了发达的工业文明。媒介也是一样的,印刷机就是另一个时间机器,它使流逝的时间被定格为永恒成为了可能,让一个人的言辞和文字流传百世。

印刷术的发明将个人的意见带入一个未知王国。在北美殖民地时期，印刷术的发展让北美的阅读蔚然成风，"枪炮的发明，使平民和贵族在战场上处于平等的地位。印刷术向他们平等地提供精神食粮。邮政既把知识送到穷人茅舍的柴扉，又把它带至王宫的大门"。正是印刷术，带来了理智、冷静、内容丰富、逻辑严密的先进文化。一个没有接受过高等教育，父亲是裁缝的穷苦平民托马斯·潘恩能够写出语言优美富有说服力和理性光辉的《常识》，这就是印刷时代下的文化产物，这是一个"阐释的时代"。

麦克卢汉认为，"媒介即人的延伸"。任何媒介都不外乎是人的感觉和感官的扩展或延伸：文字和印刷媒介是人的视觉能力的延伸，广播是人的听觉能力的延伸，电视则是人的视觉、听觉和触觉能力的综合延伸。而在娱乐化时代中，媒介则成为我们获取信息的唯一渠道。我们自己身体的听觉和视觉已经不再重要，作为"身体的延伸"的媒介已经成为我们探视真相的唯一选择。在这个背景下，人们对于文字媒介表现出越来越少的兴趣，并更加倾向于图像媒介，例如电视。"因为它可以取代印刷文字的线性序列逻辑特征，所以往往使文字教育的严谨显得没有意义。"看电视不需要任何训练，对人的思维逻辑水准没有任何要求，成人和儿童都能轻松理解其浅薄的内涵。这种图像的符号认知从某种程度上来说，和原始时代人类以及作为生命初级阶段的儿童在无法运用文字时利用图像认知的行为十分相似。在这种条件下，电视文化的大规模到来不可避免地带来了全面的娱乐化，印刷术时代的冷静、理性、严谨被娱乐时代的人们抛弃，尼尔·波兹曼也在其诸多著作中流露出对印刷的肯定和对电视文化的否定。他认为电视文化不光会摧毁人的理性抽象思维，而且会使童年消逝，文明倒退至原始阶段。

我们生活在一个淹没个人特性却又延伸个人感官的媒介世界。信息技术的发达已经使媒介深入到我们生活的方方面面，尤其是电视已经改变了公众话语的内容和意义，改变了政治、文化、宗教、教育、艺术等等。尼尔波·兹曼的陈述或许过于夸张,但在网络和智能时代到来后的今天,我们可以清楚认识到我们的媒介生态不仅仅包括电视,还有新出现的媒介,如社交媒体、智能手机等。尼尔波·兹曼认为电视带来的图像化、弱智化、信息碎片化不光没有解决,而且还因为这些新媒体而变得更加严重。网络新闻往往会为了方便阅读,更会匹配大量的彩色插图进行说明。我们很难从网络推送的信息中看到富有逻辑思考和批判性思辨的大段文字,网络进一步加剧了信息的碎片化和幼稚化。这也进一步降低了儿童成为成人的门槛。童年的消逝取而代之的,是所有的人都成为了"成人化儿童"。"成人化儿童",不仅表征着成人向儿童的滑落,而且表征着儿童与成人界限的消失,从而使二者的距离变成虚无。

三、不能被忽视的问题:新"成人化儿童"

尼尔·波兹曼的"娱乐至死"理论在中国实际上很有市场。其中,陈后亮的《泛娱乐业时代——兼读波兹曼〈娱乐至死〉》尤其具有代表性。他在其文章中说道,"回首改革开放三十年,我们在物质文明和精神文明上取得了辉煌成就。但所谓饱暖思淫欲,人们的精神生活也变得越来越感性化、低俗化。追求感官刺激成了许多人的生活主题。青年人满口都是"High!""Yeah!";电视更是成了娱乐的海洋。什么"'娱乐无极限''欢乐总动员''快乐男声''超级女声'等等,纷纷占据各家电视台黄金档"。

笔者认为,这种武断地将西方理论生搬硬套在中国现实之上,是不负责任的。且不说我国在物质文明和精神文明是不是获得了"辉煌成就","饱暖思淫欲"——物质丰富了就会让人的精神生活越来越感性化低俗化——这一命题值得质疑。这类学者常常把媒体的娱乐化归罪于改革开放带来的市场化消费和自由化竞争。他们常常先入为主地认为资本是逐利的,且逐利会使媒体更注重低俗感官享受。似乎一切娱乐至死的原因都是人性上的原罪(人类生来追逐感官欲望)和市场自由化的原罪(资本逐利)。于是这类学者开出的药方常常是增强媒体责任意识,甚至要求政府进行干预,加强党的领导和有关部门的监督,控制泛滥的娱乐节目,发扬媒体党的喉舌的工具作用。笔者相信,《娱乐至死》的作者尼尔·波兹曼,作为自由派和人文主义者,肯定不会赞同这种和他的本意完全背道而驰的意见。

还有另一类学者,他们对"娱乐至死"持反对意见,认为我们的媒体恰恰因为娱乐,放弃了过去单一的宣传职能,出现了媒体民主化的积极一面。在《"娱乐至死"还是"娱乐救亡"——对波兹曼〈娱乐至死〉的批判性解读》一文中甚至认为正是因为"娱乐至死"的到来,才消灭了乔治·奥威尔"1984"的预言,"如果我们将《一九八四》的'专制至死'和《美丽新世界》的'娱乐至死'放在一起让大家自由选择,我相信绝大多数人都会选择'娱乐至死'"。该作者用这种逻辑证明"娱乐至死"的积极作用,令人困惑。这类作者看似持完全相反意见,但实际上都是以媒体天生就有民主化和娱乐大众的倾向作为描述中国媒体的前提,实际上这和中国实际完全不相符合。

尼尔·波兹曼的著作皆是对《美丽新世界》的认同并对此作出现实的阐释。乔治·奥威尔的著作《1984》中,我们可以认识到"成人化儿童"是"真理部""老大哥"作用的结果,因为这种斯大林式极权主义的统治,人们的逻辑和理性思维受到了强权的禁锢,所以人们被强行幼稚化,政府要求大众学习"新话"进行洗脑,以此方便极权主义"老大哥"的统治。赫胥黎和尼尔·波兹曼则认为,"成人化儿童"是人们自己的选择,人们放弃书籍,放弃理性和逻辑的思考,当人们都自愿成为"成人化儿童"时,文明的消亡则在劫难逃。

中国现在绝对不是那个没有商业娱乐的斯大林式极权主义统治时代。经过了改革开放 30 年建设的今天,无论是电视还是网络,各种广告五花八门,制作精良,央视的广告位更是炙手可热,每一秒钟都有上千万的价值。或许我们的社会以前是奥威尔式的,但今天绝对不是。

尼尔·波兹曼从来没有说过奥威尔式的结论就是错的,这两种模式皆会导致"成人化的儿童"。奥威尔描述的故事本身就是对苏联的预言,并非针对中国,这一点或许让诸多中国人颇为欣慰。事实上,我们社会看上去的"娱乐至死",与其说是资本逐利和人性堕落,不如说这本身就是政府主导的结果。尤其自从20世纪90年代以来,政府对娱乐八卦新闻,新闻娱乐化,以及"港台娱乐倾向"节目,甚至包含一定色情和暴力的节目都采取了高度容忍的态度,只要这些庸俗的节目不涉及公共领域以及意识形态,纯粹的娱乐在中国获得了空前自由的土壤。那么,"限娱令"的颁布是否就体现了政府无法容忍庸俗娱乐从而正视媒体批判的公共性?不是。"我国广播电视是党和人民的喉舌工具。在广播电视具有的新闻宣传、舆论引导、文化教育、社会服务和审美娱乐等多重功能中,宣传教育应作为主功能放在首位。"可见,限娱是为了防止娱乐节目影响到"宣传教育"这个首位功能,其目的只是为了加强党的领导,与正视媒体的公共性和监督职能没有一点关系。而且,"限娱令"的颁布事实上也没有多大意义,我们从来没有被禁止过观看娱乐节目,低俗的黄色新闻不减反增,娱乐的形式越来越多,越来越多和政治不相关的新闻也都可以被用来娱乐。

极权主义倾向的政权不会再用传统落后的方式禁锢人的思想,在科学技术发达的今天,这并不有效。但如果一方面审查价值导向的信息,另一方面让人们沉浸在娱乐之中不能自拔,要么自愿,要么被迫,自愿地当一个"成人化儿童",这比斯大林式极权主义有效得多。

这是一种全新的"娱乐工程",政府让我们全身心沉浸在娱乐的环境之中。"我们成了娱乐至死的物种",不会在乎娱乐的方式是什么,也不会在乎娱乐我们的人到底有着什么目的。"我梦见咱俩走在放学的路上,路过一片小树林,此处略去27个字儿。回家的时候天已经黑了,路过一片苞米地的时候,此处略去30个字儿。"(《同桌的你》,2011年春节联欢晚会小品)这种低俗幽默在央视的春晚上登堂入室,可见一斑。这种娱乐,事实上早就沦为"愚乐"了。

　　在这种情况之下,媒介的内容要么是官方的宣传教育,要么是低俗的娱乐文化,人们选择后者完全在情理之中。如果有人不愿意在这种环境之下丧失成人的思考能力,那他们只能当一个犬儒苟且而活。

　　"成人化儿童"就是这样一个社会事实。尼尔·波兹曼发现了这个社会事实。他并没有从儿童的角度去关怀儿童的快乐童年,而是从一个真正的具有公民社会素质,阅读训练与契约精神的成人去关心"童年的消逝"会导致人类文明的退步。因为这种消费主义的娱乐时代消灭了儿童成为成人的最重要的文字阅读训练,从而使所有年龄阶段的人都更乐意接受富有娱乐精神但没有抽象线性逻辑训练的图像符号——电视节目。"童年的消逝"仅仅是一个开始,真正严峻的结果是"成人的消逝",进而导致文明的消逝。

（刘晓）

中编

实践与探索

　　儿童保护问题不仅是重大的理论问题,也是一个需要多方面参与协同解决的一个实践问题。本编聚焦于留守儿童的教育、保护和帮扶等问题,进一步探讨留守儿童保护的实践模式和基本经验。

　　据调查,中国农村目前"留守儿童"数量超过了 5800 万人。57.2％的留守儿童是父母一方外出,42.8％的留守儿童是父母同时外出。在留守儿童中,79.7％由爷爷、奶奶或外公、外婆抚养,13％的孩子被托付给亲戚、朋友,7.3％为不确定或无人监护。留守儿童形成的原因是多方面的,这其中首推经济原因。为了摆脱家庭经济生活的贫困或半贫困的状况,或为了更加美好的生活,这些留守儿童的家长离开长期依赖的土地而去城市拼搏,但严格的户籍管理制度和教育资源的不平衡性以及城市过高的教育费用导致这些家庭的子女不能在其父母工作地接受教育,于是,留守儿童问题就成为必然。

　　留守儿童问题的解决关涉方方面面,是一项系统工程。要弄清这一问题,只是停留在纯理论的范围内探讨是远远不够的,必须在大量的调查研究的基础上,提出相应的解决策略和实践路径。基于此,我们在陕西省安康市做了大量的调研工作,包括问卷调查、走访、个案调查等。通过调查获取了大量的一手资料,我们发现留守儿童存在以下的问题:第一,教育问题。落后地区在教育的投入不够,无论是在硬件设施,还是在师资力量的配备上,都与现代化教育进程之间存在很大的差距,从而导致留守儿童的教育水平普遍偏低。第二,就留守儿童本身看,首先是生活状况不容乐观。家庭经济贫困,留守儿童的日常生活消费极其有限,合理的饮食结构和营养搭配无法满足,身体健康得不到保障,生病后也不能得到及时救治,常常会酿成大病。其次是家庭亲子情感关爱缺失导致的精神心理问题。父母与留守儿童缺乏沟通,长期的单亲监护或隔代监护,他人监护,甚至是无人监护,使留守儿童无法像其他孩子那样得到父母的关爱,这种亲情的缺失使孩子变得孤僻、抑郁,甚至有一种被遗弃的感觉,严重影响了孩子心理的健康发展。这些心理方面的问题,直接影响到孩子的行为,甚至发生逾越道德、法律底线的重大事件。再次是留守儿童厌学情绪较为严重。相当数量的留守儿童有厌学现象,他们认为学习无用,即使毕业了还要出去打工。同时,由于缺乏有效监护人的正确引导和学业辅导,留守儿童总体学习成绩低于正常家庭儿童。随着课业难度的加大,网络的普及,越到高年级,厌学的学生也就越多。

关注儿童成长,对留守儿童进行帮扶和保护,是家庭、政府和社会组织的共同责任。家庭、政府和社会组织凝聚合力,加强协作,对留守儿童进行保护救助,共同解决因留守存在的问题,是我们当前需要着手的事情。

第一,发展地方经济,提供更多的就业机会,从而减少留守儿童的数量。虽然这一过程是长期的,但这是从根本上减少留守儿童的有效途径。

第二,明确家长在孩子教育中的责任。家庭教育在儿童成长过程中起着至关重要的作用,所以,我们呼吁留守儿童家长即使在外地务工,也要把教育孩子的责任承担起来,与学校、社会形成合力,把教育孩子的工作做好。家长应该做好"三沟通":首先是主动与学校联系沟通,共同商讨教育孩子的方式和方法,这样才不至于在"留守儿童"的家庭教育方面出现盲区。其次,是与"监护人"联系和沟通。及时掌握孩子的学业、品行及身体健康状况,并通过各种方式对孩子的学习和生活进行指导,要求"监护人"一定要保证孩子充足的学习时间,一定要嘱咐其对孩子严格要求,加强生活和学业的监护。再次,家长应采取多种方式,主动与孩子进行沟通交流,通过沟通了解孩子的生活、学习、情感变化。沟通的时间间隔越短越好,保证熟悉孩子的生活、教育情况以及孩子的心理变化;父母要明示他们对孩子的爱与厚望,希望孩子能理解他们的家境与现状,树立独立自强的生活理想。

第三,政府部门起着根本性的主导作用。首先,国家应加快保护儿童立法,解决教育公平问题。从法律上保障农村留守儿童的权益。尽快消除与户籍相联系的教育、医疗、住房等各种城乡隔离制度。教育管理部门应针对农村留守儿童问题进一步研究和出台相应的政策和规定,强化农村学校对留守儿童的责任和管理,构建学校监护网。各级政府加大教育投资,在劳动力人口输出集中的地区推进农村寄宿制学校建设,让留守儿童在集体关爱的环境中健康成长。其次,基层地方政府应努力改善教育环境,加大对教育的投资力度,同时吸引高层次教育人才的合理流动。在这一方面,安康市石泉县采取了一些有效措施,逐渐探索出解决留守儿童问题的"石泉模式"。

第四,社会公益慈善组织在儿童保护、救助领域有着自身的优势,应聚集社会各方面的资源,发挥其专业化特点,对留守儿童进行救助和帮扶。但是,在此过程中,社会公益组织要转变观念,不能使这种对留守儿童的救助、保护仅仅停留在"输血"上,而要通过一定的努力逐渐培养这些孩子们的自我"造血"功能。

解决留守儿童问题需要全社会各方面形成合力。它既需要理论工作者的不断研究,也需要先行者们艰辛的实践探索。近年来,安康的一些志愿者组织在这一方面做出了自己的一些尝试。第一,他们定期为一些留守儿童提供必要的物质帮助。第二,对他们进行心理疏导,建立亲情聊天室,让孩子与父母取得联系,每月定期通电话,看视频,让家长对孩子进行"电话教育"。第三,建立留守儿童服务站。杨久成的平利老县留守儿童服务站,陈军的岚皋县天天向上留守儿童服务站,都对留守儿童进行有效的保护、帮扶和救助,取得了初步效果和经验,在全国产生了较大的影响,值得推广。这些做法从目前来看,在实践的探索过程中还存在一定的不足,但是,这总归是为解决留守儿童这一重大社会问题迈出的关键一步。

儿童保护的主要问题与应对策略

　　儿童保护是指针对 18 岁以下儿童的保护措施。一方面要防止儿童遭受暴力、虐待等身心伤害,另一方面涉及家庭、学校、社会和国家立法对儿童成长和儿童权利的保护。目前,我国儿童保护事业理念陈旧,制度环境不健全,机构建设缺失,儿童事故频发。儿童保护的制度环境完善,加强机构建设已迫在眉睫。本课题旨在通过树立儿童保护理念,增强制度建设,引入儿童社会工作保护机构等,使儿童保护实现专业化社会化发展。

一、我国儿童保护的现状分析

　　据联合国儿童基金会统计,全世界每年约有 3 亿儿童遭受暴力侵犯、剥削和虐待。一些有关童工、性剥削、暴力和青少年犯罪等问题的有限数据和信息表明,人们对这些儿童遭遇的社会问题往往不甚关注。近年来,在我国,威胁儿童安全的问题层出不穷,儿童面临的家庭暴力、猥亵、性侵犯等社会问题越来越严重。如发生在西安市雁塔区长丰园小区 8 号楼的虐童事件,孩子被母亲打得遍体鳞伤,父亲常年不在家,小区人也不敢报警。在我国,如今家庭暴力事件时常发生,当我们打开微博、微信、视频,常会有一些家庭暴力的事件报道。那么,如何制止这种儿童受暴力侵害事件的频繁发生,目前我国还没有一套科学有效的办法,仍旧缺乏预防措施,往往事件发生并被媒体曝光后,当地政府或司法机构才会介入并采取一定的施救措施。如 2015 年 8 月 20 日,11 岁的南宁小学生小红(化名)好心上车给某男子带路,谁知却遭猥亵。该名男子自称是医生,问学校有没有给小红做过体检,说可以帮小红检查一下身体,随后这个"医生"开始动手上下乱摸。猥亵,是对女孩子的严重的身心伤害。近年来,猥亵、性侵害事件频繁发生,各种报纸杂志频繁报道,在报道之余也会列举一系列的应对或预防策略,但是制度环境的缺陷往往不足以有效预防。

儿童安全问题是儿童保护面临的首要问题。2015年8月23日河南洛阳龙潭峡景区，一名7岁男孩不小心跌进深潭，被水淹死。同年8月26日西安长安区鸣犊镇张雷村一辆油罐车将一名六岁的小男孩当场碾压致死。同日，四川攀枝花一名5岁女孩和母亲回家时，独自跑到公路上，被一辆公交车撞到碾压身亡。作为孩子监护人的父母，对于孩子的安全问题是第一责任人，上述案例的父母都没有起到应有的监护责任。

此外，我国还有流动儿童、留守儿童、独二代群体。社会的变迁与发展在给儿童带来各种机会与资源的同时，也给儿童带来了各种风险，增加了儿童遭受伤害的因素和可能性。针对这些孩子的儿童保护更是摆在社会面前亟待解决的难题。由以下数据可知：

目前留守儿童总数	与祖父母居住比例	农村留守儿童独居人数	0—17岁流动儿童总数	占城市儿童流动比例	全国儿童流动比例
6102.55万	1/3	205.7万	3581万	1/4	1/8

这些儿童大多缺乏父母的完全照料和教育，而且在多种因素的冲击下，我国之前稳定的家庭结构开始出现松动，离婚率明显提升。2012年，全国共有310.4万对夫妻离婚，是1979年的9.73倍。根据北京师范大学儿童福利研究中心的调查，截至2011年12月，全国无人抚养儿童的总数为57万（不包括父母双重残疾儿童）或58万（含父母双残疾儿童）。这些儿童的主体是农村中父亲去世、母亲离家改嫁、无人抚养的儿童，占91%。

据世界卫生组织和联合国儿童基金会联合出版的《世界预防儿童伤害报告》显示：全世界每天有2000多个家庭因故意伤害或"意外事故"而失去孩子。在全国，自2009—2014年发生并经媒体报道的儿童意外伤害案例有754个，由以下数据可知：

伤害总人数	水的伤害死亡人数占伤害总人数	道路交通伤害死亡人数占伤害总人数	危险行为伤害死亡人数占伤害总人数	其中死亡人数	占总人数百分比
907人	75.8%	57.8%	55.8%	485人	53.5%

由以上庞大的数据及图形显示,儿童伤害的数量每年都有所增加,而且并不是所有的伤害及死亡案例都会得到新闻报道,因此我们可以推测儿童意外伤害的实际受伤害人是一个庞大的群体,比我们统计的数量要多得多。

二、我国儿童保护存在的主要问题

(一)国家法律政策层面

1. 立法上未完全遵循儿童最大利益的原则

儿童权利委员会将儿童保护的基本原则明确总结为无歧视、最大利益、保护儿童生存权和发展权、尊重儿童意见原则。其中最大利益原则是儿童公约所确定的保护儿童的最重要原则,我国的《未成年人保护法》《收养法》等法律中对未成年权益保护的规定,只是从一个侧面反映了儿童最大利益原则的内容,并没有"儿童最大利益"的表述,也未能体现儿童最大利益相对于其他群体利益的优先性。

2. 政策呈现出分散化、碎片化的特点,缺乏长期、稳定、系统的普惠型保护政策体系

我国关于儿童保护方面的部门规章及规范性文件较多,主要政策类型包括救助类儿童保护政策,儿童收养、寄养政策,儿童教育政策,儿童司法保护政策,儿童医疗卫生政策,儿童安全政策,儿童营养健康政策等方面,而这些具体的儿童保护政策的立法层级较低,基本都是由民政部、教育部、公安部、妇联等相关部门制定,并且部门所制定的政策或文件大多数是以本部门的业务为基础,使得儿童保护政策呈现出分散化、碎片化、局部化状态,缺乏整体系统宏观的政策体系。同时,一些针对特殊儿童群体(例如残障儿童等)的政策的实施多依赖项目的运行,缺乏持续性和连贯性。

3. 儿童保护业务较分散,政策实施过程中出现多头管理或各自不管的状态,难以形成合力

目前,我国儿童保护立法政策涉及部门较多,各部门都基于本部门的业务制定政策,常常在儿童保护业务范围上出现交叉而又

独立的状况,从而影响政策的制定和实施。与此同时,在实践过程中出现问题时,很难找到明确的责任部门,因此,在儿童保护政策立法的过程中,需要一个专门的综合性儿童保护行政管理部门来协调各部门的业务。

4. 儿童保护政策中缺乏预防性措施,立法政策出台比较被动

从近几年儿童立法政策出台情况来看,往往是因某一类伤害儿童的事故的频频发生,威胁儿童生命安全乃至造成儿童死亡,引起新闻舆论的广泛关注,才会促使政府层面通过制定相关立法政策、加强管理监督等措施来保障儿童安全。例如校车安全事件、虐童事件发生后,引发媒体、政府、公众等就如何更好保护儿童的热议以及相关制度政策的重新落实。随着社会的发展,儿童保护会不断出现新的议题,要建立一部无懈可击、面面俱到的儿童保护立法不切实际,但需要我们思考和付诸实践的是如何能够在立法政策上采取一些预防性措施,给儿童创造一个相对安全的环境。

目前,儿童保护立法政策数量庞大、涉及领域众多,尽管存在诸如立法空白多,层级低,业务分散,缺乏预防措施等具体问题,但随着儿童优先、儿童利益最大化的儿童福利观念逐步普及和深化,我国政府已认识到儿童的特殊性和对儿童进行特殊保护的重要性,并在儿童保护法规政策的设计制定过程中进行实践,将儿童保护的政府和社会责任进一步明确。

(二)社会组织层面

1. 儿童保护组织机构缺乏,且分布不合理

虽然我国专门保护儿童的综合性机构有两个,分别是国家和各级的妇女儿童工作委员会和未成年人保护委员会及其办公室,其他如共青团、残疾人联合会也设有儿童工作机构,但其职能多为议事协调,不具有法定儿童权利保护职责,因而可能无法对儿童权益实行有效的法律保护。另外,地方性儿童服务机构数量不足,分布也不合理,多分布在规模较大的城市,许多中小城市和广大农村缺乏儿童服务机构,成为全面实施儿童保护的一大壁垒。

2. 社会组织在儿童保护方面的力量未能充分发挥

社会组织是一种志愿性、非政府性、不以营利为目的的公益性组织。在我国,民间组织主要包括社会团体、基金会和民办非企业单位。社会组织作为独立于政府、市场之外的第三方组织,能够充分利用其灵活性的功能,整合社会资源,以灵活多样的方式保护儿童。但是,由于对社会组织的政策支持体系、行政管理体系等都没有完整建立起来,同时社会组织自身存在的资金缺乏、公信力不强等问题,严重影响其在儿童保护中发挥的作用。

(三)家庭层面

家庭是儿童的主要生活场所,父母对儿童的日常教育和父母自身的儿童保护观念对儿童自我保护意识的形成有很大影响。因此,儿童保护问题在家庭层面上主要表现在以下两方面:

1. 儿童保护教育的缺乏

调查显示,儿童的自我保护意识是影响儿童保护的重要因素之一。儿童个体因素影响其获得保护性资源的结果,强调有较高自我保护意识的儿童更可能获得有效的保护资源,家庭教育和学校教育是影响儿童自我保护意识形成的重要因素,然而,来自家庭和学校的教育虽各有侧重,但对儿童保护的教育比较匮乏,不利于儿童自我保护意识的形成,使得儿童在遭遇伤害时,无法更好的应对。

2. 儿童保护观念的缺乏

儿童保护是家庭的责任,但是从许多社会虐童事件中可以看出许多家长并没有很强的儿童保护观念或者存在一些错误的观念。例如一个先天残障的婴儿因不被父母接受或者父母没有能力养活而被遗弃,或者一个虐待儿童的父母认为自己的虐待行为是对孩子的管教,不管是父母在为自己的行为找借口,还是迫于无奈做出某种行为,这样的一些儿童保护观念的偏差和扭曲所导致的行为都可能导致儿童保护问题的出现。

三、我国儿童保护存在问题的原因分析

(一)儿童保护理念落后,儿童利益最大化思想尚未成为共识

《联合国儿童权利公约》确立了儿童最大利益原则,我国《未成年人保护法》也规定儿童需"特殊、优先保护"。但大多数时候,我们对儿童优先、儿童利益最大化的认识只停留在口号上,尚未真正落地到实践层面,在制度体系建设、资源分配、环境设施保障等实际操作层面,儿童被置于边缘化的位置,没有得到应有的关注,儿童利益时常被忽略,甚至被侵犯。

另一方面,儿童更多是当作被塑造者、被教育者,监护人和老师等很少把他们看作是一个具有主动性、自主性和独立性的个体。由此,在儿童保护体系的设计上,没有从满足儿童发展、儿童成长和儿童利益最大化原则出发,而是从成人角度出发和衡量,导致我国现有的儿童保障制度体系不完善,规模小,执行力差,服务范围受限,能力弱,机构形同虚设。

(二)儿童保护的法律制度不完善

儿童保护的法律制度不完善或缺失主要表现为:第一,儿童保护立法不足,现有的相关法律制度不全面,涵盖范围比较窄。由于受我国经济发展影响,政府儿童福利机构主要的服务对象以孤残儿童为主,而诸如留守儿童、父母服刑儿童、重病儿童、受虐儿童,以及其他因家庭情况而处于困境的儿童等,尚未完全纳入现有儿童福利制度保护体系当中。截至目前,尚无一部全面的儿童福利专项立法,儿童应享受的福利缺乏相应的法律依据,受虐儿童、流浪儿童、被遗弃儿童、非婚生育儿童等,现有立法未能建立起有效的、全面的预防干预和监督保护机制;对于贫困家庭、单亲家庭等弱势儿童家庭,尚未有专门性的社会救助立法给予保护。第二,儿童的司法体制也不健全,不利于和减少未成年人违法犯罪的监督和预防。对于网络上的各类不良信息,尚无相关法律法规加以整肃和规范,往往容易误导儿童走上犯罪道路。第三,现有的立法存在着责任主体缺乏,执行力差,互相推诿,执行不到位等问题。《民

法通则》规定："监护人不履行监护职责或者侵害被监护人的合法权益的,人民法院可以根据有关人员或者有关单位的申请,撤销监护人的资格"(第 18 条第 3 款),但由于有关单位和个人执行力差,互相推诿,对于撤销监护权之后由谁来抚养的问题,在实践操作层面并没有一个明确的规定和做法。第四,立法对于每个儿童个体的特殊性没有考虑到。儿童不同于成年人,他们在身体和心理上尚未成熟,是需要被呵护的对象,在立法上应与成人有所区分。

(三) 政府层面缺乏专门的儿童保护行政机构

根据民政部 2013 年数量统计:全国约 800 多家社会福利机构设立了儿童部,但多数县(市、区)没有专门的儿童社会福利机构。对于流浪儿童救助保护机构来说,平均两个中型以上城市才有一个流浪儿童救助保护站。据了解,这些儿童救助保护站规划建设很不健全,如没有独立的活动空间,床位不足,机构的管理体制比较差,工作人员责任心不强,互相推诿,缺乏耐心,等等。

全国省一级独立儿童福利机构	地市一级及独立儿童福利机构	县一级独立儿童福利机构
9 家	333 家	64 家

(四) 儿童保护未建立全面有效的预防监督机制

儿童保护是一项长期性任务,需要上上下下所有人共同完成。就目前情况来看,我国儿童保护事业还属于一种补救性措施,都是事后通过媒体、网络曝光,才能引起社会各界的重视,对于儿童保护缺乏一个全面有效的预防监督体系,没有形成事前预防、事中诊断、事后补救这样一套长效机制,大多数只是"头痛医头,脚痛医脚"。同时儿童缺乏自我保护意识,政府与社会缺乏主动的干预机制,也就是说,只有媒体、网络曝光之后才去处理,警方一般不会主动介入。对于儿童而言,大部分儿童缺乏主动求助的能力和意识,对于他们来说,设立救助站的实际意义并不大。

(五) 儿童保护专业性不强

对于目前我国儿童保护,无论是机构、家庭、社会,都普遍缺乏专业指导和专业方法,大多数仅仅满足儿童的物质需求而忽略儿童心理和情感方面的需求。同时,我国普及社会工作专业的时间较短,太过缓慢,社会缺少对社会工作专业的了解与认知。专业的儿童社会工作保护队伍尚未完全成型,难以全面参与到儿童保护事业当中,儿童保护所期待的专业性、系统性、长期性、有效性、规范性建设还任重道远。

四、儿童保护问题的解决思路

(一)形成儿童优先、儿童利益最大化的认知和理念

2013 年 5 月 21 日,习近平总书记在四川省芦山县龙门乡隆兴中心校看望受灾学生时强调:"不管是什么情况,不论是什么天灾人祸,一定不要让下一代受到伤害,这是我们的责任。"孩子是一个独立的个体,不仅仅是家庭成员,更是国家的一分子,家庭要起到监护和抚养的责任,但国家更要承担保护和培养的责任和义务。首先要让儿童树立权利观,认识到自己是一个权利主体。其次要将儿童利益最大化落实到每一个社会工作层面,在制定各项政策过程中,应将儿童的利益、需求、安全这些因素考虑在内,将儿童利益最大化的原则内化为自己日常工作中的价值理念,使每一项决策都包含社会中的每一成员和群体,若忽略了儿童,就相当于损害了社会整体利益。

(二)完善儿童保护的法规建设

首先,完善细化现有的儿童保护法律法规。应该遵循儿童利益最大化原则,即国家代替父母作为孩子的监护人,以保护儿童的利益。在西方的诸多国家,已有完全的法律条文让国家作为孩子的监护人,并且落实到儿童保护的实践中。同时根据儿童的需求和主体地位,进一步修改《未成年人保护法》《民法通则》《预防未成年人犯罪法》等相关法律,通过完善和细化,明确各级责任主体,细化职责范围和惩罚措施,以体现儿童利益最大化原则,逐步形成一套完善的法律法规体系。

其次,制定落实《儿童福利法》。2011 年,国务院发布了《中国

儿童发展纲要(2011-2020)》,明确提出"继续完善保护儿童的法律体系,推进儿童福利、学前教育、家庭教育等立法进程"。儿童福利是儿童的基本权利,背后体现的是政府责任、社会责任,《儿童福利法》的制定已刻不容缓。只有这样,才可以从根本上治理儿童问题,保护儿童权益。

再次,加大、完善、细化儿童专项教育立法。这主要从以下几个方面入手:(1)加强学校管理方面的立法——校园安全法;(2)完善家庭教育方面的立法——家庭教育法;(3)加强网络管理法,文化娱乐管理法,让儿童在一个良好的环境中成长。

最后,应加大儿童保护服务部门建设力度。在儿童保护管理和服务机构建设方面,应该以优化国务院妇女儿童工作委员会、全国妇联、民政部等为代表的部门和机构为着手点,构建我国儿童社会保护的组织体系,如图所示:

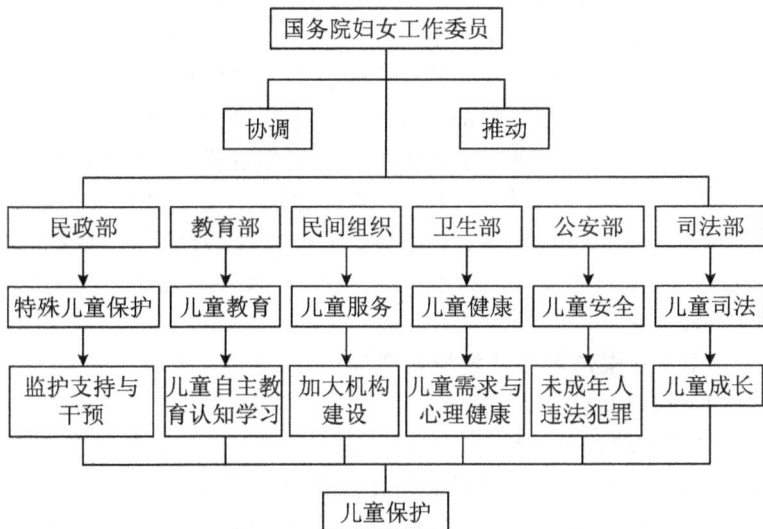

我国儿童社会保护的组织架构图

(四)加强社区对儿童保护的力度

社区承担着为一定区域的人群,尤其是儿童提供社会支持,满足个人需求的功能。社区可通过建立对儿童状况的监护制度、失助未成年人档案、社区庇护所等途径,对经济贫困、单亲、存在家庭暴力、父母监护缺失等不同类别的家庭及其子女,进行及时了解和动态跟踪记录,以便于进行心理辅导、资源联结和监护监督等。

（五）加强民间力量多元化、社会化的渗入,实现全社会参与

以政府为主导的儿童保护工作,还需要广泛的社会力量来参与、支撑,只有做到资源多元化、福利社会化,才能使儿童保护工作有效顺利开展。这就需要社会不同机构和组织的参与,以弥补政府和市场的不足。

保护儿童不仅仅是独立个体或家庭的责任,需要全社会树立关爱儿童的意识和理念,构建促进儿童保护事业发展的良好氛围。要通过多渠道、多形式的宣传,提高公众对儿童权利的敏感性,引导人们形成儿童权益保护观念,从而关注儿童保护问题,并积极主动参与。

（六）促进儿童自主认知学习,大力培养专业社工人员

对于儿童,在教育的过程中首先应该培养儿童的自主认知能力,使儿童有一定辨别事物对与错的能力,这将有助于儿童自我保护意识的形成,增强儿童的辨识能力。保障儿童保护事业朝着专业化方向发展,必须建立儿童保护社会工作者机构,加大社会工作的广泛介入。社会工作专业理念与方法通过有效整合社会资源,能够迅速及时预防、发现、解决儿童保护方面的问题,在保护儿童身心健康、增强儿童自我保护与自我发展能力等方面能够更加专业化、人性化。

（七）多渠道争取儿童福利资金,建立专项儿童保护基金

儿童是社会发展的未来。因此,必须将儿童保护所需的经费纳入政府财政预算,建立专项的儿童福利资金,进行统一管理,专款专用,设立专项预算科目。对于不发达地区和民族地区的儿童保护事业要给予政策与资金上的倾斜,各级政府和社会儿童福利机构应多方筹集社会资金,根据不同地区儿童保护的工作特点和实际情况,灵活使用资金,而不是按部就班。

（万娅妮　裴晓宁）

"输血"与"造血"：留守儿童救助模式及其思考

随着改革开放的全面展开,我国经济迅速发展,农村剩余劳动力大量涌入城市,在补充城市捉襟见肘的劳动力需求的同时,也造成了村落中儿童留守的状况。而这种情况逐渐演变成一项亟待解决的社会问题,引起社会各界的广泛关注。本课题从输血模式和造血模式的利弊着眼,探索留守儿童保护方法的科学化、系统化、灵活化,并且总结对留守儿童问题的解决方法,旨在为我国留守儿童救助添砖增瓦。

一、两种救助模式的比较研究

2012年,在一次公益活动中,笔者认识了安康援少会发起人王先生,他和我在一个临时组织起来的接待小组里负责接待外地赶来参加活动的公益团体。我们在等待过程中闲聊,他和我说起近来参加的几个公益论坛,接触到一些专门从事留守儿童问题研究的慈善家,极大地开阔了视野。由此,反观安康地区留守儿童问题,依然十分突出,仍没有形成一个长期有效的问题解决机制,而探索长期有效解决机制需要实地调研与走访。

案例一:为特困儿童 M 遮风挡雨

2012年6月,我们开始了最初的几次走访。第二次走访的对象是一名留守儿童,名叫 M。那天,我们一行五个人和一个小孩,顶着烈日,钻进了汉滨区五里镇冉家碥村的大山里,转山路,趟小河,朔溪而上,披荆斩棘,终于在日头中天的时候赶到要走访的第一户家庭。两间破败的土坯屋孤零零地坐落在山坳里,门口坐着个不辨年岁的女人,表情痴傻,面目脏兮兮的,嘴角还淌着口水。走进土屋,地面坑坑洼洼,还有积水,难闻的霉味夹杂着恶臭扑鼻而来。墙壁上的裂缝和屋顶的破洞随处可见,想必前几日的暴雨让残破不堪的土屋再受重创。土坯屋外间停放着一口棺木,里间是卧室,两张几近坍塌的木床上堆着黑乎乎的被子和几件揉成一坨的衣服,已经不辨颜色。两床中间拉着布帘隔断,头顶是错七杂八的电线,吊着一个灯头,但没有灯泡。地面和外间一样,坑坑洼洼,积水未干。

一个小孩正在窗台上捣鼓着午饭。见我们进来,他用警惕的眼神怯怯地盯着我们看。当我们说明来意,他搬出家里仅有的两个凳子,请我们在外间坐下。经过一个多小时的聊天,我们搞清楚了这家人的情况:男孩叫M,上小学二年级,父亲在外务工,双肺结核病患者,带病务工只能凑合养活自己,每年给家里千把块钱的生活费已经是极限,母亲患有严重精神病症,是早些年经人介绍嫁过来的外地女子,具体来源地不详。姐姐被村里老乡带到外地打工去了。祖父祖母住在隔壁,均已年迈,没有任何劳动能力。M和母亲的生活费用一半靠村里乡亲的救助,一半靠父亲每年打工寄回家的千把块钱。因为他家的两间土房已经成为严重的危房,墙上的裂缝和屋顶的破洞让人触目惊心,一到下雨天,床上被褥就会被淋湿甚至被浸泡,地上的积水形成小池塘,母子俩只能在现代版的"水牢"里度过。

一起走访的一个姑娘看到这场景,眼泪在眼眶里打转,她说自小在农村长大,也没见过如此贫困的家庭。我们做完记录,心情沉重地离开了M的家。当时已近下午,没有人感觉到饥饿,脑子里升腾的画面是M放在窗台上一铁盆凝固成一整块的面条团。他和母亲每天的饭食,就是在这盆已经煮熟并凝固的面条团里挖一块下来,放在锅里兑水煮热成汤面……

返回的路上,大家商定,一定要赶在下一次暴雨来临之前为M打造一个不再漏雨的家。两周后,当初访问的六七个人已经变成了大部队,并带着大家筹集善款购买的生活用品第二次来到M家,彩条布补上了楼顶的窟窿,临时砍来的竹子做成的新床,蚊帐,床单,被罩,衣服,粮食……如此,这场慰问算是圆满结束……后期也陆续有会员去看望并带给他家一些生活用品和粮食。只是后来几年,我始终在想,修补的房屋能熬多久,送去的粮食能管多久,如今的M,是否又一次陷入了当初的困境……

案例二：为盲障儿童 K 找到光明

K 家住恒口镇魁星村，先天性双目失明，母亲和妹妹是智障，父亲在外务工维持家用，家中生活困难。几年前，王先生就走访过这个家庭，并联系了医院和医生，打算为 K 治疗眼睛，医院告诉他 K 的眼睛是先天性无晶体，根本没有治愈的可能。于是他只好放弃。援少会成立之后，王会长带领大家再一次来到 K 的家里，希望能通过别的方式来帮助他。大家抵达的时候，看到 K 坐在家门口的小凳子上，木木的表情，孤单的身影。通过沟通，K 告诉大家，他最大的心愿就是能学一门技术，能够赚钱养家，替父亲分担一些。大家商定，立刻联系学校，落实学费，送 K 去学习盲人按摩技术。

一周后，K 在会员们的陪同下走进了梦寐以求的盲人按摩培训学校，开始了为期五个月的学习。在中秋节前夕，援少会专门组织志愿者、心理辅导老师开展了以"爱在援少会，牵手过中秋"为主题的爱心活动，将盲人按摩培训中心的所有盲障孩子接到酒店，陪他们一起过中秋，让他们感受了一个不一样的节日。五个月后，K 已经很好地掌握了全部技术，顺利毕业。在会员们的安排下，进入一家正规的盲人按摩中心上班。目前，K 工作状况良好，已经完全成为一个积极快乐、自食其力的上班族。

以上两个小孩，是安康援少会千百个走访对象里极具代表性的两个，第一个特困留守儿童 M，我们在前期给予了生活上的救助，却始终找不到让他彻底摆脱贫困的办法。让一个孩子彻底走出困境，过上普通孩子丰衣足食的生活，远不是几次慰问救助可以解决的。第二个盲障儿童 K，我们采取的是"授之以渔"的救助方式，不光从根本上解决了这个贫困家庭的问题，也在一定程度上改写了一个孩子的人生。

两个不同的案例，有着类似的经历，都来自同样贫困的家庭，在援少会的救助下，结果的差别却是不言而喻的。由此想到对于留守贫困儿童救助模式的问题，即选择何种行之有效的救助方式才可以达到可持续的公益目的，答案当然是"授人以鱼不如授人以渔"。

二、"输血式"慈善的利与弊

每一次走访过后,我们第一时间做的事情就是做方案,发帖子,募集捐款,义卖,采购生活物品⋯⋯以"输血式"慈善方式让贫困留守儿童在短期内解决温饱问题。再好一些的情况是帮助他们找到一个愿意提供一定金额学费和生活费的资助人,保证孩子不会因为贫困而中途辍学。然而,每一次的回访对我们都是一次打击,他们贫困的现状并未得到根本改善,甚至有些孩子,原本之前在勤奋学习之余还承担家务的习惯,因为有了资助人,结果变成了一次次等待资助人上门送粮食送钱的消极状态。孩子在长期受人资助的生活状态里,逐渐变得懒惰消极,甚至因为受人施舍而滋生自卑和自暴自弃的心理。这般"输血式"公益,做的让人憋屈又疑惑,做到最后,连资助人都开始怀疑自己的付出究竟是帮人还是在害人。

三、"造血式"慈善的长远效应与实践

"造血式"救助模式,是在尊重生命的平等观念上,把扶贫帮困与促进就业、提升能力等措施结合起来,最终使被救助的贫困留守儿童通过自食其力融入社会,从而生活得更有尊严,更有幸福感。从 K 的案例里,我们明显感觉到被救助的孩子和志愿者们内心燃起的希望之火。K 的老板更是提到 K 工作态度严谨认真,生活态度积极向上,甚至比其他人表现更为出色。作为身有残疾的贫困儿童,K 懂得这份工作对于他的重大意义,因此,他更懂得感恩并且加倍珍惜。对于所有贫困者而言,亟待解决的是生活拮据问题,而要从根本上解决这个问题,必须是帮助他们找到"造血"技能,而不是从他人身上汲取有限的"血液"来暂时填补自己的"亏空"。从 K 的案例中,我们可以看到造血模式在解决农村留守儿童问题中的积极意义。

（一）造血模式可以为留守儿童树立积极的生活信念

针对留守儿童生活信念缺失的实际问题，成立慈善文化宣讲团，开展"慈善文化进校园"活动，为青少年儿童送上丰富的精神食粮。慈善文化宣讲团以"弘扬慈善文化，打造书香校园"为宗旨，结合中国慈善文化知识和城乡少年儿童及其监护人的各自特点，以讲座的形式向人们广泛播撒慈善文化知识的火种。以慈善文化的力量，端正留守儿童的生活态度，增强留守儿童的学习自信，提高留守儿童的人格素养，帮助留守儿童树立积极正确的生活信念。援少会已于 2014 年初成立了慈善文化宣讲团，并转战各县区，举办各类专题讲座活动 50 余场次，两万多名学生从中获益，产生了良好的社会效果。

（二）造血模式可以为留守儿童提供稳定安全的生活保障

针对留守儿童安全缺乏保障的实际问题，策划开展法制宣传进校园等活动，邀请权威法制教育专家、专业工作人员走进全市中小学校，根据留守儿童的心理特点，设计融思想性、教育性、趣味性于一体的法律课程、交通法规课程和远离网络打造健康学习环境的专题讲座。安康援少会自成立以来，在农村公路沿线学校开展了 20 多起"交通法规进校园"活动，确保了中小学生的交通安全，有效预防和减少了交通事故的发生。

（三）造血模式可以为留守儿童提供可持续的物质保障

针对留守儿童生活困难、独立生活能力较差的实际问题，我们需要不断呼吁社会爱心人士，捐款捐物，为贫困留守儿童提供一定的物质帮助。联络乡镇村工作人员，落实贫困家庭低保费和医疗保险以及移民搬迁等费用，开展"对留守儿童实行一对一帮扶"活动，让留守儿童得到"爱心妈妈"和"爱心家庭"在物质上、生活上和精神上的多重关爱，切实解决外出务工人员的后顾之忧，促进留守儿童的身心健康发展。争取春蕾计划、希望工程、爱心基金、民政救助等扶助资金向贫困留守儿童倾斜，帮助贫困留守儿童顺利完成学业。

2015 年 6 月,安康援少会与祖籍安康旬阳的澳洲爱国华侨鲁洋女士取得联系,接受鲁洋女士 10 万元的捐款,并征得她的同意,用其父亲的名字命名,设立"世明"援助少年儿童专项基金,专门用于援助和帮扶安康境内特困、孤残、留守儿童及其相关项目。

（四）造血模式可以为留守儿童打造便利的学习条件

针对留守儿童学业困难的实际问题,向社会各界发出"让爱心传递、让知识共享"的倡议,为山区贫困地区的村小捐建"爱心书屋",让留守儿童有属于自己的生活学习园地;开展"留守希望爱心圆梦"活动,组织留守儿童参观文化旅游景区、图书馆、博物馆等地。激发孩子们的学习兴趣,帮助留守儿童开阔视野,提高学习兴趣和学习能力。开展暑期志愿服务活动,组织志愿者和爱心人士走进农村社区、山区开展志愿服务活动。如陪伴留守儿童一起学习,走入家中帮助孩子辅导作业,为留守儿童送去学习用品,与留守儿童进行亲情互动游戏等。

（五）造血模式可以为留守儿童呵护健康的心灵

针对留守儿童心理缺衡、亲情缺失的实际问题,打造专业的心理咨询师团队,不定期开展心理咨询课,利用"青春驿站""12355"热线等青少年综合服务平台,开展心理健康教育辅导。与山区学校建立长期的服务联系,定期派心理咨询师前往学校开展心理辅导讲座,通过疏导情绪,亲情呼唤,帮助留守儿童缓解心理压力,化解思想矛盾。通过援少会的"校园亲情室",搭建孩子和父母之间的亲情通道,让远在异地务工的父母,通过视频和语音与孩子定期沟通。组织爱心人士去偏远山区学校活动,做游戏,增强孩子们的活力与自信,让留守儿童感受到社会的温暖,让他们在关爱中健康成长。

四、关于如何救助留守儿童的几种特殊案例

（一）被性侵的留守儿童如何救助

农村留守儿童聚集地成为校园性侵的"重灾区"已经是不争的事实。而"教师"这个高尚圣洁的名词,近来却频繁地同"性侵""强

奸"这样的词汇联系在一起。同时,山区家庭由于居住分散,家中老人自我照顾都成问题,对孩子的照顾更是力不从心。因此,人烟稀少的山区以及上学放学的路途中也是留守儿童被"性侵"的危险地带。加之农村人观念保守,祖孙之间缺乏沟通,很多留守儿童被性侵的时候并不懂得如何寻求帮助,事后也不敢跟家人和老师提及。近年来,关于留守儿童被性侵的案例层出不穷,数据惊人。我们在努力保护留守儿童不被伤害、为其提供一个安全的生活环境的同时,更应该关注被性侵的留守儿童救助问题。

留守儿童在身体和心灵受到创伤之后缺乏与他人的沟通和交流,压抑情绪得不到宣泄,容易造成其心理或性格上的偏差。当我们接触到被性侵的儿童时,首先要注意保护她们的心灵,使其不再因为恐惧和刺激而二次受伤,在放松的环境里与其沟通,提供安全的聊天环境,随时关注他们的情绪状况,不能逼问任何他们不想回答的内容。可以通过多次沟通,与他们建立信任关系,抚慰他们的心灵,帮助他们走出被伤害的阴影,回到正常的生活轨道。同时,要从根本上缓解留守儿童面临的安全等一系列问题,还要呼吁政府和社会各界人士,同心同力,优先满足留守儿童教育基础设施建设。留守儿童较为集中的地区,最好能规划建设寄宿制学校,优先满足留守儿童的寄宿需求。另外,提醒学校领导和老师要加强安全教育,提高防范意识,增强留守儿童自救自护和应急避险能力。

(二)厌学的留守儿童如何帮助

留守儿童正处于身心快速成长阶段,由于远离父母,缺少与父母沟通交流的机会,大多数学校又因为设施建设、师资力量等多方面的制约,对留守儿童的关注度不够,几乎不开设应试教育以外的其他课程,更没有配备专业的心理咨询老师。孩子们除了学习在校课程外,回家没有人辅导学习,甚至大多数留守儿童回家后还要照顾老人、整理家务,基本没有一个良好的学习氛围,父母一年都见不上一次,自小缺乏应有的关爱,生活条件相对较差,学习成绩不理想。久而久之,孩子便会丧失学习的自信心,从而滋生厌学情绪。相比较被性侵的留守儿童，厌学儿童更易被忽视，甚至很多人并不觉得这是个问题，社会救助方面也很少关注到这类情况，实际上厌学正是留守儿童出现不良问题走向犯罪的一个重大隐患。

针对留守儿童的厌学问题，我们应该加以重视，通过多方面努力，由外在条件的提升到儿童内在心理的关注，内外兼顾，双管齐下彻底改善这种情况。首先，要给予他们更多的关爱。每个人都有被关注和被认可的需要，很多出现违法犯罪问题的儿童都源于被外界的忽视，一旦需要得不到满足，通常会通过一些极端的方式来引起大家的注意。青少年儿童犯罪案例中，留守儿童占了很大一部分比例。其次，校方应多开展竞赛、联谊、游戏等活动，帮助留守儿童打开心扉，接纳团体，树立自信心，培养与人沟通的能力，除了出门在外务工的父母，对于留守儿童来说，影响最大的就是教师，改变留守儿童厌学心理的重要依托在于教师，教师直接跟留守儿童接触，一举一动都会对留守儿童产生影响。再次，社会团体可通过开办"家长学校"、亲子游戏、夏令营、冬令营等活动，教给家长如何与孩子之间建立亲密可靠的亲子关系。留守儿童多数是与祖父母辈生活在一起，隔代之间的沟通更加困难，因此更需要社会团体作为祖孙之间的桥梁，通过正确沟通，帮助孩子们走出厌学的阴影。

（三）有不良生活习惯的留守儿童如何救助

世间最美好的爱是陪伴，留守儿童的一切问题，似乎都可以归结到"父母不在身边，缺少陪伴缺少爱"这一条上来。很多留守儿童因此性格抑郁孤僻，喜欢自我封闭，不合群，一些儿童甚至产生憎恨、仇视的畸形心态，出现暴力化倾向。

留守儿童在亲子关系长期缺失的情况下，没法获得存在感，起初会通过捣乱、打架、旷课、甚至偷东西之类的做法来吸引外界的注意，他们无非是想通过一些行为方式（非语言的方式）得到关注，从而获得存在感。这恰恰是希望与家长和身边的人互动，表达自己情绪的一种手段。对于这样的孩子，家长和学校老师要加倍关注，通过正确的引导，努力改善亲子关系。同时需要心理咨询师更

104

加准确的介入和关怀,通过建立友好帮扶关系,深入孩子的生活,表达出孩子想表达却又表达不出的感受,让孩子也能够通过与外界的不断联系,得到自我价值感和自我存在感的满足。其实有些孩子表现出的对外攻击性很容易转换成对内攻击性,甚至产生自虐自杀的行为。所以,通过长效的沟通和良好亲子关系的建立,能够帮助孩子改掉各种不良习惯和行为。

(四)如何为贫困家庭儿童塑造一个良好的心境

提到心境的塑造,多数人首先想到的是心理咨询,其实,让一个人获得心理上的帮助,从而改变不合理的认知,需要被帮助的对象有一定的心智能力。而儿童的心智是不成熟的,社会阶层贫富差距的问题也大大超出了他们的理解范围。所以,要想改善贫困家庭儿童一些品行和道德上的问题,为其塑造一个良好心境,单纯做心理咨询是没有太大效果的。在生活状态毫无改善的情况下,心理咨询的帮助只能改变他的情绪,很难改变他的认知。如果不改善生活环境,他依然会在生活的各个方面和同伴进行对比,他会觉得很难理解,觉得不公平。所以,要从根源上改变贫困家庭儿童的一些品行和道德问题,需要从改善家庭经济条件入手。

原因很简单,人在社会阶层中的地位和承受的压力,本身就是造成心理问题的一个重要因素。所以,家长要改变态度,不能总让孩子们觉得家里很糟糕,家长应该积极面对生活,告诉他们贫困是暂时的,并用实际行动证明,通过努力可以改善家境,甚至是通过把家里的环境打扫干净这类的小事情来让他明白,并不是穷人家的孩子就没有办法实现转变,最重要是对生活有一种正面态度,对生活有一种积极预期。如果帮助他们看到一个光明的未来,相信他们会改变目前对生活的抱怨情绪以及一些不良的行为。

最后,我们借用一个故事来结束本文:

暴风雨过后的一个早晨,许多小鱼被卷上岸后,困在了浅水洼里。太阳一出来,它们就得干死。浅水洼旁,一个小男孩不停地弯下腰去,捡起小鱼又用力地将它们扔回大海。一个男人忍不住走过去说:"孩子,这水洼里有几百几千条小鱼,你救不过来的。""我知道。"小男孩头也不抬地回答。"哦,那你为什么还在扔,谁在乎呢?""这条在乎。"男孩一边回答,一边又拾起一条小鱼扔进大海。"这条在乎,这条也在乎! 还有这一条,这一条……"

　　从总体讲,安康地区慈善事业发展相对于发达地区还比较落后,在构建和谐安康的进程中还没有发挥足够的作用。对于全市14万留守儿童来说,安康慈善系统所做的事情只是杯水车薪。但是我们相信,只要不懈努力,找准方法,探寻一套科学可行的救助模式,安康的留守贫困孤残儿童会如同暴风雨过后浅水洼里的小鱼一样,越来越少。

（王云松）

关爱留守儿童的"石泉模式"及其思考

农村留守儿童正处于成长发育的关键时期,由于父母长期在外导致亲情缺失、监护缺位,情感需求大都得不到关注和呵护,思想认识和价值观念得不到正确的引导和帮助,容易产生自卑、自闭心理,加之配套的生活抚育、教育管理跟不上,整体生存和成长环境令人担忧。留守儿童出现了生活失助、安全失保、精神失落的生存困境,个别甚至走上了犯罪道路,成为影响社会和谐稳定的不确定因素。近年来,石泉县正视这一社会问题,从政府层面积极推动关爱农村留守儿童工作,探索和总结出了"石泉模式",曾被授予"全国农村留守儿童工作示范县""第五届中国地方政府创新奖"。

一、石泉县留守儿童的基本概况

石泉县地处陕西南部秦巴腹地、汉水之滨,是国家扶贫开发重点县,劳务收入是当地农民的主要收入来源。全县辖 11 个乡镇,共计 18.2 万人,留守儿童有 1.18 万人,占义务教育阶段 2.46 万学生总数的 48.4%。为促进未成年人特别是留守儿童的健康成长,石泉县委、县政府坚持在巩固"全国农村留守儿童工作示范县"工作成果的基础上,自 2012 年以来不断创新,积极探索促进留守儿童健康快乐成长的新路子,创出了"学业有教、安全有保、亲情有护、生活有帮、困难有助、心灵有润"的良好局面,创造了留守儿童教育救助的"石泉模式"。

二、关爱留守儿童的"石泉模式"

(一)建设三大中心,构筑关爱平台

一是以学校为主体,建设留守儿童成长中心。全县先后投入 8000 多万元,按照"校园、家园、乐园"的理念,在 11 个镇的中心小学和初级中学建立起 26 个留守儿童成长中心。中心统一设有学生宿舍、阅览室、亲情接待室、心理咨询室、餐厅、浴室和保健室,配

置了亲情电话、电视、电脑、文体活动设施,配备了专职的生活管理和心理辅导老师,解决了寄宿学校容量小、条件差的问题。

二是以社区服务中心为依托,建设校外活动中心。为了给留守儿童提供校外活动场所,依托社区建立了 17 个校外活动中心,图书室、活动场所和器材等一应俱全,居委会主要工作人员和大学生村官志愿者为孩子们免费提供课业辅导,解决了部分留守儿童校外学习、管护缺位问题。

三是通过政策激励、部门帮建、社会参与、市场运作相结合的方式,建设留守儿童托管中心,为留守儿童提供全托或半托式服务,解决以学龄前留守儿童为主体的生活抚育和不同需求层次留守儿童的教育管理问题。

(二)培育四支队伍,构建管护网络

一是建立教育管护教师队伍。从在职教师中遴选组建了一支年富力强、富有爱心的生活管理和专业辅导教师队伍,通过岗位实践指导和专题培训,提高他们的服务能力和水平,做好留守儿童心理辅导、行为纠偏、生活照料等 12 个方面的管护工作。

二是建立代理家长队伍。按照自愿参与、双向选择的原则,组织全县 2447 名党政干部、教师及社会人士,通过"1+1"的形式与留守儿童结对子,担当代理家长,弥补留守儿童在情感交流、生活抚育等方面的缺失。

三是建立志愿者服务队伍。根据留守儿童成长的实际需要,在机关、企事业单位和离退休干部中招募了 400 名志愿者和兼职心理辅导员,利用节假日走进学校、社区和家庭为留守儿童提供健康保健、心理辅导、心理抚慰、经济扶助等方面的志愿服务。

四是建立教育管护专家队伍。与陕西师范大学合作,建立专家与一线工作者相结合的专业研究队伍,开展留守儿童教育管护工作"石泉模式"研究、留守儿童心理教育研究,为关爱留守儿童工作科学化、规范化提供理论支撑。

(三)坚持"六位一体",创新工作机制

一是党政统筹。坚持把留守儿童教育管护工作纳入全县经济社会发展的总体规划,作为各级党委政府工作的重要任务,成立了由县委书记任组长的留守儿童工作领导小组,制定了留守儿童教育管护工作三年规划和分年度工作计划,目标任务统一安排、人财物统一调配,并在县教育部门设立了留守儿童管理中心。

二是部门联动。教体、财政、群团等23个相关部门主要负责人均为留守儿童工作领导小组成员,明确规定他们在关爱留守儿童工作中的职责和任务,实行专项工作考核。

三是学校为主。按照"校园、家园、乐园"的理念,发挥好学校的主阵地作用,把留守儿童教育管护作为义务教育工作的重要内容,拓展和延伸教育服务链条,全方位改善留守儿童学习生活环境,提升素质教育水平。

四是家庭尽责。建立了家长学校,利用重大节假日家长返乡的机会,组织家长参加培训,签订家长、监护人、代理家长三方协议书,督促强化家长作为儿童法定监护人的责任意识。

五是社会参与。通过推行代理家长、开展"爱心妈妈"和"手拉手"等志愿服务活动方式,动员社会各方面力量广泛参与,为留守儿童献爱心。

六是儿童为本。坚持以留守儿童为工作主体,尊重留守儿童成长规律,避免把留守儿童标签化、问题化、弱势化,加强人文关怀,创新关爱方式,培育和引导留守儿童自立自强。

三、"石泉模式"的主要成效

通过多年来的努力和坚守,石泉县留守儿童生存、成长、发展环境得到显著改善,生活、安全、心理、道德、学业状况明显提升,既解除了家长的后顾之忧,又促进了全县经济社会的全面和谐发展。

(一)"校园、家园、乐园",素质教育之花悄然绽放

石泉县建立的留守儿童成长中心,首先校园有了家园的功能。学校建立的音乐室、美术室、舞蹈室、劳技室等,为校园变乐园奠定了基础,为培养学生的兴趣爱好,开发他们的潜能,向德智体美劳全面发展创造了条件。学校围绕培养"自立、自强、自信、自觉、自

律"的"五自少年",开展抒发理想、学会感恩、赞美别人、野外生存等主题活动,引导学生树立起积极向上的人生观,综合素质明显提高。据石泉县留守儿童管理中心 2014 年调查资料显示,留守儿童遇到挫折能对人倾诉的由 30％上升到 75％,愿帮助别人或接受别人帮助的由 25％上升到 79％,84％的孩子自信心有所提升,93％的孩子学习成绩、行为习惯有所提高和改进,85％的孩子坚信自己有美好的未来。

(二) 城乡教育均衡发展,基础教育设施迈上新台阶

石泉县以留守儿童成长中心建设为切入点,着力改变城乡教育资源配置不均衡状况,多方筹措资金 1.5 亿元,对全县中小学按照统一标准,高起点规划,高质量建设,使全县基础教育硬件设施发生了根本变化。全县所有乡村学校,都建有微机室、多媒体教室、实验室、阅览室,教师全部实现电子备课,为促进学生向德智体美全面发展创造条件,推动了中小学教育教学管理向科学化、规范化、精细化转变,提升了学校管理水平和办学质量。2009 年 11 月,石泉县通过了省级基础教育"双高普九(高标准、高质量)"验收。2014 年 6 月,石泉县相继通过了"全国义务教育发展基本均衡县"验收和"省级教育强县"复验。

(三) 解除了家长的后顾之忧,促进了劳务经济稳步发展

池河镇的一位农民工告诉我们:"过去我在外面打工,最担心的就是孩子在家能不能吃饱穿暖,生病了怎么办?学习成绩会不会下降?上学路上是否安全?现在,国家对义务教育阶段学生实行了营养改善计划,政府建了留守儿童成长中心,在那儿有老师和代理家长精心照顾,孩子能吃好住好,解决了家长担心的这些实际问题,去掉了一块心病,我们能够安心在外打工创业。"在受经济下行压力影响的情况下,今年全县外出打工的农民达到 4.1 万人,与去年同期相比增加近 6000 人,农民劳务收入大幅增加。

(四) 在奉献中追求幸福,成为和谐社会建设中亮丽的风景线

据不完全统计,多年来代理家长、志愿者及社会各界人士长期坚持为留守儿童服务,并向留守儿童捐献 312 万元。不仅使全县教育事业得到长足发展,而且也净化了社会风气,密切了政府、学校、干部、群众的关系,使全县党员干部和社会各界的道德情操得到洗礼,改变了干部作风,扶弱济贫、乐于助人、尊老爱幼、热心公益的传统美德得到弘扬,推动全县精神文明建设水平不断提升。

四、对"石泉模式"的思考

妥善解决农村留守儿童的教育管理问题,对于提高全民素质、维护社会稳定、推动社会可持续发展具有极为重要的意义。我们在关注农村留守儿童问题的同时,应该从问题源头入手,杜绝次生问题及衍生问题的发生。

(一)要完善关爱管护机制,不断创新服务管理模式

农村留守儿童可能是相当长时期内都会存在的一个现象,是社会转型期农村发展中的一个重要的现实问题,需要家庭、学校、政府和社会各个层面的关注并采取切实可行的措施。

政府层面应积极作为,加强主导。政府的责任主要是在政策层面上采取措施。一要加强政府的主导作用。大力实施九年义务教育,保证教育公平。增加教育投入,加强农村中小学基础设施建设和合格学校的建设。二要推进政策的完善配套。加强学校周边环境的治理,特别是要杜绝网吧和游戏厅接纳未成年学生的行为。三要加强寄宿制学校的建设。发展农村寄宿制学校,让农村留守儿童寄宿在学校,是解决留守儿童系列问题的有效途径。

学校层面应尽职尽责,担当使命。学校在解决农村留守儿童的教育问题上应担当"主角"。一要确立先进的教育理念。在留守儿童教育过程中,学校应主动承担家庭教育与学校教育的双重责任。二要注重培育学生健康的心理素质。针对留守儿童存在的心理问题,对老师进行相关心理培训,有针对性地对学生定期进行心理健康和青春期健康知识辅导。及时给予心理抚慰,帮助留守儿童克服孤僻、胆怯、冷淡等心理,以弥补父母不在身边的亲情缺失。三要组织老师多走访留守儿童家庭,指导家长或亲属如何教育孩子。建立留守儿童家校联系卡,利用现代发达的信息通讯工具,加

111

强与家长的联系。

家庭层面更应有所作为，履行职责。家庭教育是启蒙教育，家庭的教育直接影响到孩子的成长，也是影响人一生的至关重要的教育。留守儿童的父母要重视与孩子的心灵沟通。关心孩子，要从"心"开始。父母要走进孩子的"心"里去，去了解他们心里想些什么，需要什么，不但要当好父母，还要当好孩子们的知心朋友。长期在外的父母应充分利用电话定期和孩子沟通，对其进行教育。留守儿童的父母要不断提高自身素质，发扬爱国爱民、尊老爱幼、勤劳节俭等优良品德，以身示范。

社会层面应奋力敢为，形成合力。加强社会教育组织或关爱儿童机构建设，充分发挥其对学校教育和家庭教育缺失的弥补作用，使家庭教育、学校教育和社会教育三位一体，互补共生，构建一支农村留守儿童教育和监护队伍。利用多种宣传渠道，大力宣传各地各部门的好经验好做法，引起社会对农村留守儿童问题的广泛关注。进一步发动社会方方面面，包括非政府组织、企业家、爱心人士等社会力量，来支持和参与农村留守儿童的教育管护工作。

（二）要突出地方经济发展，不断丰富农民增收手段

农村留守儿童现象是城市化过程、劳动力转移过程中出现的社会问题，也是一个经济现象造成的社会问题。习近平在《摆脱贫困》一书中指出，"农村富余劳动力转移的较好选择，从空间说提倡就地消化"。最近，国务院出台了支持农民工等人员返乡创业政策，李克强指出："要设身处地、将心比心，要像解决自己亲人问题一样，想方设法帮助农民工返乡创业，这是'积德'的大好事，各项配套政策必须要落到实处！"解决农村留守儿童问题，最根本、最有效、最现实的办法就是发展农村经济，增加农民收入，使留守儿童不再"留守"。

一要大力发展农村经济。坚持民生为本的循环发展之路，强力推进就地城镇化，让农民工一边工作一边照顾家庭，切实解决农村留守儿童问题。二要突出发展就业主导型产业。加快引进劳动密集型企业，推广社区手工业和家庭手工业发展，让更多群众实现就近就地就业增收,不再背井离乡、远离家庭,减少留守儿童的产生。三要进一步优化发展环境。通过良好的发展环境吸引更多的企业落户安康,鼓励、吸引更多人返乡创业,让更多农民工在本地务工择业,让更多家长对孩子尽到教育责任和义务,解决法定责任的缺位问题。

(程伊星)

平利县老县镇留守儿童调查及解决路径

老县镇是中国最美丽乡村——安康平利县的一个大镇,经济繁荣,文明和谐。随着社会的进步,劳务的输出,产生了一个不容忽视的特殊群体——留守儿童。2007 年,笔者走遍老县镇的各个村庄的每一户人家,对老县镇小学生留守儿童做了一次彻底调查。经调查,老县镇小学生中,有 65％是留守儿童。在留守儿童中,有 42％在学校住宿,35％由爷爷奶奶照管,23％寄养于亲戚家中。留守儿童的家庭经济状况大多不好,学习成绩也相对较差,他们的行为习惯也有很多需要纠正的地方。走访中,许多家长表示,很渴望有专门服务于留守儿童的学校或机构。于是,笔者继续在安康市参观和走访了许多少儿之家,结合老县镇当地实际情况,开办了"爱博少儿之家服务部"。

一、基本情况

爱博少儿之家服务部主要以老县镇的几个村庄的留守儿童为服务对象。在该镇的申家沟村、万福山村、凤桥村、太山庙村的调查和服务的过程中,我们掌握了一些基本的情况。

(一)留守儿童的分布情况

申家沟村的留守儿童较多,几乎占全村学生的 90％。主要原因是该地的自然环境恶劣,生活条件艰苦,经济条件落后,生活水平偏低,村民为了改变这种状况,纷纷外出打工。在这些外出打工的年轻人中,有很大一部分都是"上有老,下有小"的家庭类型。

万福山村、贾家梁村、大营盘村、女娲山村(乡)、木瓜沟村、蒋家坪村,这几个村的留守儿童也较多,占到各村学生的 60％。孩子的父母大多数都在外打工。

凤桥村、马鞍山村、东河村、铺子村也有相当一部分留守儿童,占到各村学生的 40％。这些家长间断性的外出打工,有的几个月回家一次,有的每隔一年再出去。

太山庙村和老县村的留守儿童相对少了一些,占到各村学生的 25%。这些家长选择就近务工的多一些,周末照顾自己的孩子也比较方便。

(二)留守儿童的家庭情况及分类

我们从个案出发,对这些留守儿童的家庭情况进行调查和分类。留守儿童的家庭大致分为以下三类:

第一,积极向上型:努力拼搏,想早日住上楼房,过上更富裕的日子。

第二,无可奈何型:单亲家庭,一个人承担全家经济负担,必须外出打工。有的家长没有父母的,只好把孩子寄养于亲戚家中。甚至有亲戚不愿意接受的,雇佣保姆带孩子。

第三,社会纵流型:每年外出打工,要么运气不佳,没有赚到钱;要么赚的钱到了年底花光了,第二年还要重新再来;甚至有的孩子父母一方在外打工赚钱,另一方却把钱用于赌桌上。

二、留守儿童的学习情况

现在的孩子大多聪明伶俐,所以我们相信只要有良好的教学条件,细心的家庭辅导,孩子的学习也会进步很快。比如万福山村的一位同学就是很好的例子,上三年级转学到中心小学,测试分数语文 62 分,数学 48 分,英语 5 分,在她自身努力下,老师精心教导下,志愿者细心辅导下,到四年级就名列前茅,几乎每学期都能得到奖状。

也有的孩子学习上上下下,起伏不定,兴趣来了,学习态度认真,分数也考得好,不想学了,成绩刷一下就掉下去了。问其原因,他们有时觉得学习没多大意思。经过进一步追问,有时是由于家庭因素影响了孩子的学习。

还有的孩子厌学现象严重。平时作业抄袭,考试时只有 10 分左右,这样的成绩几乎无法保证九年义务教育顺利毕业。在这种情况下,不按时完成作业是他们的共同点,据学校老师反映,学校的正式作业每天最后交的或者不交的都是留守儿童。住校的留守儿童在校晚自习有老师辅导,但是周末的作业就没有保障了。周末无法得到辅导,家庭作业不做,致使没有掌握和巩固的知识越积越多,积重难返。

爷爷奶奶带的孩子,写作业基本上为了应付差事,甚至不写。爷爷奶奶有的上了年纪或体弱多病,无力管教孩子,还有的对孩子纵容溺爱,对孩子百依百顺,这些都对孩子的健康成长造成了不利影响。

亲戚家寄养的孩子只能靠孩子自己的自觉性了。一般亲戚也是农民,受教育程度低,往往只能够解决孩子的生活和基本安全问题,对留守儿童的性格形成和文化教育则是力不从心,因而只能持放任的态度,任由其发展,有的不管不顾,认为多一事不如少一事,不愿在其身上花费心思。

三、留守儿童的偏差行为

(一) 特殊表现

第一,撒谎现象最为普遍。据调查测试,95％的留守儿童都会撒谎。有的孩子撒谎是因为"不想上学"。记得有一名同学刚转到中心小学,不想上课,课堂中撒谎说肚子痛,在送她去医院前,让她喝了一点板蓝根冲剂,到了医院她就好了。还有许多撒谎是为了"骗取零花钱",称学校要收钱买本子等。这一类主要表现在祖父母所带的留守儿童身上,老人们年事已高,很少与老师沟通,要钱就给。有一些更为严重的错误行为,如干了错事或者坏事,就算证据确凿,也不会承认。

第二,还有个别孩子有小偷小摸的习惯。在学校偷拿同学的钱,零食,玩具等,把别人的东西据为己有来满足他们的占有欲。有的孩子在学校附近商店偷拿零食,文具,更有行为恶劣的在邻居家偷钱。而有些家长得知后,不予以惩罚,有的甚至庇护孩子。

第三,一些孩子也存在着打架斗殴现象。在处理一个孩子打架问题时,他的检讨书是这样写的:"我保证我不打人,但是前提是最好不要有人惹我,要不然可能会控制不住自己打别人。请不要惹我。我保证不打人不骂人不说谎,我的忘性很大,请同学们提醒要不然我是会忘记的,请大家经常提醒。当然我自己也会记住的,我会将今天的话记在心里,以后不会用武力解决问题,而是找老师解决问题。"许多留守儿童和他一样,遇到不顺心的事,就会挥动拳头,骂人就更不用说了,很多都已经成了口头禅。骂人现象主要由于家庭教育缺位,也有一些社会因素。孩子骂人时,监护人认为孩子小还不懂事,被骂人不会计较。甚至有的爷爷奶奶还教自己的孙子骂人,教会了却又经常受到孙子的辱骂。

(二) 行为习惯

我们在调查中发现,农村留守儿童由于缺乏父母的有效监管,生活习惯和行为习惯都不理想。在家里,他们不讲究个人卫生,早上不洗脸漱口就吃饭,晚上不洗脚洗澡就往被子里钻;在学校,他们的学习没有计划,对功课没有兴趣,拖欠或不交家庭作业现象严重,不遵守校纪校规,自由散漫,迟到、早退、旷课现象经常发生;在社会上,部分留守儿童待人接物没有礼貌,有种种不文明行为。在未成年人的生理和心理没有发育成熟之前,对社会上的各种复杂、不良现象缺乏足够的判断力和抵抗力,需要正确引导和教育,留守家庭一般都无法给予,从而导致留守子女容易出现失范违规等不好的行为。

(三) 心理状态

第一,性格方面。性格内向、孤僻、自卑、不合群、不善于与人交流等。不少留守儿童较内向、自闭,逆反心理较重。据老师反映,有些留守儿童很渴望和他人交流,但由于很小的时候父母就外出打工,孩子的人际交流能力没有培育起来,而爷爷奶奶多数情况下也缺乏这方面的能力,因此,当这些孩子长大后,发觉自己很难和别人沟通。小学和初中是留守儿童性格形成的关键时期,而他们的监护人尤其是爷爷奶奶通常溺爱他们,造成了他们的任性;另一方面,和老人一起生活的孩子在反应力、思想行为方面相对其他孩子要滞后一些,这也造成了和他人交流的障碍。这些儿童的好奇心强,但是他们又不会对其不懂的事情请教别人,而是自己以身试法。每当老师和在校留守儿童沟通时,这些孩子说话的声音特别小,甚至不说话,父母打电话给他也是如此。喜欢和学习差,坏毛病多的同学做伙伴。被寄居的孩子总有一种寄人篱下的感觉,因为他们毕竟不是和自己的家人一起生活。他们中有一些人总感觉在亲戚家里没有在自己家里那样自由,束手束脚,看起来胆小怕事很本分,但一旦离开了监护,他们就失去了约束,放纵自己。也有一些孩子胆子很大,亲戚根本管不住,有的还跟亲戚顶撞,亲戚稍微说重了,就怀恨在心或是逃离出走,使得亲戚无可奈何而不敢管教,就只能放任自流了。

第二,亲子关系方面。亲情缺失严重,心理发展异常。青少年期是个性发展和形成的人生关键期,父母的关爱、良好的家庭环境和教育对青少年个性的健康发展有着无法替代的作用。但是,农村留守儿童们由于其父母长时间不在身边,家庭的这种"缺陷"使留守子女无法享受到正常的亲情关爱,生活中的烦恼无法向亲人倾诉,成长中的困惑无法得到父母的正确引导和排解。久而久之,无助感,失落感和被遗弃感逐渐形成,严重影响着留守子女心理的健康。父爱母爱缺失,孩子志向模糊。外出务工的父母由于长期不在孩子身边,内心往往会生发一种愧疚感,他们往往对孩子采取物质补偿的方式,来表达自己对孩子的爱,孩子要什么就可以非常轻易地得到什么。这种爱的方式,在儿童的心里边可能会逐渐形成儿童的"金钱万能"的价值观和"逍遥享乐"的人生观。他们没有任何勤俭节约与艰苦奋斗的概念,没有人情味,没有正确的价值取向。

四、解决留守儿童问题的路径

(一)关于亲子关系的维护的建议

第一,慎重选择。父母外出打工要三思后行,多考虑考虑孩子,孩子的前途比金钱更重要。如果家庭经济确实困难,可让文化程度稍高的一方留在家中监护子女,一般以母亲为主,母亲心细,有耐心,孩子更愿意与她们交流。父母都外出务工的,如果条件允许,可让其在打工地接受义务教育。

第二,定期"温馨对话"。在外打工的父母,一定要及时了解子女的近况。一方面利用电话定期与孩子进行交流沟通,让孩子感到父母的关爱,家庭的温暖,另一方面向老师和监护人及时了解孩子学习生活等方面的情况。

第三,寻找"代理"。如果家庭经济确实困难,需要父母双双外出务工而祖父母又没有能力照看孩子的,父母可在亲戚朋友中为孩子寻找"代理妈妈"。"代理妈妈"要有能力辅导孩子学习,能够培养孩子良好的行为习惯,对孩子进行思想道德教育。亲戚中也没有合适人选的情况下,可将孩子交托给留守儿童服务站。

(二) 思考与行动

当前,农村留守儿童问题不单是外出务工人员的家庭问题或者是留守儿童自身的问题,更是一个全社会都不容忽视的综合性问题;不单是一个留守儿童的教育问题,更是一个其自身全面发展与健康成长的问题。如果这些问题得不到及时关注和解决,家庭与社会都将会为此付出沉重的代价。因此,各个家庭、整个社会乃至各级政府都应该站在构建和谐社会的高度来认识这一问题,以人的生存与发展为本,采取有效措施,积极稳妥地加以解决。

2007 年,成立老县留守儿童服务站,试行解决留守儿童无人照管的问题,为留守儿童提供伙食、住宿、学习辅导、心理辅导、亲情对话、生活看护等全方位代理家长服务。八年来,我们和孩子们悲欢共享,共同生活,对孩子注重中国传统文化教育,为许多家庭解决了孩子上学和生活照顾问题。我们制定了一系列培养留守儿童学习、行为、心理习惯的良好措施,对不同的孩子用不同的办法,使其端正态度,认真学习,遵守制度,促其全面发展。

发展农村经济,提高农村人口素质是解决农村留守儿童问题的根本途径。目前,在党中央的正确领导下,新农村建设热火朝天,农村正在发生着翻天覆地的变化。但是,一些新的不和谐因素也在形成,一些偏远地区或经济困难家庭的农民不得不继续通过外出打工的途径来维持家庭的生存,从而导致留守儿童群体和留守儿童问题有增无减。因此,落实党中央的加快新农村建设任务,我们应该坚持全面发展观,不但"锦上添花",更要"雪中送炭";不仅注重修道路建楼房,还要重视办好教育提高人口素质;不仅发展经济提高收入,而且关注民本民生优化社会环境。总之,就是要建设全面和谐的新农村,最终从根本上解决农村留守儿童这一重大社会问题。

(杨久成)

安康市平利县留守儿童现状及对策研究

儿童是家庭的希望、民族的未来,他们的生存状态和发展状况对国民素质的提高和社会的安定和谐有重大影响。留守儿童是我国儿童的重要组成部分。一般认为:父母双方或一方从农村流动到其他地区,子女不能和父母双方共同生活的 17 周岁及以下的未成年人,被称作"留守儿童"。据调查,中国农村目前"留守儿童"数量超过了 5800 万人。57.2%的留守儿童是父母一方外出,42.8%的留守儿童是父母同时外出。留守儿童中的 79.7%由爷爷、奶奶或外公、外婆抚养,13%的孩子被托付给亲戚、朋友,7.3%为不确定或无人监护。其中,贫困地区的留守儿童占比数量较大,生活和学习面临着诸多问题。保障留守儿童的合法权益,创造良好的社会环境,促进留守儿童健康成长是社会主义现代化建设的必然要求。我们对陕南贫困地区安康市平利县留守儿童进行调研,分析了留守儿童的现状,并提出针对我国贫困地区留守儿童问题的对策,希望能够对留守儿童问题的解决提供有益的思路。

一、留守儿童现状堪忧

通过对安康市平利县的走访调查,了解到平利县共 11 个镇,总人口 23 万,共有各级各类学校 43 所,其中 2014 年在校学生 29803 人,其中留守儿童 17836 人,占到全县学生数量的 60%左右。

(一) 留守儿童教育难以保障

1. 农村教育软硬件较差

平利县县城的学校,其硬件设施相对于乡村的学校要好一些,条件最差的是各乡镇教学点,也就是村小。由于"移民搬迁""撤乡并镇",原有的很多村小合并,为了孩子上学,家庭条件好点的,在县城或镇中心学校附近租房照顾孩子上学,基本都是家里抽出一个人专门照顾孩子,造成城里学校人数饱和,每个班六七十学生,而老师人数较少,很难顾全所有学生的情况。而不少家长无所事事就打麻将,有的根本无心看管孩子,再加上个别家长的不良生活和卫生习惯,严重影响学校外部的环境。

2. 师资力量缺乏

学校是块大田地,老师是辛勤的园丁,园丁少,花儿多,照顾起来难免顾此失彼。有的学校,三年级以上的学生才可以享受寄宿制,公办学校没有全托,少数大孩子周末回家,都是一个人生活。这表明针对留守儿童。

3. 少数乡村教师职业倦怠较为严重

由于长期在农村工作和生活,各方面的条件比较艰苦,个别教师思想守旧,不思进取,不主动钻研业务,对学生生活和学习的负面影响比较大。

(二)家庭亲子关系缺失

1. 父母与留守儿童缺乏沟通

一些学生家长不知如何教育孩子,更不会对孩子进行心理疏导。农村人口的大量迁移使家庭的稳定性遭到破坏,父母外出务工影响监护功能的发挥。农村留守儿童父母长期不在身边,留下照顾孩子的一般是母亲或者是祖父母、外祖父母,这些人由于家庭负担过重无法顾及其教育,对孩子的权益保护缺乏应有的重视,没有很好地发挥家庭监护功能。这种隔代监护,往往由于监护人年龄偏大且文化水平不高,对留守儿童照顾的侧重点放在吃饱穿暖上,很少去关心农村留守儿童的内心世界。他们对社会新生事物反应较为迟钝,致使农村留守儿童从心底里也不愿意与他们进行交流,甚至会看不起他们。

2. 学生厌学情绪严重

相当数量的留守儿童有厌学情绪,他们受社会上就业难情绪的影响,认为学习无用,即使毕业了还要出去打工。同时,由于缺乏有效监护人的正确引导和学业辅导,留守儿童总体学习成绩低于正常家庭儿童,越到初中以后就越明显。随着课业难度的加大,网络的普及,厌学的学生越来越多。

3. 家庭变故对学生影响很大

有些留守儿童家里发生严重变故,例如车祸、婚变、单亲、超生、疾病等,对学生的影响很大。家庭变故往往导致家庭贫困现象的发生,地方越偏远,贫穷家庭越多。我们走访的50%的家庭,因为贫穷,父母一方(母亲较多)离家出走,还有近一半是由于家庭成员里有严重疾病长期治疗导致的,少数是家里没有劳动力或父母双亡。一旦发生变故,留守儿童或是辍学,或是学习心不在焉,继续教育难以为继。

4. 心理健康危机

长期的单亲监护或隔代监护,甚至是他人监护、无人监护,使留守儿童无法像其他孩子那样得到父母的关爱,这种亲情的缺失使孩子变得孤僻、抑郁,甚至有一种被遗弃的感觉,严重影响到了孩子的身心健康。这些心理方面的问题,直接影响到孩子的行为,甚至发生逾越道德、法律底线重大事件。

(三) 合法权益无法保障

1. 留守儿童缺乏陪伴和心理疏导

多数留守儿童父母常年在外,每逢年节才回家一次,平时与子女在电话上交流,大多每周一次。周末与寒暑假,孩子没有其他的娱乐活动,更是孤独寂寞,手机、电视、电脑成为他们的情感寄托。由于留守儿童与家人缺乏交流,脾气大、任性,甚至有时会心理失衡、道德失范、行为失控甚至有犯罪倾向。

2. 安全防范意识差

监护责任不落实,监护人缺乏防范意识,儿童防护能力弱,易成为不法分子侵害的对象。公安部门统计数据显示,被拐卖儿童群体中,第一位是流动儿童,第二位是留守儿童。留守女孩也易受到性侵害而不自知,不能及时得到父母帮助,极易酿成严重后果。同时,隔代监管易造成孩子的意外伤害,如烫伤、烧伤、车祸等。

3. 学习自觉性差

孩子在学习上得到的帮助和监督较少,学不懂了就产生一种无所谓的态度。少数孩子整天看手机,沉迷网络,孩子的精力不放在学习上,于是其行为开始出现偏差,各种逾越道德、规则的行为愈越发频繁。

4. 生活状况不容乐观

留守儿童的日常生活消费极其有限,合理的饮食结构和营养搭配无法满足,因而身体健康得不到保障,生病后也不能及时治疗。同时,留守儿童在穿衣戴帽方面,也以老、旧为主,交通出行主要靠走路,防恶劣天气的装备严重匮乏。

二、倡导全社会关爱留守儿童

(一) 学校重视留守儿童工作

做好留守儿童教育工作,学校要从以下六个方面着手:

其一,加强教师职业素养,多参加社会活动,多读书学习,拓宽眼界,多树立关爱留守儿童的模范教师。其二,关注教师生活,帮助教师成长,激发教师爱心善举。充分发挥教师对留守儿童的育人作用。其三,心理教育进校园,健康教育进课堂,坚持思想道德教育、生殖健康知识、心理咨询辅导"三结合",抓好留守儿童健康教育工作。在全县中小学设立卫生保健室和心理咨询室,配备专门的心理辅导老师,针对留守儿童的品德行为偏差和心理障碍问题,定期开展心理咨询、心理矫正工作,及时消除因亲情缺失给儿童带来的消极影响。其四,开展丰富多彩的教育活动,拓展教育空间,以开展活动促进留守儿童个性发展。充分发挥图书室、阅览室、少队部的部室功能,开阔孩子视野,叩开孩子心扉。以兴趣小组活动为突破口,开展课外活动和阳光体育活动,引导留守儿童身心的和谐发展。其五,加强学校与留守儿童监护人的沟通,多措并举抓教育。通过召开家长会、监护人会和电话、视频通话"见面"会,建立家校联系手册,积极组织家校互动,形成"无缝隙"教育机制,有的放矢地做好教育疏导;通过举办法制教育讲座和普法宣传、安全健康教育宣传、卫生保健日活动等多种形式,对留守儿童进行亲情教育,使之适应环境,学会生存,融入集体,获得自信,学会合作,关心他人,逐步树立正确的人生观、价值观。其六,与社会公益组织、社会团体密切合作，为留守儿童争取物资，改善生活，加强与社会融合，激励他们自立自强，树立远大理想，将来回报社会。

（二）社会公益组织爱心对接

安康地区近几年涌现出一大批优秀的公益组织和志愿者，他们把爱心撒播给大山里的留守儿童。"安康援助少年协会""安康义工联""安康儿童发展促进会""安康佛教分会""安康一粒微尘"等社团组织为安康留守儿童的健康成长付出巨大努力。

其一，传递爱心，传播文明。志愿者在把关怀带给社会的同时，也传递了爱心，传播了文明，这种"爱心"传递，最终汇聚成一股强大的社会暖流。目前各组织和志愿者关爱留守儿童的形式主要是经济与物质资助以及各种陪伴活动。通过这些举措，解决了部分留守儿童因贫困上学难的问题，让孩子安心学习，对孩子是一种鼓励，同时也给孩子带去希望。

其二，陪伴活动，为孩子的梦想搭桥。一些社会组织开展的"圆梦活动""留守儿童看古都活动""学用《弟子规》传统文化进校园""留守儿童心理咨询热线""安全教育讲座""留守儿童书屋"等活动，既开拓了孩子们的视野，又增添了文化知识，丰富了他们的生活。

其三，建立留守儿童站，做代理家长。平利县老县镇留守儿童站就是个成功模式，留守站为留守儿童提供伙食、住宿，并对他们进行学习辅导、心理辅导、亲情对话、生活看护等全方位代理家长服务，自 2007 年成立以来数百个孩子从中受益，"老县留守儿童站"运行模式，得到了社会各界的好评，今后要进一步推广这种模式，使更多的留守儿童得到真实的利益。

（三）政府兜底应对

留守儿童问题的解决，有赖于政府兜底解决。要彻底解决留守儿童问题，最根本的是解决农民的经济问题，政府需要大力发展当地经济，扶持农民搞产业搞养殖，带领村民致富，"精准扶贫"帮助弱势家庭走出困境；落实各项优惠政策，促进就业，促使留守儿童父母回当地就业，吸引务工人员回乡创业，通过多措并举促发展,减少留守儿童数量。同时对现有留守儿童,政府要加大投入,包括政策、资金、人力、物力等都要往这方面倾斜,解决留守儿童的生活和学习难题,使他们衣食无忧,快乐学习。

　　总而言之,针对留守儿童在思想品德、学习教育、权益维护、安全自护、身心健康、社会参与等各方面需求,全社会需要整合各类资源,政府、学校、家庭、社会要协同发力,建立可持续的关爱留守儿童框架,同时因地制宜,推广成熟的关爱留守儿童模式,最终解决安康地区的留守儿童问题。

(余霞)

留守儿童教育的调查和对策

　　近些年来,随着我国经济的飞速发展,人口流动日趋频繁,在许多沿海城市,随处可见农民工的身影。由于我国城乡经济和户籍制度等方面的限制,很多农民工被迫把自己的孩子留给老人或者亲朋照顾,使孩子成为留守儿童。留守儿童由于在生活上缺乏有效监护、学习上缺乏有效监督、行为上缺乏有效监管、心理上缺乏有效关爱,他们的教育问题日益突出。留守儿童现象的出现从大的方面来说是因为农村经济发展滞后产生的。农村经济发展是一个非常复杂的问题,不是短期能够解决的,所以在解决留守儿童问题时要尽量寻找其产生的更直接的原因,只有这样才能尽快找到解决问题的有效方法,也只有这样才能不至于耽误一代人的成长。留守儿童的教育问题不仅是农村留守儿童健康成长、构建农村和谐家庭的需要,而且还是构建社会主义和谐社会、建设社会主义新农村的需要,必须高度重视,认真研究解决。农村留守儿童教育问题,必须引起全社会的高度关注。公益慈善组织和专业教师更应该深入了解留守儿童的心理动态和情感走向,采取积极有效的教育援助措施,促使他们努力学习健康成长,德、智、体、美全面发展。

一、留守儿童问卷调查报告

　　农村留守儿童,是指父母双方或一方从农村流动到其他地区,孩子留在户籍所在地的农村地区,并因此不能和父母双方共同生活在一起的儿童。为了把握山村留守儿童在学习、心理和健康等方面存在的问题,探寻有效可行的解决方案,我们对旬阳县麻坪镇中心小学六年级学生进行了一次问卷调查,问卷共计 55 份,收回 55 份,全部有效。此次儿童问卷的主要调研目的是对当前留守儿童的学习、心理健康情况有一个全面而又深入的了解,以便找到适时有效的解决方案。

(一) 基本情况调查

在旬阳县麻坪镇中心小学留守儿童之中,有 60％的孩子在父母外出打工后与(外)祖父母住在一起,其中 38％的留守儿童父母会在半年至一年时间内回家看望孩子一次;27.3％的父母一到三个月回家看望孩子一次;23.8％的父母则是一年以上才能够回家探望孩子一次。对于父母外出打工,无论是孩子还是家长都有很多无奈,如果父母能够多回家看看他们,情况也许会好一些。在调查中了解到,有 71.8％的孩子愿意父母外出打工,有 18.2％的留守儿童不愿意离开父母生活。留守儿童的监护类型主要有隔代监护、单亲监护、上代监护、同辈监护四种情况,其中以隔代监护和单亲监护居多。无论何种监护,父母都是无法取代的。有的老人只管孩子的衣食住行,让孩子吃饱穿暖就行,没有对孩子进行安全教育;有的老人年迈体弱,根本就没有看管孩子的精力和体力。

(二) 生活调查

1. 学习调查

在学习方面,70％的留守儿童认为,父母外出打工对他们并没有大的影响,在学习上遇到困难时,有 54.4％的留守儿童会选择向老师求助。从这两点上可以看出,在学习中他们更愿意依赖自己的老师。留守儿童的父母长期在外,绝大多数孩子是由年迈的祖父母、外祖父母照顾,也有一小部分由其他亲戚照看。由于老人们一般年龄偏大,文化程度偏低,对孙辈又较为溺爱,只重视孙辈的身体健康,在教育方面重视不够。对照顾留守儿童的其他亲戚来说,孩子不是自己亲生的,思想上重视不够,可能会出于各种原因而使孩子放任自流,导致对留守儿童的监管不力甚至根本不管。因此,留守儿童的家庭教育遗憾很多。

留守儿童由于长期没有家长的陪同及约束,又缺乏良好的学习环境,在学校的学习成绩与普遍孩子相比还存在一定差距。在大部分学校中,学生成绩的好坏是对学校和教师进行评价的重要标准。因此,教师在教学过程中就只重视"好"学生而忽视对"差"学生的教育和管理,从而导致学习成绩不好的留守儿童形成了"破罐子破摔"的心理。同时,由于教师的教学任务和家务负担都很繁重,他们没有更多的精力和时间去特别关照那些留守儿童。所以,无论是家庭教育还是学校教育,情况都不容乐观。

2. 情感调查

虽然少了父母的陪伴,仍然有 80％的孩子认为周围的人对他们很关心,在平时和周围的人发生矛盾时,会有 45.4％的留守儿童选择保持沉默,闷不吭声。在平时与他们的交流时,我们也不难发现他们中的很多人自信心不足,有 69％的留守儿童觉得自己很一般,一点也不优秀。那么,这个年龄段的儿童少年正处于身心迅速发展期,对自身变化与人际交往等方面有着自己的理解与认识,面临许多方面的问题和烦恼,需要倾诉的渠道和亲人的安慰。但由于留守儿童的父母常年在外务工,有的半年、一年甚至多年都难给孩子打一个电话,写一封信,见一次面,以此维系亲情很难沟通思想,给孩子予以足够的关怀。有的父母与孩子多年不曾见面,致使孩子遗忘了父母的面貌,更谈不上有何亲情。在情感上缺少健全的关爱和沟通,容易产生心理障碍。长期与父母分离,导致留守儿童在日常生活中享受不到父母的关怀,遇到困难不能从父母那里找到感情的支持和解决问题的办法,在学习、生活过程中出现一些差错得不到及时的引导、纠正和安抚,久而久之,便形成一些明显的心理行为问题,如感情脆弱,自暴自弃,焦虑自闭,缺乏自信,悲观消极。

(三)留守儿童社会情况调查

据调查,有 36.2％的人认为学校里老师和同学对留守儿童给予了特殊的关爱,有 52.7％的人认为基本是正常的,只有少数人认为有歧视的态度。在关于城市人如何看待留守儿童的问题上也是大致相同的结果,有 80.5％的人认为,城市人能够正常对待留守儿童。这也说明随着国家对农民工子女的重视,社会也开始更多地了解留守儿童这个群体,城市人对农民工子女有了正常的态度,这就十分有利于解决农民工子女问题。在调查中大家都谈到了关爱留守儿童的一些活动,比如说支教、爱心捐赠等,有 65.7％的人认为,如果这种活动能够长期延续下去将会更好,有36.1%的人则觉得这样的活动很让人感动。当然,也有人并不这么认为,有2.7%的人认为,这些活动没有什么实质意义。我们认为,实践是检验真理的唯一标准,无论这类活动是否具有重大意义,只有去做了才会有结论。

还有一些情况不容乐观。对于国家有关农民工子女的政策,仅有8.3%的人表示十分清楚,而44.6%的人则表示只有一般的了解,有47.2%的人表示完全不知道。这不能不让人担忧。在整个国家和社会都在千方百计为改善留守儿童的现状而出谋划策的时候,最大的受益者却对这些情况一无所知,甚至无动于衷。因此,国家有关部门在出台政策的同时可以多做宣传普及工作。

二、农村"留守儿童"主要的问题及表现形式

(一)缺乏学习兴趣,学习成绩下滑

父母长期在外,农村留守儿童大多由爷爷奶奶或亲戚照管,这种照管只是让孩子吃饱穿暖,不出事而已。在对"留守儿童"的家访中得知临时监护人就这样认为"孩子只要身体好,无病无灾,我们对他们的父母就有了交代"。正因为如此,孩子们在学习上无人照管,疑难问题无人指导,学习信心逐步下降,学习目标不够明确,成绩一直在下游徘徊。还有的留守儿童认为,现在学习好坏无关要紧。自己的父母没有文化,照样天南海北闯世界挣钱,甚至比农村的"知识分子"赚钱还要多,这就使厌学、逃学、甚至辍学现象时有发生。

(二)道德意志薄弱,行为习惯不良

留守儿童的教育不仅仅是学习问题,更让人担忧的是孩子的综合素质和人格培养问题。绝大多数农民工之所以选择背井离乡外出打工,是希望通过自己的艰辛努力,让家人的生活好起来,让孩子能有条件上好学,日后有出息。但相当一部分人的希望落空——"挣了票子误了儿子"。因为这些父母一年到头忙于打工,没有时间和精力过问孩子,对孩子内心的困惑、需求、兴趣无力顾

及。有的即使有心，限于经济条件，也很少给孩子打电话或经常回家看孩子，造成了"留守儿童"道德教育上的真空。处于身心迅速发展时期的儿童，缺乏对事物的判断力，一些同龄人的不良习惯、越轨行为很容易钻空子，使得一些留守儿童小小年纪就沾染上吸烟、喝酒、赌博、偷摸等恶习。留守儿童的监护人往往是一些老人或其亲朋，他们对孩子大多放任自流，由着孩子的性子而为，或不敢管教，或不会管教。生活在这样一种缺乏管理与指导的环境中的孩子，到了学校受不了纪律的约束，表现为纪律性差，自觉性差，且言语粗鲁、口出脏言。

也有一些家长认为自己常年在外，对子女心生愧疚，于是通过给孩子寄钱来补偿自己对孩子的照顾不周，这本是人之常情，但这些孩子在花钱方面缺乏有效指导和监督，容易误入歧途。如想买什么就买什么，用父母的血汗钱请吃请喝，出入于网吧、游戏厅，养成了凡事都以自我为中心的专横跋扈的恶习，有的还因为花钱无节制而欠债。总之，留守儿童行为上的问题主要是：其一，放任自流、不服管教、违反学校纪律；其二，只知单向接受爱，不去施爱，更想不到如何感恩回报，不思进取，缺少诚信，片面强调个人利益，对家庭、朋友、邻居、社会冷漠少情，缺乏社会责任感。

（三）心理素质较差，心理问题突出

在人们的想象中，农村孩子更加亲近大自然，心理问题不会太严重。然而，农村儿童的心理障碍和行为异常也是十分普遍的。从个性发展特性来看，留守儿童常表现为两种倾向：一是内向、孤僻、不自信、不合群、不善于与人交流；二是脾气暴躁、易冲动、情绪不稳定、具有较强的逆反心理、自律能力差。有教师反映留守儿童普遍存在着这样一些问题：他们性格孤僻，感情脆弱，自暴自弃，上进观念淡薄；他们任性、倔强、自私，缺乏同情心和爱心，逆反心理严重，个别性格古怪孤僻不信任人，自以为是，与同学关系不好，或者过分淘气，做出一些特别举动来吸引老师的注意等。

父母对子女的教育要营造一种天然的和谐的亲子氛围。留守儿童父母单方或双方外出打工，导致父母的非自然缺位，这对儿童的心理健康发展带来了一定的损害。由于父母外出打工,无暇照顾子女,传统的双亲教养模式发生了变化,出现多种形式的家庭教养结构。子女与父母聚少离多,亲子互动减少,由此亲子关系也会有不同程度的疏远。这种社会转型时期特有的家庭教养结构使"留守儿童"的家庭教育出现了难以弥补的缺陷。

三、解决留守儿童教育问题的对策

对于留守儿童的教育问题,全社会都必须给予深切关注。要形成家庭、学校和社会共同关爱留守儿童教育的网络体系,深入了解留守儿童的心理动态和情感走向,积极采取有效的教育措施,促使他们努力学习健康成长,得到德、智、体、美全面发展。具体来说,需要从以下四个方面着手:

(一)重视留守儿童的家庭教育

家庭作为社会的细胞,在孩子的教育当中起着举足轻重的作用,和谐友善的家庭环境是保证儿童健康成长的重要因素。父母的一切工作和生产活动,都是为了美满的家庭,养育健康的孩子。因此,解决农村留守儿童的教育问题必须以家庭为基础,加强对孩子的关爱,注重孩子的全面发展,创造和谐的家庭环境。

1. 父母要重视孩子的教育,给予孩子情感上的关爱

尤其是孩子小时候,尽量不要离开孩子,给孩子一份完整的爱。如果迫于无奈外出打工,要慎重选择监护人,并且要定时回家看望孩子,及时和孩子电话沟通,发自内心关心孩子的身心健康,充分了解孩子。如果长期不回家,孩子自然感受不到父爱母爱,也自然会跟父母产生感情上的隔阂。在寒暑假期间,如果父母不能回家,也可以把孩子接到打工地点,在假期给予特别的关心和照顾,陪孩子度过美好的假期。著名教育家夏丏尊说过"教育不能没有情感没有爱"。父母是孩子的第一任老师,在父母教育孩子的时候,只有给孩子足够的关爱,注入情感教育,才可以跟孩子进行情感链接,通过自己的言传身教教育孩子,真正成为孩子们最爱和最亲的人。

2. 父母还要顺应时代发展的规律,及时转变教育观念,注重孩

子的全面发展

孩子接受教育,不仅是为了好的学习成绩,而且要养成良好的行为习惯,学会和同伴合作互助,完善自己的人格。父母要明白,教育不只是学校的事,更应是家庭、学校和社会共同的责任,而家庭教育更为关键。父母要及时和学校沟通与联系,积极配合学校教育。父母还要注重孩子的全面发展。专家指出,知识、技能的教育对孩子固然重要,但是道德教育、心理教育才是核心,心理健康才是真正的健康。因此,要尊重孩子的兴趣爱好,促进孩子的全面发展。

3. 父母还要努力和孩子建立和谐的亲子关系

建立和谐的亲子关系,有利于孩子形成健全的人格,促进孩子的成长和进步。和谐亲子关系的建立需要正确的沟通方式,留守儿童父母要运用有效的沟通方法,避免和孩子产生陌生感和距离感。让孩子理解自己的外出打工并不是不爱孩子,让孩子学会分辨是非。和孩子建立平等的交流关系,对孩子的情况要多方面了解,针对孩子面临的具体问题进行有效沟通,做到"晓之以理,动之以情"。

(二) 重视学校的育人功能

从现状出发,思考该如何给留守儿童最好的教育,乃是农村学校面对留守儿童最应该做的事。基于留守儿童所存在的各方面教育问题,在学校管理工作上,要建立农村留守儿童教育档案和留守儿童家长联系制度,要强化对留守儿童心理方面的教育,及时解决儿童出现的自卑、叛逆、抑郁等消极情绪,并聘请相关心理教师,提高留守儿童的心理素质,使留守儿童有个快乐健康的童年。

1. 建立"留守儿童"档案

为了让教育适应每个留守学生,学校应对每一位留守学生建立专门的个人档案。2013年年初,教育部、全国妇联等五部委联合下发了《关于加强义务教育阶段农村留守儿童关爱和教育工作的意见》,提出要"全面建立留守儿童档案","以保证将其纳入教育等基本公共服务体系"。"档案的收编范围应当包括留守儿童及家庭成员的基本情况(姓名、性别、出生年月、民族、个人爱好特长、父母工作性质、文化程度、教育方式和态度、家庭经济状况、社会关系等)、留守儿童的学习情况(学校、年级、班级、成绩、学习习惯等)、健康状况(身体情况、有无重大病史)、心理状况(性格类型及特征,气质类型及特征,个性心理有哪些特征,个性心理中有哪些良好或不良的品质等)等与留守儿童相关的有保存价值的各种形式的纸质档案、胶质档案(如胶片、照片、胶卷等)、磁介质档案及光介质档案(如光盘档案等)等,坚持宁多勿漏。"将留守学生的家庭状况、监护情况、父母走向、联系方式及学生的学习、品行、心理等方面进行详细登记备案,以便分类区别对待,有针对性的教育和管理。

2. 要让留守儿童充分沐浴在师爱的阳光下

对于留守儿童要倾注爱心,让他在缺失父爱母爱阶段,在学校、班级找到归属感,找到快乐,找回干净爽朗的笑容。当他自觉或不自觉地消除孤独感和自卑感的时候,教育才真正起到了应有的作用。亲其师,才能信其道。学生跟教师的关系亲近了,喜欢老师,放心老师,对他的教育才可以收到效果,才可以避免学生的心理亚健康,行为亚健康。

3. 解决留守儿童的思想问题,要适时适当地予以"点化",启迪其思想和智慧

正如心理咨询师王国曾老师所喻,孩子刚一生下来,就如一杯纯净水,而有问题的学生如一杯昏黑的可乐。如何再让可乐孩子变成纯水孩子,就是老师该做的了。他的方法是把八四消毒液倒入可乐杯中,经过化学反应,酸碱融合,黑乎乎的可乐终于澄清了。而老师面对问题学生,主要是面对留守儿童的一些不正确的思想和行为,要通过一定的方式方法去唤醒和纠正。如此,他才可以在正确的思想观念下积极健康成长。面对留守儿童,老师要做什么呢?要做八四消毒液,要消除小孩子身上潜在的或表现出来的毒素,使之健康成长。

4. 教师要引导留守儿童健康成长

教师不一定苛求学生将来非得功成名就,但一定先得成人。有句俗语说得好:成人不自在,自在不成人。这刚好说明成为真正意义上的人,要有约束感,要知道可为和不可为之事,还要对这个世界怀有感恩之心。规矩和纪律的灌输,在青少年阶段是必不可少的。而且要使之成为一种习惯,一种良性的、自觉的内在需求。

或许在孩子身上达不到如此高的境界，但起码要让他切实感受到这个社会需要自律自觉的公民。要知道每一个生命都是可贵的不可再生资源，要在善待自己的同时善待众生。不然，像马加爵、药家鑫一类有能力、有才学的所谓"优秀"大学生，仍然会在以后成长道路上上演悲剧。从知识分子到农民，从为官者到商人，如果我们张口闭口不离"钱""权""利"，这样的环境熏陶之下，让那些白纸般的孩子如何成长为有素养、有追求、有抱负、有人性的人？他们也只能成为世俗环境下的世俗化的孩子罢了。也许他们拥有非凡的能力，但思想道德修养方面却可能令善可陈。至此，现如今的社会和学校，太需要传统文化来匡扶和加码了。古圣先贤做人方面的精华思想，在现代文明高度发展的今天，显得尤为珍贵。现在的社会物质极大丰富，但人们的心灵却空前枯竭了。我们的视线，总是看外界太多，而审度内心太少。

5. 学校老师要多关注留守儿童，尤其要关注他们的兴趣爱好

兴趣爱好，是教育的着力点之一。留守儿童身上所表现出来的兴趣爱好，大多不引人关注。教师对之进行适时关注和引导，他就会成就一个有特长的孩子，一个有天赋的孩子。如若不然，在其兴趣爱好表现出些许端倪的时候，会因为无人引导而自行覆灭。

（三）加强生存教育、安全教育、法制教育和心理疏导

充分利用校本课程和综合活动课程对"留守儿童"进行生存教育、安全教育和法制教育，增强他们的生命意识、安全意识和法制观念，使他们从小自立、自尊、自律、自强，学会生活；帮助他们知法、守法不做违法乱纪的事；开设一些针对青少年身心发展的心理健康教育课程和活动，对儿童的显性和隐性心理压力进行疏导，为留守儿童排忧解难，引导他们走过人生发展的关键时期，帮助他们健康和谐发展；让他们了解社会主义荣辱观，使其能和其他孩子一样拥有健全的思想，拥有灿烂的明天，帮助他们树立面对现实的信心和勇气，以更积极更乐观的态度面对人生。

（四）重视社会协作和参与

留守儿童教育不仅需要家庭和学校的参与，还必须积极调动全社会的力量。针对目前留守儿童生活、学习、安全等方面的问题,全社会都应给予高度关注,努力净化社会环境,强化对留守儿童的教育和扶助。

1. 要加强社会舆论的引导和关爱

充分发挥媒体的积极作用,通过电视、报纸、网络等各种媒体大力宣传,设立留守儿童专栏节目,使社会各界广泛认识到农村留守儿童这一特殊群体所面临的教育问题,认识到解决留守儿童教育问题是我们社会共同的责任,呼吁每个人给予农村留守儿童更多的关爱。近年来,《安康日报》、安康电视台对于安康援助少年儿童会、安康义工联等公益组织进行了宣传报道,引起了社会的广泛关注。

2. 要加强志愿者服务队伍建设

在解决留守儿童教育问题的过程中,需要志愿者服务队伍的积极参与。关爱留守儿童不仅是着力培养下一代的系统工程,也是加快我国农村发展的重要内容。因此,动员广大社会各界人士共同参与到关爱留守儿童的活动中来,非常必要。近年来,安康市范围内不断兴起的各大公益组织,其队伍都在不断壮大。许多公益组织以留守儿童为主要工作方向,如安康义工联组织,多年来一直致力于关爱留守儿童的活动,建立了固定的工作场所,安排固定人员专门承接各类儿童服务项目,受到国内媒体的广泛关注。

3. 创新留守儿童服务方式

留守儿童服务站是安康本地的有效形式。留守儿童服务站的作用在于切实关爱留守儿童,保障留守儿童健康愉快成长,努力形成关爱留守儿童健康成长的合力,切实解决留守儿童在家庭教育、心理健康、社会保护等方面存在的问题。安康市平利县老县镇留守儿童服务站,积累了许多宝贵的工作经验。服务站把镇上的一部分留守儿童集中在服务站内,以传统文化为核心教育内容,以网络媒体为宣传平台,与高校支教队伍形成有效对接,借助社会爱心人士的各类资源,开展了很多关爱活动,在一定程度上解决了留守儿童的学习问题、行为习惯养成问题、食宿问题和人际交往问题。

(赵小红　邓顶梅)

留守儿童的"四缺"困境及其应对策略

笔者经常走村下乡深入农家,发现近年来留守儿童的问题越来越突出。就在前几天,笔者看到搜狐网报道,湖南邵阳出现"无妈乡"的怪现状,在这个乡里有 132 个孩子没有妈妈。这个名叫黄荆乡的地方,仅义务教育阶段的在校学生中,就有 132 个孩子处于"失母"状态,除了母亲正常死亡以外,另外有 116 个孩子的母亲,因为逃婚或改嫁而离开了他们。这些无妈的孩子,身上的故事大同小异:在他们还很小的时候,妈妈就离开了家,再也没有回来。他们中的很多人几乎已经记不得妈妈的样子,或者根本就没有印象。他们想找,却不知道妈妈在哪里。这种现象严重影响学校教育活动的正常开展,特别是一些边远山区学校,其各方面的条件(如财力、人力等)都是非常有限的,学校的管理也受到很大的制约。如果我们能够积极应对,认真分析其中存在的原因,制订切实有效的方案,许多问题就能迎刃而解,也能保证留守儿童得到健康的成长,维护学校正常的教学秩序,促进社会的和谐健康发展。

一、留守儿童的"四缺"困境

留守儿童的生存现状令人担忧,父母不在身边,缺少父母的照顾和管束,作为临时监护人的祖辈或亲戚,管教方法不当或放任自流,营养不良,学习成绩下降,身心健康受到严重影响。其生存困境主要表现为"四缺",即生活上缺"助",学习上缺"引",亲情上缺乏"爱",心理上缺"导"。

(一)生活上缺"助"

生活上缺"助",是指留守儿童在生活上缺少应有的物质保障,导致生活无规律,营养缺乏和不良的现象。生活上缺少照应,导致幼儿营养不良和身体素质较差。监护人大多数是老年人,年纪偏大,文化层次不高,有的是文盲或半文盲,自身素质偏低,有的受经济条件限制,在学校寄宿,一日三餐没有规律。有的小孩不饿就满

137

足了,有的小孩经常吃方便面等街头零食。生活习惯不好,大多数儿童自我控制能力不强,表现在不讲卫生,不换衣服或者挑食挑穿,乱花钱。留守儿童的传染病患病率较其他小孩也要高一些。

(二)学习上缺"引"

学习上缺"引",是指留守儿童由于父母不在身边陪伴,或学校教育的忽视,不能及时指导孩子的学习,导致孩子学习方法不当,成绩下滑等现象。学习上的适当引导,对于留守儿童的成长,不仅是必要的,而且具有重要的决定意义。部分留守儿童,缺乏父母的引导,在学习上存在着学习目的不明确,方法不得当,自律意识淡薄,学习自觉性差,学习动力不足,成绩差的现象。这种情况,在留守儿童中占有相当比例。

(三)亲情上缺乏"爱"

亲情上缺"爱",是指留守儿童缺少父母亲情的关爱,导致心理孤独,在正常的交往中缺少礼仪,自私,以及缺少必要的自理能力等现象。缺少亲情关爱,对于儿童当下的学习生活和以后的成长,有百害而无一利。留守儿童大多年龄在1~15岁之间,正是情感、品德、性格形成和发展的关键时刻。长期与父母分离,缺少父母的真爱和关爱,多了祖辈的溺爱,使他们的心理需求不能被合理引导或满足,产生孤独感,心理失衡,礼仪缺失。

(四)心理上缺"导"

心理上缺"导",是指留守儿童缺乏正常的心理诱导、疏导和指导,产生心理障碍和心理疾患,以及缺少相应的道德规范,顶撞祖辈,我行我素等现象。大多数留守儿童有程度不同的心理障碍,心理出现了偏差,在家不听祖辈的教导,小孩我行我素,在学校不遵守规章制度,少数留守儿童还吸烟、酗酒、闹事,沉迷于网络游戏之中,有的还参与小偷小摸、校园暴力等,严重影响了他们的健康成长。

二、公益慈善团队的具体应对策略

针对留守儿童存在的"四缺"困境,公益慈善团队在对留守儿童的教育和援助的具体实践中,必须明确所要解决的重点问题以及努力的方向,有针对性地制定有效的应对策略,改善教育援助方法,创造有利于儿童成长的环境。

(一)详细收集学生情况

无论社会慈善机构,还是学校的班主任或任课教师,都应该通过各种途径掌握班级中每个学生的家庭具体情况,特别是留守儿童的人数和具体困难。例如,神河镇中心小学六年级有 90％的留守儿童,其中很大一部分和外公外婆、爷爷奶奶等生活在一起,甚至有相当一部分学生独自留守在家,生活学习完全自理。老人作为一个特殊的监护群体,普遍年龄大,身体差,文盲比例非常高。在学习上根本无法给予这些留守儿童切实有效的帮助、辅导和管理,而且农村老人思想守旧,与外界联系很少,和孙辈存在明显的沟通障碍,在教育管理方法上弊端较多,状况堪忧。

在实践工作中证明,建立完备的留守儿童档案,对于学校的教育教学工作非常重要。留守儿童档案主要包括以下方面的内容:留守儿童个人的爱好特长;身体状况;家庭的经济状况,家庭气氛,家长的教育方式与态度,与父母和监护人的关系;学习成绩,学习态度,学习习惯;思想品德,行为习惯;师生关系,同伴关系;性格类型及特征,气质类型及特征,个性心理有哪些特征,个性心理中有哪些良好或不良的品质等。唯有如此,才能随时了解儿童的心理状况,有针对性地进行辅导。

(二)争取家长的支持

许多事实证明,随着父母探亲频率降低,联系次数减少,留守子女在人际交往、性格、生活感受、人生理想、协作求助、学业成绩等方面发生障碍的比例呈明显上升趋势。父母要使孩子能够充分感受到父母的爱;要正确处理生产、创收与子女教育的关系,不能以牺牲孩子的成长和未来为代价来换取眼前暂时的利益;要与学校和老师保持经常性联系,随时了解子女的学习和发展情况,并对他们进行及时的引导和教育。

留守儿童的最大障碍就是长期与父母分离,缺乏父母的关爱和管教。我们针对留守儿童的这种情况,通过援少会和书院以及学校开家长会、家长座谈会、与家长电话联系或等其父母回家探亲时及时进行家访等方式,建立学校和家庭之间的沟通渠道,优化家庭教育环境,引导和帮助留守儿童家长树立正确的教育观,促进亲子关系的建立,让家长协同学校对留守儿童进行教育。积极开通学生、家长、教师同步实施心理健康教育的渠道,共同商讨教育策略与办法,做到挣钱与关心子女教育两不误,使孩子从小就能在良好的心理环境和社会环境中健康成长。在家访中发现,如果父母双双外出,对子女影响特别大,但如果有一个在家,影响则相对就要小得多。父母外出务工时,如果没有可靠的监护人,最好留一个在家,保持家庭教育的完整。临时监护人要真正负起教养孩子的责任和义务,努力为他们营造近似完整结构家庭的心理氛围和教育环境,加强对家长的指导和帮助。

(三)帮助家长建立密切的亲子关系

父母在外打工对留守儿童生活的影响较为复杂,其中情感缺乏问题是最严重也是最现实的问题。研究表明,亲子抚养比隔代抚养和寄养能更好地促进儿童的身心健康发展。亲情关系直接影响到孩子的行为习惯、心理健康、人格与智力发展。由于父母不在身边,留守儿童长期缺乏亲情的抚慰与关怀,往往焦虑紧张,缺乏安全感,人际交往能力较差,表现出对家庭完整和父母关怀的强烈需求,对生活的满意度逐步降低。在家访中,我们经常提醒学生的父母:如果他们都外出,要更注意改善亲子之间的沟通与交流方式,时间不能相隔太久,原则上最好做到每个星期交流联系一次。在沟通内容上,不能只谈生活,应该全面了解其心理、身体、学习等方面的综合情况,让孩子感受到父母的关爱。

三、重视对留守儿童的心理辅导

我们达德书院也有义务和学校一道努力去注意加强留守儿童的心理素质。大多数留守儿童都是隔代抚养或者托付在亲戚家,不能同长辈进行有效沟通,在情感上缺乏关爱,容易产生心理障碍,有的儿童性格内向孤僻、敏感多疑、不合群,他们不愿与别人交往,生活在狭小的自我天地里,对外界的一切都漠不关心,对他人和集体的情感冷漠;有的脾气暴躁、冲动易怒、逆反情绪强烈,不听任何教导,或者过分淘气;有的儿童则有焦虑心理和抑郁症状。从社会适应方面看,很多留守儿童自我保护意识差,容易受不良言行的影响,人际交往能力较差,内心压力较大,害怕被别人欺负。对留守儿童进行有效的心理健康教育,是目前较为紧迫的任务之一。

(一)遵循儿童心理发展规律

按照不同年龄、不同年级留守儿童成长规律及特点有针对性地开展工作,加强分类指导,从学会学习、学会生活、人际交往等几个方面安排教育教学工作。小学低年级的留守儿童要适应新环境;养成学习好习惯;初步培养生活自理能力;热爱集体,乐于与老师和同学交往。小学高年级的留守儿童要掌握有效方法,提高学习效率;提高生活自理能力,关爱家人;树立同学间合作意识,锻炼抗挫能力;初步了解情绪调节方法。

(二)开通多方心理教育渠道

积极开通学生、家长、教师同步实施心理健康教育的渠道。要有计划地开展教师培训,同时要尽可能地吸纳家长参与到活动中来。通过开家长会、家长座谈会、与家长电话联系、家长回家及时进行家访等方式,建立学校和家庭心理健康教育沟通的渠道,优化家庭教育环境,引导和帮助留守儿童家长树立正确的教育观,促进亲子关系的建立,让家长协同学校对留守儿童进行教育。各科教师在平常的教学中要渗透思想品德教育和心理健康教育,使心理健康教育日常化。因此教师必须了解留守儿童的心理特点,也要掌握正确的心理健康教育方法。学校要请经过专门培训的心理辅导教师对科任教师进行系统培训,介绍留守儿童易出现的心理问题,研讨解决方案等,这样使心理健康教育科学化。

(三)建立心理健康咨询室

在全校范围开设心理健康咨询室,借助各种媒体开展定期的心理健康教育活动,并且建立完备的留守儿童心理档案。心理档案主要包括以下内容：记录留守儿童的爱好特长，身体状况；家庭的经济状况，家庭气氛，家长的教育方式与态度，与父母和监护人的关系；学习成绩，学习态度，学习习惯；思想品德，行为习惯；师生关系，同伴关系；性格类型及特征，气质类型及特征，个性心理有哪些特征，个性心理中有哪些良好或不良的品质等。这样才能随时了解儿童的心理状况，有针对性的进行辅导。

我们坚信，只要我们达德书院和援助青少年儿童协会协同学校的班主任对留守学生多一份爱心，多一份关心，多一份耐心，多一份热心，留守儿童问题一定能得到妥善解决。让我们全社会都来关注留守儿童的健康成长，为构建和谐社会尽自己的一份力量吧！

（朱勇）

未成年人保护及对策

保护未成年人健康成长是国家和社会义不容辞的责任。然而,一段时间以来,全国出现了大量伤害未成年人的事件,如家庭暴力、虐待儿童、使用童工、拐卖儿童、性侵女童等,引起了社会的高度关注,凸显了未成年人安全保护方面存在的问题。探讨未成年人保护领域中存在的问题,研究解决这些问题的具体对策,是公益慈善团队的工作之一。

一、未成年人保护领域存在的问题

未成年人保护问题,是社会各界共同关注的话题,是家庭、政府和社会组织要着力解决的重大社会问题。明确这一领域存在的问题,是我们解决这些问题的关键所在。公益慈善团队应该在分析这些问题的基础上,提出相应的解决对策。未成年人保护领域存在的问题,有未成年人的个人问题,也有家庭和社会领域的问题,具体表现如下:

(一) 政府管理部门权责不明,未能形成合力

涉及未成年人安全保护职能的协调机构主要有政府妇女儿童工作委员会、关爱流动儿童联席会议、未成年人保护委员会、预防未成年人违法犯罪领导小组办公室、市未成年人社会保护工作领导小组等。同时,文明办负责牵头未成年人思想道德建设工作,民政局牵头开展儿童福利制度先试先行工作。各协调机构职能交叉重复,权责划分不明晰,成员单位间缺少协调沟通,工作难以形成合力。

(二) 保护宣传工作不到位,未成年人自我保护意识不强

意识和习惯形成的最佳时期是幼儿和少儿时期。未成年人安全教育应根据不同群体、不同时间、不同地点进行形式多样的宣传。随着教育行政部门、学校越来越重视校园安全,安全教育慢慢普及,专题讲座、法制副校长、定期举办安全事故演习等项工作在

公办学校中执行比较到位,但是在民办学校尤其是民工子弟学校中,由于受到周边环境、办学条件的限制,安全教育不甚理想。然而,目前开展的安全知识宣传形式仍然以传统受众式为主,体验式的互动交流活动比较少,很难吸引孩子们主动学习,社区和其他社会机构没有充分发挥应有的功能。此外,社会各界对未成年人安全保护的理解和重视程度差别较大,未成年人安全事故发生时,各种媒体宣传、各有关单位一拥而上,一段时间后却又令人问津。

掌握安全知识并不意味着在实际生活中就具有了自我保护意识。大多数未成年人缺乏自我保护意识,很多学生"觉得意外伤害离自己很遥远",孩子们不关注自己和身边同学的安全。还有的孩子甚至分不清楚 110、114、120、119 等电话的用途,更不会正确使用这些公众电话号码报警。有些未成年人平常和社会上的人交往不慎,以致引狼入室。在 QQ 聊天时认识的网友、在校外结识的社会闲散人员等,都有可能导致未成年人受到伤害。有调查数据显示,58.3%的受访学表示不知道"中小学生安全教育日",42%的受访学生从来没有参加过关于安全教育的讲座,85.9%的学生表示在学校没有上过性教育课程。

(三)家庭安全防线的缺失

家庭是未成年人健康成长的第一环境,也是保障未成年人安全与健康的第一道防线。现在,某些家庭存在的问题之一就是父母实际上放弃了对孩子的监护,外出打工养家。父母对子女的基本监护暂时或长期缺位,流动儿童、智障儿童特别是女童成为受侵害的主要人群。未成年人车祸、中毒、他杀、自杀等案件时有发生。可以明确地说,家庭安全教育严重缺位,值得人们高度警惕。

(四)未成年人保护法实践操作不到位

国家从立法角度对未成年人保护做了较为完备的设计,现行的《未成年人保护法》对家庭保护、学校保护、社会保护、司法保护、法律责任等都做了规定和说明。但是地方在实际操作过程中对相关制度、规定执行不到位,一些社会管理法规条例中,缺乏对未成年人特殊保护的规定。

144

二、对未成年人保护的对策和建议

针对上述问题,加强未成年人保护,应该强化保护法规的宣传教育,提升未成年人的自我保护意识,完善司法保护体系,落实具体保护措施和工作机制,优化安全服务的社会体系和社会环境,形成对未成年人保护的合力,打造保护网络体系,把未成年人保护工作落到实处,做出成效。

(一)强化保护法规的宣传教育,提升未成年人的自我保护意识

要强化相关部门工作人员依法保护未成年人权益的法治观念和责任意识,切实承担起保护未成年人人身权利的责任。加大未成年人保护法宣传力度,文广、教育和法制宣传部门及工会、妇联、共青团、基层群众自治组织等要突出针对性、多样性、可操作性,真正做到全社会动员,把普及未成年人保护法律知识落实到千家万户。要通过家庭和学校的各种渠道,加大保护法规的宣传教育力度,不断提升未成年人的自我保护意识,防患于未然。

(二)完善安全保护司法体系

对未成年人的司法保护,我国现有法律从民事、行政、刑事等不同角度进行了制度设置,但有些条文执行存在难度。加强对侵害未成年人违法犯罪行为的打击,加大对犯罪分子的威慑力度,同时对犯有严重罪行的未成年人(因不满16周岁不予刑事处罚的)给予应有的惩戒和警示,加强监管教育,防止再犯。

(三)进一步完善保护措施和工作机制

首先要整合、发挥现有协调机构的作用,明确未成年人保护的牵头部门,各职能部门各司其职,协同推进;推动将儿童保护工作列入政府实施项目,由政府考核敦促儿童成长环境优化;再是加强对家庭监护的督促、指导,引导家长切实依法履行监护职责,落实家庭保护责任,推动家庭保护、学校保护、社会保护和司法保护的紧密衔接。加强对特殊群体未成年人的特殊保护,完善对轻微犯罪和有严重不良行为未成年人的教育矫治措施,实行梯次犯罪预防。

最后要完善未成年人法律援助制度,扩大未成年人法律援助覆盖面,把未成年人受虐待、被遗弃等纳入法律援助范围。

（四）进一步优化安全服务体系和社会服务体系

把儿童保护工作放在经济社会发展和化解社会矛盾的大背景中统筹研究、部署,着力解决未成年人保护工作存在的突出问题。

继续扩大公办学校吸纳外来人员子女的比例,进一步加强对外来人员子女学校、幼儿园的安全防护措施和安全教育,落实安全管理责任制,增强未成年人自我保护能力,督促家长落实监护职责,要持续加强对中小学校校园周边的环境综合治理,清除不良网吧、小食品摊贩、玩具销售点,加强对音像、图书、影视节目、电子出版物等物品的管制。遏制各种不良信息对未成年人成长环境的侵害。坚持儿童优先理念,完善社会公用设施建设,在医院、饭店、影剧院等公共场所设置符合儿童身心条件、适合儿童使用的公用设施和卫生设施,营造良好的成长环境和成长氛围。

还要加强未成年人保护专业人才队伍建设,形成一支高素质、有责任感的社会工作师、心理咨询师、志愿者队伍。鼓励、引导专业社会组织参与未成年人保护工作,通过政府购买服务等方式,为社会组织提供发展条件,探索未成年人安全保护新模式。

三、未成年人强化自我保护意识的具体策略

《未成年人保护法》第四十六条规定:"未成年人的合法权益受到侵害的,被侵害人或者监护人有权要求有关部门处理,或者依法向人民法院提出诉讼。"根据此法条例,未成年人在遭遇伤害时,相关部门应该采取有效可行的具体策略,把伤害遏制在萌芽状态,防止伤害变成事实。

（一）要明确打架还手和正当防卫的区别,灵活应对

一般说来,打架还手的一方,不属于正当防卫。这是因为正当防卫的第一个条件是必须针对不法侵害行为,不法侵害行为包括有社会危害性的一般违法行为和犯罪行为,但主要是指犯罪行为,如杀人、强奸、抢劫、放火等。对这些行为,如果不果断采取防卫行

动,使其停止非法侵害,将会对社会、对人身等造成重大危害。

打架还手就不同了,甲动手打了乙,乙完全可以通过合法途径处理,比如报警。学生完全可以报告老师解决,没有必要一定要动手还击。动手还击引起互殴,必然会造成身心受损和不好的影响。所以,两人打架,不论何方被打致伤、致残,还手的一方一般不算正当防卫。如果因还手而使打架事态恶化,不论是先动手的造成的还是后动手的造成的,都要依照法律承担应有的责任。所以,避免打架是至关重要的。但如果遭到对方的非法暴力侵害,比如先动手的一方拿棍子或凶器施暴,就应尽快躲开,脱离危险,并报告老师。

(二)遇到有人跟踪的应对措施

在上学和放学的路上,最好与同学结伴而行,当遇意外时可以互相帮助。不要单独到荒凉、偏僻、灯光昏暗的地方。当发现有人一直跟着你时,保持冷静不要惊慌害怕,可以尽快到繁华热闹的街道、商场等地方,想办法摆脱尾随者! 向身边附近的机关单位求救,如去机关单位的值班室,向身边的大人求救;如果是在校门口,就给家里打电话,让大人来接。关键是只有你一个人时,要有警惕性,多动脑筋! 为此,生活中要多观察,记住家庭、学校周围的环境特点,尤其应熟悉派出所、治安岗亭、机关单位的地点。在紧急情况下,可以在这些地方得到帮助。

(三)遭遇侵害的应对方法

第一,义正辞严,当场制止。当你受到坏人侵害时,要勇敢地斗争反抗,当面制止,绝不能让对方觉得你可欺。如,你可以大喝一声:"住手! 想干什么? 不要耍流氓?"从而起到以正压邪、震慑坏人的作用。

第二,当身处险境时,要紧急求援。当自己无法摆脱坏人的挑衅、纠缠、侮辱和围困时,立即通过呼喊、打电话、递条子等适当办法发出信号,以求民警、解放军、老师、家长及群众前来解救。

第三,虚张声势,巧妙周旋。当自己处于不利的情势下,可故意张扬有自己的亲友或同学已经出现或就在附近,以壮声势;或以巧妙的办法迷惑对方,拖延时间,稳住对方,等待并抓住有利时机,不让坏人的企图得逞。

第四,主动避开,脱离危险。明知坏人是针对你而来,你又无法制服他时,应主动避开,让坏人扑空,脱离危险,转移到安全地带。

第五,诉诸法律,报告公安。受到严重侵害,遇到突发事件,或意识到问题严重时,家长和校方无法解决,应果断地报告公安部门,如巡警、派出所,或向学校、街道办事处、居民委员会、村民委员会、治保委员会等单位或部门举报。

第六,心明眼亮,记牢特点。遇到坏人侵害你时,你一定要看清记牢对方是几个人,他们大致的年龄和身高,尤其要记清楚直接侵害你的人的衣着、面目等方面的特征,以便事发之后报告和确认。凡是能作为证据的,尽可能多的记住,并注意保护好作案现场。

第七,堂堂正正,不贪不占。不贪图享受,不追求吃喝玩乐,不受利诱,不占别人的小便宜。因为"吃人家的嘴短,拿人家的手软",往往是贪点小便宜的人容易上坏人的当。

第八,遵纪守法,消除隐患。自觉遵守校内外纪律和国家法令,做合格的中小学生。平日不和不三不四的人交往,不给坏人在自己身上打主意的机会,不留下让坏人侵害自己的隐患。如已经结交坏人做朋友或发现朋友干坏事时,应立即彻底断绝同他们的联系,避免被拉下水或被害。

(四)面对校园"小霸王",机智应对

校园是我们健康成长和努力学习的美好乐园。为什么校园里会发生暴力事件?认真调查分析一下,有以下几种情况:有的学生在家里是重点保护对象,骄横任性;有的家长脾气暴躁,并且经常在酗酒后打骂孩子,这些孩子心中郁气无法宣泄;有的父母离异,从小失去家庭温暖,性格有偏差。还有一些孩子,随着年龄的增长结成"团伙",名为讲"义气",实际专门欺负弱小的同学。由此可见,校园暴力多与某些学生的生活环境和由此形成的不健康心理息息相关,由于对家长、老师、同学不满,以盲目反抗情绪和攻击的态度对待别人;也有的孩子从小缺乏与同龄人的正常交往,不会与

人和睦相处,养成了随便打人骂人的坏习惯。这些孩子最终成了学生眼里的"校园小霸王"。面对"校园小霸王",你可以试试下列方法:(1)尽量不与小霸王们发生正面冲突,惹不起可以先躲开。(2)如果对方过于强大,面对对方的勒索可以先把钱物给他们,然后报告老师和家长。(3)在劫持者经常出没的地带,可以请警察出面干预。(4)同学们在上下学时最好结伴一起走。

（五）有人公然抢劫物品时的自卫措施

中小学生遇到抢劫时,应以保护自身生命和安全为首要原则,不要过多地顾及财物。不到万不得已,不要硬拼,避免造成更大的损失和伤害。抓住时机大声呼救,及时报警。

学习正确的报警方法,报警时,应确认对方是 110 报警台,报警述说中尽量明确告知出事地点、坏人的人数,是否有武器和交通工具的种类等细节(坏人是否有明显的特征等),还要留下自己的联系办法。如果你是处在和坏人周旋的危险中拨打 110,应注意隐蔽和小声讲话!

（六）理性对待网友,防止诱骗侵害

网络的发展,让人与人之间的沟通更方便、更快捷。但网上的人员同社会一样是形形色色的。所以,对在网上认识的朋友应保持一定的警惕性。不要轻易将自己的家庭情况告知对方,更不要轻易单独与之见面。保持自尊自爱自重。我们每一个公益人都应该学习相关的法律法规给予孩子们以支持,包括我们的学校要教育孩子勇于斗争,相信正义必将战胜邪恶;不能怯弱,不能束手待毙,不能让坏人为所欲为,这是中小学生预防侵害的重要前提。每一个家长应该切实负起责任来,站在孩子的立场上为孩子多想点,给孩子一个有爸有妈有爱有乐完整的家。

（冯荣涛）

农村留守儿童援助的问题和对策

在中国农村有这样一个弱势群体。他们的父母为了生计离开年幼的孩子,远走他乡,进入大中城市,成为农民工,用勤劳的双手获取家庭收入,更为经济发展和社会文明做出了应有的贡献,而他们的孩子却留在了农村,与父母相伴的时间微乎其微。这些本应是父母掌上明珠的儿童便成了一个特殊的群体——留守儿童。2014 年春节前夕,国务院总理李克强乘车深入位于秦巴山区的国家集中连片贫困地区——陕西省安康市旬阳县小河镇金坡村看望贫困户和农村留守儿童,并与在外打工的留守儿童的父亲杨秀峰通电话,充分体现了党和国家领导人对农村留守儿童问题的高度重视。留守少年儿童正处于成长发育的关键期,需要得到社会、学校、家庭的关爱与呵护。关注留守儿童,就是关注祖国的未来,只有政府和社会各界合力共为,才能为留守儿童撑起一片蓝天,共享阳光,让爱飞翔。

一、农村留守儿童的现状和存在的主要问题

根据中华全国妇女联合会发布的《全国农村留守儿童、城市流动儿童状况研究报告》,从《中国 2010 年第六次人口普查资料》中抽取的 126 万人口样本推算出:全国 0～17 岁农村留守儿童、城市流动儿童共有 9683 万,已近一个亿规模,并且人数还在逐年扩大。其中农村留守儿童 6102.55 万,即全国每 5 个孩子中,就有一个农村留守儿童;城市流动儿童规模则达到 3581 万,比 2005 年第五次人口普查时增加超过四成。陕西安康这个因"一江清水送北京"而只发展环保产业的贫困山区,因外出务工人口流动而引发的农村留守儿童问题尤为突出。如在安康汉滨区大同镇安龙村,满村都是老人和孩子,很少能够看到年轻人。

留守儿童是一个特殊群体,留守儿童不是都有心理问题的,在对于留守儿童的表述方面我们不能一概而论,社会也不应给他们

过于沉重的标签。在这个群体之中有比较明显的有两类人。第一类孩子与大多数孩子无异，甚至在思想上要比一般孩子成熟，他们乐观坚强，懂事坦荡，知道关心家人，关爱他人。生活虽苦，但他们苦中作乐，坚强与勇敢让他们永远保持着微笑。在我们走访的孩子中，有的甚至担当着照顾老人的小大人角色。第二类是向往天真烂漫的童年生活，性格内向，不善言谈，但在认识、价值上的偏离和个性、心理的发展存在异常。第一类留守儿童，他们的坚强与乐观，值得所有人尊重。这些孩子也是留守儿童，但他们却是同龄孩子中的佼佼者，学习的榜样，正能量的传递需要这些典范儿童。在社会中，我们更多关注了解的是第二类留守儿童，他们的悲苦通常会引起全社会的同情，得到社会各界的帮助。

安康贫困山区留守儿童存在的主要问题有以下四点：

（一）生活窘迫

留守儿童的生活问题，特别是父母双方都外出打工的那部分儿童，其生活状况不容乐观。留守儿童的父母之所以抛下自己的孩子外出打工，是因为家庭务农的收入无法让自己的家庭过上稳定的生活，否则，如果有一点办法，他们都会想方设法与孩子呆在一起的，所以生活困难是留守儿童家庭的普遍特征。虽然他们出去打工可以挣到一些钱，但其付出与收入相比依然极不平衡，有时因为制度等方面的缺陷，自己挣到的钱还不能及时拿到手，所以他们在家庭生活方面极其节俭的。父母离开后，留守儿童及其监护人在节俭方面表现得更为突出，在饮食方面，吃好是不敢奢求的，能吃饱就行了。

儿童时期正是快速长身体的时期，合理的饮食结构和营养搭配对孩子的成长十分重要的，而农村留守儿童只能在极度节俭的状态下过着维持温饱的生活。这些儿童在生病的时候，也往往没有能力和条件去医院救治，只能采取一些简单的、传统的方法治疗，或者干脆硬"扛"。另外，现在很多的村镇青壮年劳动力大部分都去打工了，老弱病残成了农业的主要劳动力，留守儿童在其稍有一点力气的时候，也不得不加入到劳动者的队伍中去，过早的承受家庭负担对他们的成长也有一定的影响。

（二）教育滞后

一是家庭教育缺失。由于这些孩子在留守期间大多是和年迈的祖父母、外祖父母或其他亲友生活在一起，监护人年事已高，文化素质较低，大多数没有能力辅导和监督孩子学习。重养轻教，致使孩子的学习得不到有效的督促和引导，大多数留守儿童在学习上自觉性差，没有良好的学习习惯，被动学习，学习成绩较差。由于缺乏有效监管和教育，很多留守儿童往往对事情不辨好坏，不能正确看待问题，受社会上负面现象的影响，养成一些不良行为，如经常说谎，爱说脏话，不服管教等。

二是农村教育资源匮乏，学校受办学条件、师资力量、教学理念的局限与制约，对留守儿童的需求提供特殊有效的教育和关爱力不从心。由于近些年退耕还林等政策性人口迁移以及自然减员，山里部分自然村只剩下破破烂烂的几户人家。有的村子学校撤了，孩子两头不见天要走几十里地去上学，人身安全没有起码的保障。还有的勉强保留下来的学校，老师也成了稀有事物，有的学校甚至一个老师带所有班级的课，这样的教学质量可以想象。虽然对山里学校的"支教"搞得有声有色，但这种现象依然无法消除。

（三）心理障碍

留守儿童大部分正处于身心迅速发展期，对自身变化与人际交往等方面有着自己的理解与认识，同时也面临许多方面的问题和烦恼，需要有渠道倾诉，有亲人安慰。但由于留守儿童的父母常年在外务工，有的半年、一年甚至多年都难给孩子打一个电话，写一封信，见一次面，以此维系亲情很难沟通思想，了解孩子的内心想法，给孩子予以足够的关怀。有的父母与孩子多年不曾见面，致使孩子甚至遗忘了父母的面貌，更谈不上有何亲情。严重的"亲情饥渴"造成留守儿童存在诸多心理问题，这也是农村留守儿童最值得关注的问题。

留守儿童的心理障碍主要表现如下：一是性格柔弱内向。留守儿童年龄幼小就离开父母，父母关爱严重缺失，尽管有些是爷爷奶奶或亲朋监管,但毕竟与父母亲疏有别,一遇到麻烦就会感觉柔弱无助,久而久之变得不愿与人交流,性格封闭,出现了这个年龄段孩子不应有的沉思状态。二是自卑心理障碍。儿童大多有攀比心理,具有强烈的自豪感,而父母不在身边,他们就像失去了坚强的依靠和保护,因此相对比较容易产生自卑孤独无靠的心理障碍,有的甚至自暴自弃,丧失信心,学习不求上进。三是产生怨恨父母的心理。少数孩子不理解父母,认为家里穷,父母没有能耐才外出打工,由此产生怨恨心理。2014 年 3 月,四川广安一名 12 岁的女孩纵火烧毁了邻居家的房屋,因为她觉得"事情搞大了,妈妈就回来了"。

(四)法律缺乏

我国是 192 个加入联合国《儿童权利公约》的国家之一。《儿童权利公约》中明确规定儿童"享有拥有家庭的权利""与家人团聚的权利"及"有权受到父母良好的照料"等,但是我国与《儿童权利公约》配套的《未成年人保护法》及相关法规,对留守儿童的亲子团聚权缺乏硬性规定。这不仅关系到我国的国际形象,更关系到未来社会的稳定和谐。明确规定儿童有家庭团聚的权利,有受到父母照料的权利,这是很有必要的。在美国,如果是父母亲出去把孩子一个人丢在家里,属于违法行为,邻居可以打电话叫警察。教育改革家朱永新教授表示我国存在的大量留守儿童问题,已经背离了《儿童权利公约》的相关内容。另外,留守儿童意外伤害比例高,生命健康遭受威胁的问题也不容忽视。据有关机构调查发现,49.2％的留守儿童在过去一年发生过意外,18.6％的少女性侵案发生在留守家庭。

导致这些问题产生的原因,主要表现在两个方面:

(一)监护不力,管教缺失

农村留守儿童的监护大体有两类:一是隔代监护,即由爷爷奶奶监护或外公外婆照看。这种情况下,一般外出的父母比较放心,但在儿童成长过程中却有着难以克服的问题。一是由于血缘亲情关系,监护者较多地给予物质、生活上的满足和过多的宽容放任,而较少进行精神、道德上的管束和引导,不自觉的溺爱孩子,管教不严。祖孙辈年龄差距大,对待许多事物的看法很不一样,难以相互沟通。一般来说,老人往往以他们自己成长的经历来教育要求孙子,思想观念保守,教育方法简单。而孙子见识广,喜欢赶新潮,寻求刺激和创新。另外,老人年岁大,精力不济,健康状况欠佳,有的老人甚至同时监护有几个留守儿童,力不从心。

还有一类是把孩子寄居在叔、伯、姑、姨、舅等亲戚家或花钱交由他人代为抚养的监护方式。这样的弊端在于一方面由于监护对象并非自己的孩子,监护人在教养过程中难免有所顾虑,不便严格管教,大多采取属于物质型和放任型的管教方式,容易养成儿童的任性行为。另一方面对于较为敏感的儿童来说,又容易产生寄人篱下的感觉,从而形成怕事、孤僻、内向的性格。

(二) 缺乏抚慰,疏于照顾

据某调查机构的调查显示:70%的父母年均回家不足 3 次,有的甚至几年才回家 1 次;近 30%的留守儿童与父母通话、通信频率月均不足 1 次。由于父母长期外出,留守儿童的情感需求得不到满足,遇到心理问题得不到正常疏导,极大影响了身心健康,造成人格扭曲的隐患,导致一部分儿童行为习惯较差。学校与家庭之间缺乏沟通、监护不力,导致相当数量的留守儿童产生厌学、逃学、辍学现象,并且极易产生心理失衡、道德失范、行为失控、甚至犯罪的倾向。

监护责任不落实,监护人缺乏防范意识,儿童防护能力弱,农村留守儿童容易受到意外伤害,甚至成为不法分子的侵害对象。公安部门统计数据显示,留守儿童成了被拐卖儿童群体中的较大受害对象。此外,女孩受到性侵害又不能及时得到父母帮助,酿成严重后果的事件也屡屡发生。一个同事的十岁的小男孩告诉我"大人应该拿出真情实感来陪伴孩子",有感情的陪伴对于一个孩子来说是多么的珍贵。

二、关爱留守儿童的对策

儿童是国家未来建设和发展的主力军,关注儿童成长,对留守儿童进行援助和保护,是家庭、政府和社会组织的共同责任。家庭、政府和社会组织凝聚合力,加强协作,对留守儿童进行保护救助,共同解决因留守而引发的生存和发展问题,是我们当前的工作重点。关爱、救助、援助留守儿童的具体对策,应该从以下三个方面入手:

(一)家长应切实承担教子之责

"子不教,父之过",是家长应该树立的教育责任观,明确教育子女是自己的应尽之责,家长自身文化水平的高低虽然影响对子女的教育,但并不起决定性作用。呼吁留守儿童家长即使在外地务工,也要把教育孩子的那份责任承担起来,与学校、社会形成合力,把教育孩子的工作做好。应主动与子女的任课老师联系沟通,向老师说明自己的情况,了解子女的发展变化,共同商讨教育孩子的策略和方法,这样才不至于使留守儿童的家庭教育出现盲区。家长还应加强与监护人的联系及亲子间的沟通,及时掌握孩子的学业、品行及身体健康状况,并通过各种方式对孩子的学习和生活进行指导,要求监护人一定要保证孩子充足的学习时间,一定要嘱咐其对孩子严格要求,加强生活和学业的监督。消除那种认为儿童学习成绩的好坏是由儿童的个人素质决定的错误思想。

家长应采取多种方式,主动与孩子进行沟通交流。沟通的时间间隔越短越好,保证熟悉孩子的生活、教育情况以及孩子的心理变化;父母要明示他们对孩子的爱与厚望,希望孩子能理解他们的家境与现状,通过沟通了解孩子的生活、学习、情感变化。每一个孩子都是一块无瑕"翡翠",只要心里装有父母和亲人的爱,他们就有积极向上的原动力,就会学得更棒,做得更好。

(二)政府部门在解决留守儿童过程中起着根本性的作用

首先,政府高层应加快保护儿童立法,解决教育公平问题。全国政协十届四次会议上,敬一丹等 24 名政协委员提交了《关于为农村留守儿童建立成长保障制度的提案》。委员们建议,全国人大在修订《未成年人保护法》时,首先应从法律上保障农村留守儿童的权益。公安、教育、卫生、民政、城建等部门,要加快取消与户籍相联系的教育、医疗、住房等各种城乡隔离制度。建议教育部门针对农村留守儿童问题进一步研究和出台相应的政策和规定,强化农村学校对留守儿童的责任和管理,构建学校监护网。各级政府加大教育投资,在劳动力人口输出集中的地区推进农村寄宿制学校建设,让留守儿童在集体关爱的环境中健康成长,是对家庭教育缺失的有效补偿。教育部门和妇联、关工委等社会团体要加强家庭教育指导,使留守儿童能够感受到社会的温暖与关爱,形成整个社会关注留守儿童健康成长的良好氛围。户籍制度的壁垒使得流动人口社会保障制度的建立完善、教育资源的分配使用、教育(以及高考)制度的地区协调等问题难以在短期内得以解决。城市生活的不稳定性、边缘性与社会排斥甚至会给农村儿童带来更大的成长风险。要真正解决留守儿童问题,就要让他们不再留守,让他们跟父母在一起。如果农民工子女享受和城市居民同等的教育资源,那么很多留守儿童就会转化为城市流动儿童,进一步跟随父母变成城市居民,这是解决留守儿童的一条重要途径。

其次,地方乡镇应努力改善山区教育环境,吸引投资解决人口就业。农村荒山栽果树,搞生态农业、大型养殖业,发展蚕桑业,解决了部分村民生计问题。其次吸引外来资金办厂,解决农村剩余劳动力就业问题,都能在一定程度上留住部分逼迫外出的农民工,缓解留守儿童的增长。

(三)社会公益组织应发挥自身优势,在留守儿童救助领域大显身手

社会公益慈善组织在儿童保护救助领域有着自身的优势,聚集社会各方面的资源,发挥专业化的特点,对留守儿童进行物质和精神方面的救助和援助。近些年,安康援少会在关爱儿童方面也逐步摸索出一整套经验,取得了一定成效。

第一,提供必要的物质帮助。几年来,四百会员深入汉滨、旬阳、平利、岚皋、石泉、紫阳等县的山山水水,走家串户实地调查,建立起困难留守儿童档案。我们将需要帮助的儿童资料挂到网上,联系善心人士资助,并长期和深圳等地爱心组织对接,合力解决留守儿童助学困难。

第二,建立亲情聊天室。为了让亲子间保持电话和视频联系,安康援少会在旬阳多个乡镇学校建立亲情聊天室,根据孩子的校内外表现,让孩子与父母取得联系,每月定期通电话,看视频,让家长对孩子进行"电话教育"。爱是教育的基石,教育应把爱放在中心位置。与"留守儿童"交朋友,安康援少会会员七次远赴汉滨区关庙镇大山深处的扬寨小学帮留守儿童购买有GPS定位功能的手机,时刻关心、爱护、照顾他们。在安全上,时刻提醒;在生活上,尽可能提供帮助;在心理上,细心观察,多方沟通;在学习上,耐心辅导。

第三,建立留守儿童服务站。杨久成,平利老镇县留守儿童服务站的负责人,十年如一日的担当起二十多个留守儿童的"奶爸",每天接送孩子上下学,为孩子们做饭,辅导作业。这里的孩子们是快乐的,社会各界关注着他们的成长。他们中很多人上过辽宁卫视和央视节目,他们感受到的是社会对他们满满的爱。会员陈军的岚皋县天天向上留守儿童服务站工作也做得风生水起,近日安康援少会在紫阳县又成立了第三家留守儿童服务站。

第四,提供心理辅导。对留守儿童物质上的帮扶很重要,但心理上的疏导更重要。安康援少会的心理辅导小组12位会员均是国家二级心理咨询师,实践经验丰富,常年义务为留守儿童进行心理辅导,王雅丽、张琳、焦省丽、王云松等会员多次开展集体心理辅导讲座和个别心理疏导谈话等,及时矫正他们的思想问题,正确引导。

第五,开展交通法规进校园。安康援少会近年来在留守儿童较多的公路沿线学校积极组织开展交通法规进校园活动10余次,联系爱心企业和爱心人士赞助小黄帽,宣讲交通法规知识,让两万多名孩子懂得了交通安全法规基础知识,营造浓厚的小手拉大手,合力创平安的良好社会氛围。

第六，进行传统文化宣讲。以胡子鹏、李红老师为首的中国传统文化宣讲团，以《弟子规》《孝经》为主要内容，对留守儿童比较集中的学校进行了多场演讲，起到了非常好的效果，为孩子们幼小的心灵清扫尘埃，让善成为主旋律。不久以后，达德书院这个由西北大学教授培训的团队也即将登场，二十四人的庞大演讲师资必将成为关爱安康留守儿童成长的中坚力量。

（蒋靖宇）

农村留守儿童的保护

随着中国社会经济的不断发展,农村越来越多的劳动力都汇集到了大、中、小城市之中,农村居民成为外出务工者,他们的孩子也就成了家庭的留守者。这部分孩子由此形成一个特殊群体——留守儿童。由于父母常年在外,留守儿童一般由其爷爷奶奶照顾,父母的缺位造成了留守儿童的亲情匮乏和教育严重不足,留守儿童问题成为一个不容忽视的严重社会问题。留守儿童问题的解决,不仅关系到儿童个人的健康成长,关系到社会的长期发展和稳定,也关系到中华民族伟大复兴的"中国梦"的实现,应当引起全社会的高度重视。

一、"留守儿童"的概念与存在问题

留守儿童,是指父母双方或一方外出到外地打工而留在农村生活的孩子们。他们一般与自己的父亲或母亲中的一人,或与隔辈亲人,甚至父母亲的其他亲戚、朋友一起生活。2012 年 9 月,教育部公布义务教育随迁子女超 1260 万,义务教育阶段留守儿童 2200 万。留守儿童已经成为农村一种较为普遍的现象,留守儿童家庭教育的缺失情况严重。经过走访,笔者发现农村留守儿童问题主要有以下三个方面:

(一)留守儿童的身心健康

以笔者所在地旬阳县的留守儿童状况为例,农村有超过半数的儿童不能和父母生活在一起,有的父母到外地打工,没事也很少回家。有的父母在外打工甚至 5 年都不曾回家。留守儿童与其父母唯一的联系方式就是隔三岔五打打电话。父母长期在外,对子女监护不力,给留守儿童的身体和心理健康都造成了严重影响。一方面孩子没有正确的饮食习惯,大部分孩子营养跟不上,造成孩子体格生长发育不良,有的个子偏矮,面黄肌瘦。另一方面。由于父母长期外出,不能有效行使监护权,不能履行监护和保护未成年子女的职责,留守儿童的情感需求得不到满足,有心事没处诉说,甚至被侵害后也不敢向亲人或外界寻求帮助,极大影响着留守儿童的身心健康,导致一部分儿童人格扭曲,偏离健康的生活追求和基本道德约束。由此产生的问题包括道德缺失、不懂礼仪;控制力差,甚至会有违法犯罪倾向。

(二)留守儿童的教育

以旬阳县 200 个留守儿童为例进行统计发现,这些留守儿童的辍学率为 10%,在学校成绩较差的有 50%,成绩中等偏下的有 30%,仅有 10% 的学生成绩比较优秀。学校老师认为,留守和非留守儿童在完成家庭作业方面有明显差别,父母在家的孩子作业完成比较及时,而且很认真。父母不在家的孩子作业经常拖拉,甚至还会出现抄袭或不做家庭作业的情况。出现这种现象主要是多数留守儿童和爷爷奶奶生活在一起,而农村老年人的文化水平较低,有的甚至未曾踏进过学堂大门,没有接受过正规教育;还有一部分老年人同时带好几个儿童,所以无法给留守儿童提供学习上的引导和帮助。家庭教育的不足,往往无法由学校加以弥补,学校老师对留守儿童家庭教育的特殊需求也是无能为力。

(三)留守儿童安全问题

监护人负有监护责任,具体来说,就是对未成年人既要监督,又要保护。留守儿童的父母远出务工,只能把孩子的监护责任委托给爷爷奶奶或其他亲友行使。这些监护人往往只能把精力放在孩子的吃饭上,解决温饱问题,而忽略对孩子的安全教育。孩子安全意识淡薄,有的孩子在公路上玩耍,有的不认识路标,过马路不看车,造成交通事故。还有的孩子在没有监护人的带领下,私自下河,造成溺水等无法挽回的遗憾。还有一部分稍微大点的孩子,迷恋上了网络游戏,逃学,在家偷钱,夜不归宿,极易发生意外事故。特别是女性未成年人,身心不够成熟,抵制诱惑能力较弱,上网聊天,发生网恋或被坏人欺骗,酿成悲剧。没有父母在身边呵护和教育,加上孩子缺乏自我保护能力,所以留守儿童的安全着实让人揪心和担忧。

三、留守儿童问题产生的原因

家庭教育和亲情缺失,学校安全教育缺失和社会教育空白是留守儿童出现心理问题的主要原因。

(一)亲情缺失是留守儿童问题的根源

由于父母长期外出,留守儿童成长过程中缺少了必要的关爱。在很多孩子认为父母为了钱不要他们了。这种感情的缺失,使孩子缺少了最基本的和父母沟通的机会。父母挣钱没有时间顾及他们,有时候他们在外界受到伤害委屈,无处诉说,造成心理问题,自卑,孤僻,成长中缺少父母关注和呵护,极容易产生认识上的偏离,心理发展异常造成很多留守儿童还未成年就走上了犯罪的道路。

(二)监护人的放纵和溺爱加重了儿童的心理问题

父母把孩子留给爷爷奶奶监护,隔代监护的监护人大部分对留守孩子过分溺爱,迁就,百依百顺,百般呵护,生怕孩子向父母告状。因此,孩子过分的要求一般都会得到满足,并且有时候为孩子犯下的错误买单。同时,由于受传统思想的影响,老年人和留守儿童的思想观念差异很大,存在沟通障碍,教育管理跟不上,爷爷奶奶的过度溺爱放纵在无形中助长了孩子心理等方面的不良发展。

(三)学校教育忽略了留守儿童这一特殊群体

县城公立学校数量有限,农村孩子基本上都被挤到私立学校上学。私立学校基础教育薄弱,工资太低,教师大多身兼数职,专职行政人员比较少,基本上没有专业的心理教师,生活教师只能进行大众化教育,不能给留守儿童悉心的关怀。留守儿童由于父母的缺位,大多在学校表现不积极,性格孤僻,不合群,成绩差,很难得到同学的帮助,一个更需要帮助的特殊群体却也正是学校和老师放逐的对象。

(四)政府对留守儿童关注有限

政府部门对留守儿童关注度有限,使农村留守儿童问题一时难以解决。据笔者了解,政府让农村孩子去私立学校上学,而公立学校则满足城市户口以及进城买房还有创业商人的孩子上学,农村务工的孩子只能去私立学校上学。此外,政府部门没有建立对外出务工家庭的专门资料,没有对农民工的外出务工情况做过调查,更没有提出解决问题的相对方案和策略。

四、解决留守儿童问题的方法

如今,留守儿童问题已经成为一个严重的社会问题,迫切需要解决。改善农村留守儿童现状需要从政府、家庭、社会等方面切入,加大对留守儿童的各方面投入,让数量不断增加的留守儿童能健康快乐成长。

(一) 以政府制度为起点

加强县城的学校建设,切实有效地对留守儿童进行教育和管理。政府部门要加大对农村学校的建设力度,不断完善基础设施,尽最大努力为留守儿童提供良好的成长环境。此外,政府要争取项目,招商引资,把本地的地方资源挖掘出来,这样也会大大减少留守儿童数量,这更是百姓和孩子的一大福音。

(二) 以学校关注为重点

留守儿童大部分是隔代监护,爷爷奶奶们本身文化水平低下,除了照顾孩子的生活,基本上把教育交给学校的老师们。由此看来,学校的教育对留守儿童特别重要。更新教育理念,建立孩子心理健康教育制度,加强孩子的安全和青春期心理教育,特别是对于女孩子,学校应该加强性安全防范意识,关注留守儿童这一特殊群体的各种情况。班主任要给这些留守儿童以特殊关爱,多接近他们,创造一个温暖的集体,让留守儿童不觉得孤单,从而弥补其因亲情缺失而造成的遗憾。学校利用春节假期孩子父母返乡的时候召开留守儿童家长会,向家长深入反映孩子的具体表现,和家长共同解决孩子的各种问题。

(三) 以家庭关注为中心

家庭是教育儿童最重要的场所,家庭教育对孩子未来的发展起着至关重要的作用。对于长期在外务工的父母来说,要认识到亲情对一个孩子成长的重要性。所以,父母和孩子要加强情感上的交流,而不是一味只在物质上满足孩子,经常与孩子的班主任联系,了解他们各方面的表现,还应十分重视孩子监护人的人选。如果夫妻双方同时外出务工,应尽可能把孩子寄放在专业的留守儿童服务中心,并多和监护人联系,以便更好了解孩子的各方面情况。

(四) 社会大力宣传教育为辅助

留守儿童的教育问题是一个极其复杂的综合性社会问题,仅以教育行政部门、学校和家庭的力量很难彻底解决,所以需要社会各方面力量的介入。就当前农村发展的实际情况而言,靠社会对留守儿童的大力关注能够弥补学校教育和家庭教育的不足。相关部门应在城市外来务工人员集中地开展宣传传统文化教育,通过宣传教育,提高他们对孩子教育的重要性的认识,引导他们妥善处理这个问题。

留守儿童问题作为一种复杂的社会现象,不仅关系到留守儿童自身的成长,也关系到广大农村的发展和社会的稳定。全社会需要对此加以关注,要充分协调和发动政府、家庭、学校和社会群策群力予以解决,从而更好地推动社会和谐发展。

(代芳)

不要让农村留守儿童变成事实孤儿

为了更好地了解安康农村留守儿童的生活现状和存在问题，并为问题的解决提供有效的对策，我们对该地区农村留守儿童情况进行了较大范围的调查研究，从中得出了一些新的认识。具体采取对学校和村组的走访、问卷调查、统计报表、集体谈话和个别谈话等调查方式，针对农村留守儿童中出现的实际问题，结合本地的具体情况，提出相应的对策与建议。本课题集中了安康市高新区、汉滨区九年义务教育阶段四所学校450名学生的调查反馈，并进行了详细的数据统计汇总。此外，除对问卷调查进行科学分析外，调查者还多次深入学校和家庭中走访，与留守儿童和家属谈话，真实了解到大量有效信息。在这个过程中，我们着眼于秦巴山区经济欠发达的安康地区进行农村留守儿童、事实孤儿问题的调查研究，力求找准这个问题的地方特点，在此基础上，结合本地留守儿童实际，提出可行性建议和对策。通过调查研究与具体分析，如实反映和分析安康地区农村留守儿童的现状及存在问题，期冀能够引起社会、政府、学校和家庭的足够重视，希望给予安康地区农村留守儿童更多的关爱和帮助，为他们的健康快乐成长创造良好环境。

一、本课题的提出

农村留守儿童问题是改革开放以后，在我国广大农村出现的一个重要社会问题。近年来，社会各界对农村留守儿童问题的关注不断增加，学者对这一问题的研究不断深入。但是，由于各地区的社会经济、文化教育的发展程度不同，农村留守儿童、事实孤儿的问题也呈现出地区差异性。以安康地区农村留守儿童问题为例进行深入细致的调查报告，并进而推广到全省乃至全国范围，引起全社会各界对农村留守儿童、事实孤儿的关注和关爱。

目前，中国大约有留守儿童6000多万人，这些儿童长年缺乏亲情的抚慰与关怀,他们性格内向、自卑、悲观、孤僻;由于长久缺乏与父母交流的机会,缺乏畅通的倾诉渠道,孩子产生了种种心理问题,如感情脆弱、自暴自弃、焦虑自闭、悲观消极等。一旦形成了畸形心理,进行矫正教育,则更加困难。加上农村基础教育落后,孩子们厌学、逃学、辍学情况非常严重,有的流落街头,甚至走上犯罪之路;有的不幸被拐骗或利诱,成为血汗工厂的童工;有的遭遇溺水、车祸等意外事故,生命之花过早凋谢。

留守儿童问题如今已经成为了一个社会问题。基于客观事实和社会责任感,我们针对留守儿童问题在安康市高新区、汉滨区进行了实地调查和走访。在当地民众、学校老师和政府相关部门的配合帮助下,我们的志愿者与孩子们进行了面对面的交谈和沟通.并深入到典型留守儿童家中进行家访,同时到村里和村民家中走访。通过对留守儿童个案的调查以及网上收集的关于留守儿童的原始资料,我们掌握了他们的一些共性。

汉滨区关庙镇杨寨村是一个经济相对落后,交通还算便利(有一条刚修好两三年的连接市区与村的主干道),是以外出打工和种植业为主要经济来源的较为特殊的农村。该村有 1000 人左右,外出务工人员占 50%,留守儿童占儿童总数的 57%,其中事实孤儿占 10%。农民土地较少(每人约 7 分地),越来越多的农民工放弃了种田而选择出外谋生,因而当地留守儿童现象十分普遍。我们连续五次去扬寨小学进行调查、走访、慰问,对他们的生存状况有了基本了解。我们的调查是以留守儿童的家庭教育问题为立足点考察留守儿童的生存现状,在此基础上提出解决留守儿童家庭教育问题的具体措施。

二、留守儿童问题产生的原因

(一) 家庭教育缺位和亲情关爱缺失,是导致孩子产生心理问题的直接原因

隔代监管和隔代教育,导致留守儿童不同程度地产生心理问题,对他们的身心发展有很大的负面影响。很多家长外出务工后,

就把儿童托付给年迈的父母(爷爷奶奶或者外公外婆)照管,留守儿童长期与父母分离,负责照管孩子的农村老人不仅年迈而且绝大多数文化素质较低,难以从体力和智力上担负起监管重任,在长期情感缺失和心理失衡的影响下,留守儿童因情感饥饿而产生畸形心态,主要表现为任性、自私、冷漠,缺乏同情心;逆反心理重;性格孤僻,以自我为中心,合作意识差;没有礼貌,没有上进心,集体荣誉感不强,道德品行较差;学习成绩低下,学习缺乏自觉性、积极性和刻苦精神;由于家庭没有称职监护人,学校、家庭又无法沟通,学生厌学情绪日趋严重,学生就更加难管。

(二)学校的不当评价和教师的不当教育,是导致留守儿童产生心理问题的重要原因

学校的"分数"评价,是引发留守儿童心理问题的重要原因之一。长期以来的应试教育,使得学校以分数高低来评价教师和学生,单凭分数就把学生划分为好学生和差学生,教师把更多的精力倾注到那些学习成绩好、听话的学生身上,而对于那些学习基础差,又经常违纪的学生不闻不问,不理不管。在这一部分学生中,大多数是"留守孩子"。虽然新课改在不断推进,学校的评价机制也发生了很大的变化,但是从各学校、基层教育部门制订的考核细则中不难发现,无论从多少个指标中来考核教师,最终拉开教师之间分数的还是班级学生们的考分。

教师的不当教育是导致留守儿童心理问题产生的直接原因之一。在传统教育中,学生的成绩好坏或听不听话,是直接影响教师对学生态度的主导因素。教师对成绩好的学生投入更多的关注,对成绩差的学生常常是一点机会都不给,或者是给予很少的机会。学习成绩差的学生大多数是留守儿童,他们极难引起教师的好感和信任,长此以往就会出现抑郁悲观情绪,往往以"更不好""更不听话"的方式与教师对抗。他们的逆反情绪和表现又会激起教师对这部分学生的进一步厌弃,如此恶性循环导致师生关系逐步恶化。有的教师采取挖苦讽刺的方式,给这部分留守儿童带来更大的心理压力,使得他们的情绪更加低落,行为更加不端。

教师落后的教学观,是导致"留守儿童"产生心理问题的另一个重要原因。落后的教学观主要表现为以下几种情况:第一,学生在课堂上没有自主权。有个别教师认为学生是白板,可由教师任意涂抹。教师把学生看成课堂教学的附属品,学生必须无条件服从教师,这就使学生产生了严重的自卑感,甚至恐惧感。第二,有的教师信奉"严师出高徒"的古训,认为"玉不琢不成器"。学生在课堂上不能有半点违背教师的意思,如惹违背,惩罚则成为家常便饭,学生每时每刻如履薄冰,如临大敌,很容易产生心理疲劳。第三,由于个别教师产生职业倦怠,对学生严重不负责任,对学生的学习漠不关心。儿童在家得不到关爱,在校得不到温暖,很容易在心理上出现各种问题。

(三)社会不良环境和成人不良影响,是留守儿童产生心理问题的重大诱因

社会是一个大熔炉,对人的成长起着不可忽视的作用。农村留守儿童由于社会教育的原因,存在的问题也十分严重,具体表现在:

第一,社会上的不良场所对留守儿童的成长带来不利影响。农村小集镇上的一些公开的和隐蔽的网吧,违反国家有关规定,经营者为了赚钱,大量招徕在校学生,甚至引诱低龄学生到网吧游玩。小学生自控力本身就不强,而留守儿童又缺乏父母的监管,网吧对他们的吸引力就更大,个别留守儿童经常偷钱或编造谎话逃学到网吧上网。

第二,成年人的不良行为对留守儿童的成长也带来了不良影响。农闲时节的乡镇村落,闲人太多,致使赌博盛行。无事干的人成天就在牌桌上赌,许多留守儿童的代管监护人也参与其中,整天在牌桌上消磨时光,很少过问孩子的情况。这种现象对孩子的影响十分恶劣。

以上分析尽管不尽全面,但应引起社会、家庭、学校的高度重视。儿童本身是一个弱势群体,他们对自己身边的环境只有无条件适应,希望政府和有关部门在发展社会经济的同时,注意创造和谐社会生活环境。

三、留守儿童成长存在的主要问题

我们发现调查中的留守儿童一般都具有三个基本特征:无人看管,缺乏监护;家庭不完整,缺少应有的家教;远离父母,缺少父母的关爱。在生活方面,与其他孩子相比,留守儿童缺少父母的照顾,容易在营养状况、身体健康等方面受到较大影响。在儿童阶段,孩子的养育、保护更为重要,如果不能与自己的父母在一起生活,很容易出现各种问题。现在大部分留守儿童是由自己的亲戚或隔代老人看管,有的留守儿童甚至实际上没有监护人,独自一人在家生活。

不仅如此,留守儿童在心理上还存在不少问题。由于得到的亲情和心理关怀很少,许多孩子缺少倾诉和寻求帮助的对象,又很少与外界接触。在调查中,我们发现这些孩子其实特别想和家人在一起。由于不能和父母一起生活,久而久之,有的孩子就与家人产生了隔膜和陌生感,内心封闭,情感冷漠,甚至行为孤僻等。

我们在走访中得知,由于父母外出打工,家务劳动甚至一些农活都落在了留守儿童身上,不能保证孩子们的学习时间,学习成绩一直不太理想。临时监护人对孩子学习督促帮助不够,方法不当,甚至有的监护人对这些孩子放任自流,最终使这些孩子越来越厌学、弃学。农村孩子中留守儿童的小学阶段入学率相对高一点,初中阶段则呈下降趋势,更有孩子产生读完初中就不去学校读书的想法。

在儿童成长过程中,家长的言传身教、潜移默化有重要的引导作用,往往会影响孩子的一生。儿童的许多行为习惯、道德素养都是在家庭中形成的。由于不能和父母在一起,缺乏及时的指点和帮助,一些错误行为和做法不能及时得到纠正,前景堪忧。

四、解决留守儿童教育问题的建议

(一)家庭教育

加强父母与孩子的沟通,尽可能多的和孩子在一起,为孩子营造一个良好的生活环境。父母不仅要满足孩子物质上的需求，更重要的是培养孩子科学合理的生活习惯、正确的人生观和价值观；不要仅看重孩子的学习成绩，更要注重孩子综合能力和素质的培养。针对农村留守儿童中单亲监护和隔代监护情况严重的问题，要向家长宣传正确的教育观念，家长学校必须要适应形势的发展。同时通过开办临时监护人培训班、留守儿童服务站等方式来加强家庭教育指导。

（二）学校方面

第一，建立健全留守儿童档案。及时向监护人和外出务工家长通报孩子成长情况，形成学校、家庭共同教育的局面。教师应承担起家长或监护人的部分责任，多与留守儿童交流谈心，提高亲密信赖程度，给予更多关爱和正面引导。

第二，为与留守儿童沟通提供方便。可开通亲情热线电话和亲情视频聊天室，为外出务工家长与子女沟通提供方便。权衡利弊，最好能采取封闭式教育。

（三）社会方面

我们在调查过程中看到大量的案例中，留守儿童的做法很"反常"。例如，有的孩子胃痛，父母知道情况以后就十分关注和痛心。为了让父母关注不断加强，孩子就一直让自己"胃痛"，并且感觉到很开心。有的孩子学习成绩下降，父母知道以后很生气，这种状况让他有一定的存在感，于是改"差成绩"为"好成绩"。

农村留守儿童普通缺乏安全感和存在感，因此，既要关照他们吃好饭穿暖衣服，还要关注他们的心理健康，陪伴他们顺利度过这个阶段。

基于以上情况，我们认为全社会应当高度重视留守儿童以及他们的各种问题，更加明确地认识到对留守儿童的心理陪伴是极其重要的。为此，安康援助少年儿童协会组建了一支心理疏导组，针对各个孩子的情况与他们进行个别交流，针对留守儿童较多的学校进行青少年成长心理疏导讲座等。

更为重要的是要重视社会环境的净化，加强对学校周边环境的治理和监管,尤其是网吧、游戏厅、录像厅等。这些不良社会环境对自制力较差的儿童存在着很大的吸引力,易使他们误入歧途。学校和社会机构要重视培养孩子科学合理的学习习惯和生活习惯,养成正确的人生观和价值观,不要仅看重孩子的学习成绩,要注重孩子综合能力和素质的培养。

　　总之,留守儿童问题是一个综合性的社会问题,既牵涉到学校教育,也关乎心理、社会、法律、经济等方面的内容。这些问题如果不能得到及时的解决,影响的不仅仅是孩子的成长,同时影响到他们的父母能否在外安心工作,从长远来看,更会影响到社会的安全与稳定。因此,农村留守儿童教育及成长的根本出路在于全社会能否认识到这一问题的严重性和重要性,从而使大家由自发自觉到有组织地关爱、帮助、支持留守儿童,提高农村教育水平,为留守儿童的健康成长创造良好的社会环境,让祖国的花朵饱含着生机,共享阳光,让爱飞翔。

　　让我们一起协力关注农村留守儿童,别让他们成为事实孤儿。

（李中华）

左手仁爱,右手精彩——山乡教育纪实

巍巍秦巴,悠悠汉水,哺育了一代代勤劳善良、聪明智慧的劳动人民。这就是享有秦巴山区璀璨明珠之美誉的安康市,它位于陕西省东南部,北靠秦岭,南依巴山。记得央视名嘴董卿曾赞叹:"安康,是中国最吉祥、最美丽的城市!"

或许,你一定认为,生活在这样的城市里是幸福的! 是啊,一个城市孩子受到祖父母、外祖父母和爸爸妈妈六个大人的呵护和关爱,当然无比幸福!

然而,生活在农村的留守儿童,就没有这么幸运。他们孤独无助,常年见不到父母,有的甚至几年都见不到父母,这样的事情让我们无法视而不见。作为一名土生土长的农村女教师,我的脑海里升腾着,那一双双渴望爱的双眼,那一句句渴望温暖的话语。

当盛夏的风习习拂过,翻开教育叙事笔记本,每一页都清晰记录着农村留守孩子晶莹剔透的梦想和对爱的渴望。岁月如风,永远吹不散我的青春岁月里默默为留守孩子奉献的爱和汗水。我坚信:左手握住仁爱,右手就一定精彩!

一

N 年前,总是把"美好的故事总是以甜甜的笑开始,以涩涩的泪结束"挂在嘴上;而今天,当我再次翻开泛黄的笔记本,读着这些朴实无华的文字,我才发现这句话应该这样写才对:"美好的故事总是以甜甜的笑开始,也可以把甜甜的笑传递!"

我无法忘记,日记里摘录的七二班李丹写的《不要失去最初的梦想》里面的文字:"成长的梦想,每一个人都有所不同,可大可小,可轻狂,可放纵,可谦虚,可谨慎,可实现……可保持最初成长的梦想,却是最难的。我只是期望,爸爸妈妈能回来陪我过年,轻轻地拥抱着我,对着我的耳朵说——宝贝,几年不见,你长高了,懂事了……可是这一切对我来说都只能是幻想!"读了这些文字,字字触痛我的心,我们听到了来自于孩子心中最真切的声音,仿佛一只飞翔在高空的风筝,本可以在爱的吹拂下,缓缓飞向更高的天空,然而,随着父母外出打工的背影突然断了线,重重跌落在无人的荒野。

我无法忘记,日记里摘录的八一班杨柳写的《裂缝中的阳光》里面的文字:"也许有人不相信我的梦想会成真,因为一个生活在偏僻农村的孩子怎么可能成为服装设计师!但我相信,为了让天堂的爸爸妈妈不失望,为了报答爷爷奶奶的养育之恩,我一定要努力努力再努力。虽然生活在裂缝中,但透过裂缝的阳光一定会给予我动力,黑夜之后就是白昼,面对明年的中考我毫不畏惧,中考就是我人生新的起点。"这些文字坚定无比,铿锵有力,让我们看到了农村孩子心中永不褪色的梦想,仿佛一粒发芽的种子,在爱的阳光下,闪烁光芒。

我无法忘记,日记里摘录的三班唐秀洋《有梦的人,总会飞翔》里面的文字:"我的未来不是梦,要实现梦想,就要经历那种不屈不挠、充满自信、无所畏惧的历程。只有这样,梦想才会实现。有梦的人,才会飞翔,爸爸妈妈写给我的信件里,每一封都包含鼓励和愧疚,我知道,为了让我和弟弟实现梦想,爸爸妈妈不得不远离家乡,漂泊在不同城市,用艰辛和疲惫才换来这来之不易的学费。从现在起我要脚踏实地,去实现我心中的梦!"这些文字激情满怀,让我们了解了那位农村孩子心中永不言弃的梦想,还有那颗善解人意的心,仿佛一匹骏马驰骋在辽阔无垠的草原,在可望而不可即的爱语中,激情飞扬。

我无法抹去《男孩不哭》的那一份淡定与坚强,无法抹去《缺席的爱是动力》的那一份无奈与宽容,无法抹去《以梦为舟,扬帆远航》的那一份磅礴与坚定,无法抹去《没有伞的孩子必须学会奔跑》的那一份坚强与勇敢……我的心陶醉在莘莘学子瑰丽的梦想中,感动于农村留守孩子执着于梦想的信心与勇气,而实现梦想的道路却是如此坎坷,如此崎岖!

二

有爱的青春不孤单,有梦的岁月不寂寞。

十五年的农村教学生涯转瞬即逝,我的眼前无时无刻不在涌现这样的画面:

一群留守孩子,衣衫褴褛,栖息在矮小的屋檐下,渴求的眼神凝望着天边刚刚升起的太阳。

一位辛勤的园丁如勤劳的蜜蜂,苦苦寻找花朵,放弃繁华而喧嚣的城市,来到辽远而偏僻的乡村。

温柔的手掌轻轻滑过留守孩子无助的脸颊,短暂停留;泪水情不自禁溢出眼眶,泪光中写满爱的文字……

安康,这个温暖的水乡,我不知道是汉江水养育了师生博大的爱心,还是秦巴山赋予了他们炽热的情怀。一篇篇文字都跃动在我的心上,每一篇都折射出爱的光芒。生活需要爱,梦想需要爱,成长也需要爱。或许安康的每一寸肌肤上都折射着爱的光彩,生活在这里的人们每天都可以吸吮到爱的气息,释放出爱的能量。

为了帮助李丹同学,我为自己制订计划,定期家访,过年亲自上门去看望她。她家离我家有点远,大约20里山路。每一次去她家,我都要买她最喜欢吃的月亮牌方便面和AD钙奶,还要买一些学习用品;而过年,我还要给她买一套新衣服,这几乎是农村孩子很难得到的"奢侈品"。

为了帮助杨柳同学,我每周一三五去他家辅导功课,因为他家离学校不到两里路。这个可怜而聪明的孩子,9岁时就失去了双亲,车祸同时夺走了父母的生命。我把他当成亲弟弟一样呵护着,在他眼里,我就是他的亲姐姐。面对很多孩子辍学外出打工,我一次次和他促膝交谈,坚定他们的梦想,引导他为梦想而努力。当他过14岁生日的那晚,他收到了我特意准备的礼物,蛋糕的色彩映着缥缈的烛光,他突然伸开双臂,给我一个坚实的拥抱。那一刻,我真幸福!

为了帮助唐秀洋同学,我从生活和学习两方面入手。下午放学,抽空去他家家访,给他送去最想要的课外书、学习用品和牛奶,偶尔还和他一起吃玉米粥。他奶奶做的玉米粥是世界上最棒的粥。我坚持给他修改每一篇日记,鼓励他把每一篇日记写成有主题的作文。有时,读到他情绪低沉的日记,我总是为他写上比原文更长的批语,帮助他走出心灵的阴霾。

当农村教师的我是激情的,工作是快乐的,爱着那些留守孩子是幸福的! 每一节课我都精心准备,把教案熟记于心,上课只拿粉笔;每周都油印试卷,被油墨一次次抹黑的脸颊永远洋溢着满足和光彩;一次次为孩子们买书、笔、本子、墨水;为中午不回家的孩子做饭吃,为冬天还穿着单薄的孩子买棉袄,为春天光着脚丫上学的孩子买运动鞋;新学期总要写一篇《致孩子的一封信》,并在班上深情朗诵;发通知书的那天,给每个孩子一份奖品,一句鼓励,一个拥抱……最难忘的事儿还是倾听孩子的心声,了解他们心中所想心中所需,给予他们最渴望的爱。因为有爱的青春不孤单!

三

时光飞逝,作为老师,我们要让每个孩子的中学时代留下美好的回忆。懵懵懂懂的孩子们,为了梦想,他们脚步匆匆,不敢停顿,都在为自己的明天默默努力,而我哪敢放慢脚步!

当李丹同学以优异的成绩考入陕西师范大学时,收到录取通知书的那一刻,我接到了她激情洋溢的电话,那一刻,我是幸福的。为她准备上大学所需行装的我亦是欢喜得难以形容。

当杨柳同学如愿以偿地走进服装设计学校,我每月按时给他打入 200 元生活费,并总是鼓励他,勤奋学习,博览群书,丰富自己。现在的他,早已在南方城市一家中外合资公司,当上高级技术师,月薪过万元。节日里,常常接到他的电话和祝福,这何尝不是以爱博得爱的最好例证。

当唐秀洋同学的一篇篇日记变成铅字,发表在校报上,或者青春杂志上,他总是把那份惊喜传递给我。看着他在大学校园里神采飞扬,远在他乡打工的爸爸妈妈再苦也不觉得累啊!

当我的 QQ 空间里,微信里,时常闪烁着孩子们的留言与问候时,快乐与幸福总是充盈于我的内心。因为我每次都是一字一句认真阅读所有文字,而这一刻,我的心仿佛经历了一场爱的洗礼,走不出这些关于爱的文字包围圈,依然遨游在这爱的海洋里,沐浴着爱的温暖与光芒。

我平时最喜欢《周易》中的一句话:"天行健,君子以自强不息。"我很喜欢这句话,并一直用这句话勉励自己,在教书育人的路上,把满满的爱化作一叶扁舟,把对农村留守儿童的呵护当作帆,扬帆远航,帮助更多孩子驶向理想的彼岸。

当耕耘为播种而忙碌的时候,当播种为收获而憧憬的时候,当收获为丰收而喝彩的时候,鲜花与掌声便裹挟着满心的喜悦悄然而至。谁说人生只有凄凄惨惨戚戚,用爱铺就的通往未来的路永远宽阔;谁说人生只有付出,用爱铸就的人生之路如此精彩!

盛夏的风依然散发着缕缕芳香,从我瘦弱的脸庞滑过,吹去了我的青春和浅浅的疲惫,却吹不去我心中沉甸甸的爱。因为人生就是这样,仁爱与付出总是结伴而行,只有左手紧紧握住仁爱,右手才会勾勒出精彩,人生才会绽放七彩光芒!

（温洁）

下编

问题与方案

　　本编主要是针对儿童保护实践中出现的各类问题,尝试运用社会工作的理论与方法,探讨儿童保护问题的解决方案,寻求儿童保护专业化、科学化的解决路径。

　　儿童保护问题是个历久弥新的话题。不同时代的儿童保护呈现出不同的问题与治疗方式。新中国成立后,儿童保护问题受到党和政府的重视,国家通过立法形式,从制度上杜绝对儿童权益的损害。在那个年代,社会经济条件的落后,儿童保护的内容主要表现为对儿童基本成长权利的维护,包括基本的生活条件和受教育权利的保障。改革开放后,社会经济快速发展,社会物质财富极大丰富,基本的物质生活保障不再是儿童保护的首要问题,儿童保护问题越来越多的呈现出对儿童安全、儿童心理、儿童现代生活方式的关注。

　　在改革开放和全球一体化的背景下,整个社会的儿童保护意识提高了,儿童保护的内容也更细化和专业化,儿童保护的方法和理论进一步转型升级。从实践看,对新时期儿童保护关注的问题增多,传统的解决儿童成长问题的方法面临着更多的挑战,现代社会观念颠覆了人们对儿童问题的认识,也促使人们对儿童保护提出新的方法,促进传统治疗方法的转型。如面对儿童涉险活动,家长不再是一味蛮横打骂,阻止儿童的冒失行为,而是寻求通过与孩子的平等对话,制止其涉险举动。对于儿童生活中的异常行为,家长不再是不加分析地粗暴干涉,而是寻求儿童保护组织或者儿童医院介入。

　　社会工作专业介入是解决儿童问题的有效手段,它强调社会力量的广泛参与,以社会工作、社会学、心理学等为主干学科基础,物业管理、医学、法学等为辅助学科,以助人自助为核心理念,综合运用小组工作、个案工作以及社区工作的专业方法,帮助问题儿童解决在与环境互动过程中所产生的各种问题,帮助问题儿童重塑自信,协助解决困境,重新融入社会。在本编中,面对儿童保护过程中出现的诸多矛盾和问题,作者提出凭借社会工作专业介入手法,探讨儿童保护问题的出路和方案,具有一定的前瞻性和现实意义。

　　小组工作方法是社会工作专业介入的基本方法之一,它是指经由社会工作者策划和指导,通过小组活动过程及组员之间的互动和经验分享,帮助小组组员改善其社会功能,促进其转变和成长,以达到预防和解决有关社会问题的目标。在本编中,有作者探讨了通过小组工作方法,介入治疗自闭症儿童家长负性情绪以及提升农村小学生环境适应性能力的问题,具有一定的合理性和可行性。针对自闭症儿童家长的负性情绪,作者通过问卷调查,得出负性情绪主要表现为情绪烦躁,易发火,愧疚,自责,伤心,悲观,沮丧,焦虑,绝望,无助等,并对造成这种负性情绪的原因进行了分析,认为经济原因、家庭关系的不和谐、对自闭症儿童的社会歧视、未来预期与现实落差大导致的心理压力和精神压力等是造成自闭症儿童家长负性情绪的主要原因。对此类问题的忽视,不利于自闭症儿童家长的情绪的疏导,最终也会不利于自闭症儿童的康复。因此,采用小组工作方法,解决自闭症儿童家长的负性情绪很有必要,也具有可能性。通过小组工作方法,最终促使家长在实务过程中掌握情绪调适和疏导的方法和技巧,让他们实现"自助",同时也有助于自闭症儿童的康复训练。

　　个案社会工作是社会工作专业介入的又一基本方法,它是由社会工作者通过直接的、面对面的沟通方式,运用有关人和社会的专业知识和技术,对个人或家庭提供心理调整和环境改善等方面的支持和服务,其目的在于协助个人和家庭充分认识自身的资源和潜能,完善人格,增进其适应社会和解决困难的能力,从而达到个人或家庭的良好福利状态。这一方法能够帮助问题儿童改善生活环境,引导他们正确认识自我或与他人关系,调节和治疗他们因为人格不健全而导致的不适应的心理状态和心理机制,重塑他们的人格,促其健康成长。在本编中有作者探讨了运用此法解决留守儿童面临的情绪困扰、情绪抑郁以及心理不适等问题,显示了个案工作在解决此类问题上的优势。

综合运用小组工作方法、个案社会工作和社区工作等方案,形成治疗问题儿童的系统方案,是实现科学化、专业化儿童保护的未来趋势。同时,还需要社会决策部门对儿童发展全局做系统规划、管理和监督工作,体现为推动有关儿童保护问题的专门立法,为问题儿童提供咨询及建议,通过大力提供儿童保护公共服务,促进儿童的健康教育、家庭建设和儿童权益保护等。政府应当建立综合化、专业化的儿童保护队伍与机制,强化福利服务与其他社会体系在儿童问题处理方面的相互补充,并以他们为基础建立清晰的服务目标,配合社会发展阶段,提供个性化服务。

当然,要从根本上解决儿童保护中出现的问题,有赖于经济社会发展和政府治理改革。政府应努力创造条件逐步消除城乡二元结构,积极推进户籍制度改革,弱化乃至消除与户籍制度相配套的城乡就业制度、教育制度、社会保障制度、医疗与住房制度等的差别,使城乡儿童能够享受同等的儿童保护政策和福利,问题儿童能够接受优质的社会工作介入干预,儿童的身心健康才能得到根本保护。

理情行为疗法在青少年社会工作中的应用

理情行为疗法在国内已经受到越来越多人的认可和欢迎,但是对于理情行为疗法的理论学习和实务应用还存在着一些不足。社会工作是一个综合多元、专业助人的学科,在社会工作领域理情行为疗法也得到了一定的发展和应用。以青少年为主要研究对象,采用个案研究方法,运用理情行为疗法在解决青少年案主问题方面进行有效探索,是青少年社会工作的重要方法之一。通过对案主信念的重建,解决案主的情绪困扰,改变案主的不合理行为,帮助案主正确看待自己,看待他人,看待外部环境,并对个案的实施效果进行讨论和总结,进一步提出的研究建议。

一、理情行为疗法在青少年社会工作中的适用性分析

埃利斯的理情行为疗法认为人们的认知、情绪和行为是互相影响的。不合理的认知(非理性信念)会造成人们的情绪困扰,甚至导致问题行为的出现。因此,埃利斯认为通过对人们的非理性信念进行识别和改变就可以改善人们的负性情绪,消除人们的情绪困扰和问题行为。

(一) 适用前提

青少年存在的情绪问题,为理情行为疗法在青少年社会工作中的应用提供了适用前提。青少年时期是个体发育的狂风暴雨时期,作为还不能够独立的青少年,他们所面临的各方面心理压力更大,极易出现心理困扰和情绪问题。罗伯特认为,25％～40％的女孩和 20％～35％的男孩在青春期都会有短暂的抑郁体验,尽管重度抑郁的发生率非常低。而国内部分研究也表明,青少年存在着心理健康问题。李学英用心理症状自评量表(SCL-90)对中学生进行问卷调查,结果显示中学生普遍存在心理问题。帮助青少年解决心理困扰,促进青少年的健康成长,是青少年社会工作者的义

务。作为心理治疗中非常有效的理情行为疗法在这个领域的应用，不失为一项有益的尝试。

（二）适用契合点

青少年的社会经验、认知水平和鉴别是非的能力比较有限，看待问题容易出现片面化倾向，因此，也容易造成错误的认知方式，出现非理性信念，导致情绪障碍，从而影响他们的心理健康。许多研究发现，心理健康水平较低的人对自我都有着不合理的评价，即非理性信念。陈学彬、梁妍、刘琦等采用 Beck 抑郁自评问卷、中学生非理性信念量表和中学生心理应激源量表等自评量表对 649 名中学生进行问卷调查，并且每两个月进行一次追踪测评，为期一年共进行 6 次测评，并采用多层线性模型对数据进行分析，结果表明非理性信念与抑郁症状、生活应激水平之间存在着相关性，即非理性信念在生活应激中可以影响青少年抑郁症状。随着应激水平的增加，具有明显的非理性信念的青少年更容易出现抑郁症状。一项关于青少年自杀行为的研究发现，消极的认知会影响青少年的情绪反应，并进而影响其心理健康。

理情行为疗法认为，人们对于事件的观点和看法才是引起个体情绪困扰的因素，因此非理性信念的改变是治疗的重点，十分强调对来访者非理性信念的重建。青少年的认知发展特征为理情行为疗法在青少年社会工作中的应用提供了理论及实践的契合点。

（三）适用保障

有研究表明，理情行为疗法是非常适合对青少年进行信念重建的教育。刘宣文、梁一波将 92 名初二学生分为实验班和对照班，通过对其进行理情行为教育的干预，发现理情行为教育对中学生的自我概念、情绪稳定和学生心理健康方面有良好的促进作用。褚怡青发现，通过对高职学校的学生进行理情行为疗法的教育，可以有效改善学生的情绪和行为问题。

从以上几点出发，笔者认为将理情行为疗法应用于青少年社会工作中，具有一定的适用性。运用理情行为疗法对青少年认知进行重建,改变产生青少年情绪障碍和行为问题的非理性信念,帮助青少年解决心理情绪问题,可以对青少年的成长和发展产生一定的积极作用。

二、个案研究

(一)个案介绍

1. 个案基本情况

案主小强(男)16岁,陕西人,汉族。2014年初中毕业,现就读于当地一所职业技术学校。案主自幼父母离异,随母亲生活,父亲从未出现在案主的生活中。之后,母亲组成新的家庭,继父待他尚可。由于经济原因,案主从小与姥姥姥爷在农村生活学习,母亲则与继父在市里工作生活。2014年案主中考失利,于是案主母亲把案主接到市里的家一起生活,并让案主在市里的一所职业技术学校继续上学。

2. 个案自我陈述

个案陈述:不知道为什么,我总觉得自己这里不如别人,那里也不如别人,觉得每天都过的不开心,喜欢瞎想,容易冲动,情绪波动比较大,可能前一秒还是好好的,后一秒就会发脾气,而且经常会跟妈妈发脾气,当时不会多想,发完脾气之后就会感觉很后悔,但是下一次还是控制不住,感觉很烦躁,觉得自己很没用。我一直觉得自己不会表现自己,也不会说话,做事情没有勇气,不懂得如何去做,遇到事不知道怎么办。就像以前在初中的时候,我很喜欢打篮球,但总是自己悄悄玩,或者和朋友在放假的时候才去打篮球,在学校我都不会在操场打篮球,上体育课的时候也是一样,因为我觉得有人在看着我,我会觉得很不自在,虽然我朋友都说我打得挺好的,同学还让我参加校队去打比赛,我也想去,可是我害怕自己表现不好不敢去,觉得不好意思。现在到了新学校,还经常在操场上打篮球。前段时间在班里的迎新晚会上,好多同学都表演了节目,我挺羡慕他们的,同学们还让我上台唱歌,其实我也想上台去表演,但是没有勇气,我觉得这件事情对我而言还挺可怕的。我总喜欢瞎想,不信任别人,比如别人跟我说一件事情,我总觉得他们是在骗我,最后我觉得别人好像也不相信我。后来,想到别人可能是在欺骗我或者觉得他们也不相信我,所以很多时候我说过的话也会做不到,我很想说到做到,觉得自己这样说话不算话挺糟的……

(二)个案分析

与案主的前期接触过程中,笔者发现案主存在一些情绪困扰和问题行为。当笔者询问案主对于自我的意见和看法时,案主的回答总是趋于消极,很多观点都表现出非理性的一面,且对于生活中存在的问题感到无法解决从而产生焦虑等消极情绪,在与人相处中存在怀疑和不信任,从而更加焦虑。案主与母亲的关系较紧张,因为案主认为母亲总是批评自己,所以与母亲交流时比较没有耐心,也因此会经常出现争吵现象,但在争吵后又表示觉得自己做得不对,从而感到更加烦躁和焦虑。不过案主有积极的改变愿望,希望自己有所变化,这对于笔者的个案介入是一个有利的积极因素。

为了个案实施效果的评估,对案主进行全面分析,笔者采用抑郁自评量表 SDS 和焦虑自评量表 SAS 对案主进行了测评,抑郁和焦虑测评的结果分别为 72 和 65,表现为中度抑郁和中度焦虑。于是,结合案主的情况,笔者决定采用理情行为疗法帮助案主解决问题。

(三)个案实施——开始阶段

在与案主进行正式接触之前,笔者已经进行了资料的多方搜集工作,对于案主的情况有了一定的了解。由于案主是独生子女,并且刚刚转到新的学校,换到了陌生的环境,身边的朋友不多,每天都呆在家里看电视玩手机。所以在与案主前期接触过程中,笔者以朋友的身份与案主进行沟通,通过询问案主兴趣爱好这种开放式聊天的方式取得案主的信任和好感,使得初期关系得以建立,为后期个案的开展打下了良好的基础。在与案主的几次交谈过后,案主渐渐也很愿意将生活和学校中遇到的事情告诉笔者,并愿意将自己的想法与笔者分享,询问笔者的意见。

在初步了解案主的问题并与案主确立了服务关系后,笔者向案主介绍了理情行为疗法(REBT)。如前所述,在这一阶段要让案主达到以下三个层次的领悟:(1)让案主认识到他的情绪困扰,是由于自身的不合理信念导致的;(2)要改变情绪困扰,就要改变不合理信念,并且建立健康、合理的信念;(3)为了案主的成长,鼓励案主将建立的合理信念运用到生活中。

在确立服务关系后,笔者与案主一起确定需要检查的问题。笔者希望可以由案主自己决定需要解决的问题。通过向案主发问如:"目前你的生活中最让你感到困扰的事情是什么?""你希望自己可以有哪些改变?""什么情景会让你情绪困扰?""你想得到哪些帮助?"这些问题,让案主思考他想要解决的问题,主要问题如下:

问题一:社交恐惧症——"当我需要在公众场合展现自己时,我会感到焦虑不安,想要逃避"。
问题二:多疑焦虑——"我总是不信任和怀疑别人,感觉他们都在欺骗我"。
问题三:亲子关系紧张——"我总是控制不住情绪,时常与母亲发生争吵"。

(四) 个案实施——中间阶段

1. 问题一:社交恐惧症

(1) 确认非理性信念

与案主确定问题后,笔者便开始尝试找出案主包含的非理性信念。经过与案主的交谈,笔者发现案主的主要不合理信念有:B1如果我表现不好,那实在是太丢人太糟糕了(灾难化);B2如果被别人嘲笑,我会感到很没用(自我贬低);B3:我无法容忍被别人嘲笑(对挫败感容忍度低)。

笔者与案主一起完成了问题1的REBT图。如下:

> 1. 情境 A:班级迎新晚会上,同学怂恿我唱歌。
> 2. C(结果):
>   (1) 情绪结果:焦虑。
>   (2) 行为结果:想要逃避、打死不上台。
> 3. 要点 A:我可能会被别人取笑。
>   (要点 A:在情境 A 中让案主感到最不安的事情。)
> 4. B(信念):
>   IB1:如果我表现不好,那实在是太丢人太糟糕了(灾难化)。
>   IB2:如果被别人嘲笑,我会感到很没用(自我贬低)。
>   IB3:我无法容忍被别人嘲笑(对挫败感容忍度低)。

（2）审查非理性信念

确立案主的非理性信念之后,笔者要帮助案主审查他的非理性信念,并且让案主领悟到正是由于这些不合理信念才导致他的情绪困扰。截取对话如下:

社工:刚才你已经说过,害怕表演节目是因为怕被别人取笑,如果表演不好会觉得很受打击,感觉很糟糕很丢人。你觉得这种想法对你有什么影响吗?

案主:我不懂。

社工:你认为有什么迹象表明,你如果在公众面前表演就会被别人取笑吗?

案主:不知道,好像没有吧。

社工:那你有过表演的经历吗?

案主:没有。

社工:那我可以这么认为吗,正是因为你没有表演的经历,只是因为害怕,所以你的一切想法都没有被证实,没有事实证据支持你的想法,是这样吗?

案主:是的。

社工:所以,根本就没有证据证实你的想法,你觉得你坚持这种想法对你有什么好处吗?

184

案主:好像没有。（微笑）

......

社工:为什么你会认为被别人嘲笑,你就是一个没用的人呢?

案主:不知道,只是会觉得很受打击。

社工:你觉得你是否是一个有用的人,是由是否会被别人嘲笑决定的吗?

案主:不是啊!

社工:那你认为"如果我被别人嘲笑,我就是一个没用的人"这句话可以讲得通吗?

案主:好像讲不通。

......

社工:你认为你无法容忍被别人嘲笑,其实每个人都不喜欢被别人嘲笑,那么如果你被别人嘲笑,你会有什么感受?

案主:我会感到很受伤、羞耻。

社工:那么在你的生活中,你有嘲笑过别人的经历吗?

案主:有啊。

社工:回想一下你曾经嘲笑别人的时候,你是怎么想的? 你是认为别人是一个没有用的人吗? 那个被你嘲笑的人,有什么表现?

案主:当然不是,只是觉得好玩。也没有什么特别的表现吧。

社工:那么你认为你的这种想法对你有什么好处吗?

案主:我不会说了。

......

　　笔者主要使用了苏格拉底问答式的审查方式,帮助案主认识其信念中的非理性因素,并且让案主意识到他所持有的非理性信念导致了他的情绪困扰,放弃非理性信念是解决情绪问题的方式。在非理性信念的审查过程中,笔者与案主用时较久,主要是由于案主不断变换观点。比如,案主开始时告诉笔者他不愿意表演节目是因为害怕被同学嘲笑,在笔者的不断提问下,案主又变换了说法,认为他只是不屑在班里表演而已。刚开始案主出现这种前后变化时,笔者以为找错了方向从而感到有些担心,后来笔者才意识到,其实这正是案主改变发生的提示,因为他已经意识到自己曾经的想法可能是错误的,于是变换了自己的观点。这时工作者们就要特别注意案主的这种变化,不要慌张,可以继续询问案主这种观点背后的看法,是什么让案主变换了观点,以此来确认案主确实在发生转变而不是在讨好工作者。

(3)建立理性信念

在审查完案主的非理性信念后,笔者开始帮助案主建立替代其非理性信念的理性信念。主要如下:

> RB1:我希望我可以表现得好,但我不一定非要做到很好,如果不幸我没有表现好,确认会感到糟糕,但是这也并不是世界末日。(反灾难化)
>
> RB2:我希望我可以表现好,可是如果我表现不好,也不能证明我是一个没用的人,只是这次我没有做好而已。(自我接纳)
>
> RB3:我不希望被别人嘲笑,但我不能决定别人对我的看法,如果我不幸被别人嘲笑,我可能会感到难过,但是也可以容忍。(对挫败感容忍度高)

在帮助案主建立理性信念的过程中,笔者希望让案主进行信念的自我检查,一方面让案主学会审查信念,另一方面笔者希望可以与案主进行探讨,不愿意让案主认为他只是在被别人牵着鼻子走。笔者也鼓励案主在生活中经常在脑海里练习这些理性信念,改变自己与自己的对话方式。

(4)内化理性信念

要使得案主发生根本的改变,就必须将案主的理性信念进行内化。与案主进行一番交谈后,笔者发现案主之所以会对表演这件事情感到焦虑,是由于他从来都没有表演过,更多的只是一种没有来由的担心和恐惧,但是感到自己无法克服,想到要上台表演就紧张。于是,笔者决定采用行为技巧来帮助案主改变,通过这种直接暴露方式,鼓励案主克服恐惧,让案主明白其实表演节目不一定会被别人取笑,也并不是一件可怕的事情。

　　案主告诉笔者,班里每周的班会上都会做游戏,表演节目。所以,笔者鼓励案主可以在班级的班会上表演节目。但笔者提出任务后并没有要求案主立马付诸行动,因为如果过于急于求成,准备不充分可能会导致案主失败,由此会强化案主的非理性信念,增加案主的负面情绪,打击案主改变的信心。所以,在此之前,笔者运用了理情心像技术(REI),让案主练习将不健康的负面信念改变为正面信念,用建立的理性信念来思考,下面是社工与案主之间的部分对话:

社工:现在请你想象一下,当时你要上台表演节目了,你是什么感受? 你可以不用着急,慢慢回想。

案主:我感到很焦躁,不情愿。

社工:现在把你的注意力放在你的情绪上,然后试着慢慢转换你的想法。你可以慢慢来,转换好以后告诉我。

案主:好了。

社工:现在回到这里,你可以告诉我当你信念转换后,你是什么感受?

案主:嗯,感觉比较轻松。

社工:你可以告诉我你是如何转化的吗?

案主:我就跟自己说,这个没什么大不了,想着就算表现不好也会过去的。

　　……

　　笔者与案主约定在班级里表演节目,因为不希望给案主造成压力,所以执行任务时间由案主决定,但是笔者也告诉案主不能等太久,因为笔者担心如果时间太久会让案主放弃改变的信念。笔者一直给予案主鼓励,让案主明白表演节目其实并不可怕。大约两周后案主告诉笔者,他在班里的音乐课上唱了一首歌。

社工:当时你要唱歌的时候有什么感受?

案主:感到有些紧张,不过想到一定要唱也就没有那么紧张了。

社工：你能告诉我，当时你是怎么想的吗？

案主：就是用你教给我的，不断跟自己说没什么。

社工：那么唱完之后呢，感觉怎么样？

案主：感觉挺好啊，当时上台前，我旁边的同学都给我鼓励，跟我说加油。

社工：那有人嘲笑你了吗？

案主：应该没有吧，他们都说我唱得挺好的。

社工：那你现在对表演节目有什么看法？

案主：现在觉得没什么了，以前不敢让别人看见我打篮球，现在在学校打的也挺好的。

社工：如果你这次唱歌后有人取笑了你，你会怎么想？

案主：就像你说的，被人取笑也不能证明什么，如果表演不好，下次演好就行了。

　　……

　　笔者肯定了案主的改变，提醒案主继续在今后的生活中时刻注意可能出现的倒退现象，并鼓励案主理性面对及分析问题。

2. 问题二：多疑焦虑

　　笔者与案主在确立需要解决的问题的过程中，案主多次提到他不信任别人，感觉别人都在欺骗他。起初笔者并没有重视这个问题，笔者觉得生活中每个人都有不信别人的时候，所以笔者并没在意。但是后来在与案主的几次交谈过程中，笔者发现这个问题让案主非常困惑，并向笔者求助，希望笔者可以帮助他解决该问题给他带来的情绪困扰。

案主：我真的很想解决我的这个多疑、不信任别人的问题。

社工：为什么你想要解决这个问题？它给你造成了什么困扰？你可以说得更清楚一点吗？

案主：因为我多疑，不相信别人，所以导致别人也不相信我，然后我就感到很烦躁，很受伤。

社工：那你为什么不相信别人呢？

案主：因为我觉得他们都在欺骗我。

社工：那你为什么会觉得别人都在欺骗你呢？

案主：因为多疑呗。

社工：我可以这么理解嘛，因为你多疑，总是觉得别人会欺骗你，所以你不信任别人，导致别人也不相信你，最终你感到很焦虑。

案主：是的。

……

（1）确认非理性信念

当发现案主的焦虑情绪后，笔者决定帮助案主解决问题。经过与案主的一番交流后，笔者发现案主的情绪困扰主要来自于以下非理性信念：别人一定不可以欺骗我（要求）；我不能够容忍别人欺骗或不信任我（低挫折容忍度）；虽然我不相信别人，但是别人一定要信任我（要求）。

REBT 图如下：

1. 情境 A：在与他人的交往过程中，我总是会不自觉的怀疑他人

2. C（结果）：

　（1）情绪结果：焦虑（感到得不到别人的信任而焦虑）

　（2）行为结果：说话半真半假

3. 要点 A：我不希望被别人欺骗

　（要点 A：在情境 A 中让案主感到最不安的事情）

4. B（信念）：

　IB1：别人一定不可以欺骗我。（要求）

　IB2：我不能够容忍别人欺骗或不信任我。（低挫折容忍度）

　IB3：虽然我不相信别人，但是别人一定要信任我。（要求）

（2）审查非理性信念

在审查非理性信念的过程中，笔者希望让案主达到以下几个方面的领悟：信任是相互的，如果你无法相信别人，那么别人也不会相信你；无条件接受他人，即使他们的行为不好或者行为有所疏忽；当然，这并不意味着要接受别人不好的行为，而是要记住并且

接受在生活中每个人都会犯错的事实;培养高挫折承受能力;在与人交往的过程中,每个人都会对与之交往的人产生信任与不信任,并因此产生情绪困扰,我们能改变的只是自己的信念,学会应对人际交往中的挑战。

(3)建立理性信念

笔者认为要帮助案主建立以下理性信念:我非常希望我不会被别人欺骗或不信任,但是我不能要求别人一定不欺骗我或一定要信任我(热切的希望),我能改变的是我自己的看法;我想得到别人的信任,不被别人欺骗,但是即使被别人欺骗或不信任,也不是不可以容忍的,而且我也必须要去容忍,或许这只是说明他们是一个会犯错的人,或者我没有做好所以还不能被别人信任(挫折容忍度高,接纳他人)。

(4)内化理性信念

为了巩固治疗效果,笔者为案主安排了家庭作业(如下图)。让案主记录下每天出现的多疑症状,记录下当时的情境是什么,怎么想的,有什么感受,最后又是怎么解决的。通过这项家庭作业,笔者希望可以强化案主的理性信念,并通过在实际生活中加以应用,让案主形成习惯,在出现多疑症状的时候可以形成条件反射进行自我提醒,同时可以让案主看到自己的改变,对案主也是一种暗示与鼓励。

1.在 A 中发生了什么?
2.你在 C 中的感受(或行动)是什么?
3.你在 B 处跟自己说了什么才让你在 C 中有这样的感受(或行为)?
4.你在处理你的非理想信念(IBs)时,是如何驳斥它的?
5.你想持有的理性信念是什么?

回顾家庭作业:

两周后,笔者与案主进行会谈,回顾了案主的家庭作业。案主的作业完成并不理想,案主表示:"刚开始可以坚持进行记录,但是我并不是随时都把本子带在身边,事后在回忆的时候觉得很多事情都没有那么重要了。而且,后来我觉得我已经有了进步,这个作业对我来说已经没有必要了。"因为案主表示自己已经有了进步,于是笔者询问案主是如何转变的,在完成家庭作业过程中学到了什么?笔者提醒让案主在今后的生活中关注自己情绪的转换,鼓励案主多使用 REI 技术进行练习。当然,笔者还要继续对案主进行跟踪,以防出现问题反复现象。

3. 问题三:亲子关系紧张

在与案主的接触过程中,笔者发现案主与母亲经常会有争吵,而且有时会因为争吵后感到烦躁而不想回家。

社工:每次与母亲发生争吵的时候,你是怎么想的?

案主:我不想吵,但是控制不住情绪。

社工:争吵之后呢,你有什么感受?

案主:感觉很后悔,为什么没有控制住。

社工:你认为,如果你可以控制住情绪就可以不争吵吗?

案主:听我妈妈说就行了。

社工:平常会因为什么事情与你妈妈发生争吵?

案主:比较多,乱七八糟,主要就是我没做好。

社工:那与你母亲争吵这件事情对你意味着什么?

案主:我和我妈妈关系不好。

社工:那与你妈妈关系不好,会让你想到什么?

案主:不懂,就是感觉烦躁。

社工:假如你母亲因为某件事情要说你的时候,你控制住了情绪,那你就认为你和你母亲的关系就会好吗?

案主:不知道(低头)。

……

(1) 确认非理性信念

起初,案主认为自己与母亲争吵是自己不能控制情绪的错。他一直坚持这种想法,但笔者认为这并不是案主的问题所在,不是造成案主情绪困扰的非理性信念。于是,在寻找案主 B 的过程中,遇到了一些挫折。青春期的青少年都会有一些叛逆行为,比如不想听从家长的管教,很多青少年都会与家长发生争吵或冲突,认为家长不应该批评自己,自己的想法要得到家长的尊重,寻求独立等。但是在与案主的交流过程中,发现并非如此。这让笔者一度感到受挫,不知应该如何继续。后来在笔者与案主的进一步交谈中,笔者发现,案主认为与母亲的争吵中,有些是因为自己的错应该受到母亲的责骂,但是有些并非由于自己的错而受到母亲的责骂,这让案主感到很委屈,认为不能够忍受母亲这样对待自己。笔者此刻发现,单方面改变案主的信念对案主的帮助有限,于是笔者决定双管齐下,一方面改变案主的信念 B;一方面改变情境 A,确定需要与案主母亲进行交流,让案主母亲意识到对于案主的错误指责让案主感到很困扰,希望母亲帮助案主一起改变。

在与案主母亲进行交谈后,笔者决定让母亲加入到个案干预中。笔者发现,案主母亲认为对案主的指责有时候是因为案主的原因造成的,这让笔者意识到一个人的 ABC 会影响另一个人的ABC。其实,案主与母亲都很爱对方,但是彼此的不合理信念影响了他们之间的相处。

经过一番交流之后,笔者发现案主与案主母亲都存在非理性信念。案主认为:与母亲争吵代表与母亲的关系不好;做错事让母亲责备,证明我是一个很没用的人;我不能容忍母亲错误的指责,她不可以这么做,这让我觉得很糟糕。母亲认为:他要听话,做错事会让我觉得我很失败(因为案主从小没有父亲,所以案主母亲认为孩子是她的全部);我只有案主一个孩子,他不上进就没有希望了。

(2)审查非理性信念

经过与案主和案主母亲的交流,运用换位思考等方式,让案主与案主母亲们认识到自身存在的不合理信念,让他们意识到彼此存在的不合理信念给对方造成的情绪困扰,并且由于这些不合理信念已经严重影响了他们之间的亲子关系,鼓励他们放弃彼此的不合理信念。在审查信念的过程中,笔者主要采用换位思考方式,让案主和案主的母亲互换角色,让彼此体会他们信念中的不合理性。

（3）建立理性信念

笔者希望案主和案主母亲看到合理信念对他们关系改善的作用和益处。在这个过程中,要让案主认识到母亲对自己的关爱。母亲的责备有时或许不对,但是爱之深责之切,母亲的责备建立在关爱的基础之上,并不代表你就是没用的人;接纳母亲也是一个会犯错的人。同时让案主母亲明白案主是一个有独立思想的人,或许他的想法不正确,但是我们不可以代替他去思考,只能进行引导;接纳案主是一个会犯错的孩子,每个人在成长中都会走弯路,但并不代表他的错误就是自己的失败,你的成败不应该由你的孩子决定。

（4）内化理性信念

如前所述,帮助案主解决问题的方式是改变 A 和改变 B 同时进行,A 的改变可以促进案主 B 的转换。但由于案主与母亲的关系并非一日形成,相处的方式已经成了一种惯性,所以 A 的改变是需要时间。在笔者完成论文的时候,案主的该问题还在持续研究中。

（五）个案实施——结束阶段

经过 6 个月左右的个案服务过程,案主取得了一定的进步,但由于问题三——亲子关系紧张,还处于跟进时期,所以本个案还未真正进入尾声。笔者与案主约定在关注情绪倒退情况的同时也继续跟进亲子关系问题,提醒案主可能出现的情绪复发现象,告知案主当再次感到情绪困扰时,要先接纳自我,鼓励案主将学会的理情行为疗法的技巧运用到可能出现的情绪中,在必要的时候可以联系笔者。

在最近与案主的交流中,案主告诉笔者他觉得有时候还是会出现一些情绪问题,比如:在与同学的相处过程中,有时候还是会忍不住怀疑别人是否在欺骗自己,不敢相信别人。刚开始出现这些情况的时候,案主觉得很糟糕,认为自己是不是无药可救了。但当他意识到由于这些想法让他很不愉快的时候,他便会在内心告诉自己"我怎么又这样,我不是希望别人相信我吗,那我就应该要有勇气去信任别人"。或者用一种轻松幽默的方式提醒自己:"别太自以为是,我好像没有什么好被人欺骗的。"案主认为,虽然偶尔还是会因为生活中的一些事情或与母亲的关系而感到烦躁,这些情绪确实给案主造成了影响,但是案主表示他很珍惜这些感受,因为这让他知道自己喜欢什么,需要什么。

(六)个案总结

经过6个多月的个案实施,笔者认为案主有了一定的成长。

首先,对于问题一(社交恐惧症),案主认为:"虽然我不会主动去表演节目,也不想成为一个表演家,但是如果需要我在公众场合展示自己,我还是可以的,不会再像以前那样害怕了。"笔者认为,案主的改变是多方面的,一方面来自于信念的转变,如自我暗示和自我接纳,另一方面来自于外界的鼓励。

案主可以很快认识到自己的想法不正确,但是让他转变却并没有那么容易。这就是人们常说的"道理简单,但就是做不到",因为情绪、信念和行为是相互影响的,所以笔者选择鼓励案主暴露在情境中,通过行动来影响自己的情绪和信念,并在行动中用理性信念来代替非理想信念,让案主感受理性信念带给自己的情绪和行为体验。

其次,对于问题二(多疑焦虑),案主认为"我现在知道要怎么做了,当我开始怀疑别人的时候,告诉自己我的想法不一定正确,我其实并不需要这么武断"。因为案主表示他的多疑症状很普遍,生活中随时都会发生。于是笔者为案主安排了家庭作业,要彻底内化案主的理性信念,帮助案主成长和改变就需要在生活实践中不断的练习。虽然案主并未完成家庭作业,但是案主却从家庭作业中得到了成长,并表示已经取得了改变。在后期的跟踪阶段,笔者一直在关注案主是否会已经完全改变。通过观察和与案主的交流,笔者发现案主现在已经能够很好地说服自己,而且并不会认为这是一个让他困扰的事情,至少在出现问题时,案主已经学会了如何劝说自己。

最后,对于问题三(亲子关系紧张),由于时间有限,在笔者论文完成之时,关于案主与母亲之间的亲子关系问题并没有彻底解决,即还没有帮助案主与其母亲将理性信念成功运用在生活中。而且,笔者认为由于案主与母亲之间的矛盾由来已久,要改变彼此的观念和他们之间的相处模式,建立和谐的亲子关系,还需假以时日。但目前案主已经表现出一定的改善,表明对于青少年而言,当他们父母自身也运用于理情行为疗法时,他们受益很大。

在整个个案服务过程中,除了帮助案主解决选择的问题,笔者也注重向案主教授使用 REBT 的技巧来进行自我治疗,鼓励案主在今后的生活中可以成为自己的治疗师。经过观察,笔者发现青少年案主具有较强的认知塑造能力。

(七) 青少年社会工作中运用理情行为疗法的注意要点

1. 无条件接纳

随着时代的发展,如今的青少年越来越追求个性独立,他们的想法总是很独特,经常被人们贴上"脑残"的标签。作为一名青少年社会工作者,要更好的帮助你的服务对象成长,首先就必须无条件接纳你的案主。有时候你的案主可能会表现顽劣,或者你根本无法赞同你的案主的想法,但是请记住,如果你希望你的案主成功地增强他的无条件接纳能力,那么这就是很好的向他示范如何无条件接纳的最好机会。

2. 讨好行为

理情行为疗法注重对案主信念的辩驳,通常采用苏格拉底问答式或教诲的方式来审查案主的信念系统。这是一个比较漫长且枯燥的过程。对于青少年而言,他们可能不太喜欢教诲的方式,因为这会让他们感觉到你是在给他们上课或者是对他们进行批评,而并不是在给他们提供帮助。为了尽快结束这种问答或交流,他们可能会出现讨好行为,比如会不停点头或者表示"我已经明白了""你说的对",一味赞同你的说法。这个时候,工作者就要放慢速度,用一种朋友式的姿态与他们交流,尽量根据案主的情况调整你的方式和计划。

3. 鼓励的作用

在个案中,笔者发现案主可以认识到自己某些方面的问题,但就是无法让自己发生改变。在与案主的互动过程中,鼓励应该是个案服务的一部分,因为鼓励可以促进青少年案主的改变,增强案主的信心。

4. 家庭作业

理情行为疗法注重多模式家庭作业的使用,包括认知的、情绪的、行为的。因为家庭作业不仅可以审查非理性信念,同时也可以加强理性信念。家庭作业可以在咨询过程的不同阶段使用,但无论你为你的案主安排什么样的家庭作业,都要与案主达成一致,只有这样才能保证青少年案主可以顺利完成家庭作业,得以成长。尤其对于有厌学情况的青少年,不能给你的案主太多的家庭作业,这样只会让你的案主认为改变是一件很痛苦的事情,从而放弃改变的努力。

5. 改变 A? 还是改变 B?

虽然理情行为疗法是以认知重建而著称,并且通常采取的策略是——"在改变 A 之前改变 B"。但是对青少年社工工作者而言,并不一定是要坚持这种策略,并且向你的案主暗示改变 A 是最次的选择。理情行为疗法是一种解决情绪、行为问题的灵活疗法,因此改变 A 也可以是主要的解决问题的手段。瓦伦(Walen)曾说"多年以来,我发现我自己越来越频繁地向这个方向(改变 A)倾斜,特别是在长期不幸福的婚姻状况下或是士气低迷的学生或员工身上"。在本研究的个案中,案主与母亲的亲子关系问题就是最好的例证。案主的问题是由于与母亲的紧张关系而造成的,当然案主在与母亲的关系中也存在一定的非理性信念,但是如果只是改变案主的信念,对案主的帮助并不会太大。因为一个人的 A—B—C 是相互影响的,改变 A 也可以促进 B 和 C 的改变,所以在使用理情行为疗法的时候,要根据案主的问题来选择恰当解决策略。

6. 关注青少年积极特性的发展

理情行为疗法主要关注解决案主的情绪困扰问题,以重建认知而使案主获得改变。但是对于青少年社会工作者而言,我们在对使用这种问题干预模式的方法时,切记不要让青少年案主最终认为他们是各种缺陷的集合体,在解决问题的同时也要注意到青少年的积极特性和能力。如果忽视了青少年的内在优势,这对青少年而言是不公平的,对解决问题也无益处。

7. 将 REBT 运用在工作者自己身上

通过这种方式不仅可以让你熟悉此理论,还帮助社会工作者察觉个案服务过程中出现的非理性信念,同时也可以帮助社工了解案主的底限在哪里。只有工作者准备越充分,才越有可能成功帮助到你的案主。工作者可以进行自我暴露,让案主了解到每个人都存在非理性信念,帮助案主进行自我接纳,同时与案主分享如何进行自我治疗,鼓励案主改变自我的信心。

三、结论与讨论

(一)理情行为疗法在青少年社会工作中的应用效果

经过六个多月的个案实施,笔者认为将理情行为疗法运用于青少年社会工作当中是有效的。笔者在个案实施前后,通过国际心理学界权威的抑郁自评量表 SDS 和焦虑自评量表 SAS 对案主进行了测评。抑郁和焦虑测评的前后结果分别为 72/60 和 65/50。结果显示,案主的抑郁和焦虑情绪有所减轻,理情行为疗法对青少年的抑郁和焦虑情绪的改善有显著效果。通过个案实施,笔者认为理情行为疗法可以有效应用于青少年。同时,笔者发现当青少年的父母亲也应用理情行为疗法时,青少年的受益将会实现最大化。

(二)理情行为疗法在青少年社会工作中的优势与局限

1. 理情行为疗法在青少年社会工作中的优势

第一,有研究表明,与生活事件相比,日常生活中的烦恼与心理健康的关系更为密切,16%～25.4%的大学生、中学生有心理问题,其中以烦躁、焦虑、自卑、不安等心理困扰在青少年中尤为普遍,而理情行为疗法十分适合成长中的青少年。作为以青少年为服务对象的青少年社会工作而言,在解决案主情绪及行为问题时,理情行为疗法的应用可以带来良好的效果。

第二,青少年社会工作是以青少年为服务群体的社会工作,以青少年的发展为根本目标,以接纳、尊重、以人为本为原则,帮助青少年案主解决各种问题,使其更好地成长和发展,强调"助人自助"。这与理情行为疗法的理念正好相符,理情行为疗法希望可以通过咨询帮助来访者解决生活中的问题,改变来访者的信念,并最终使来访者成为自己的治疗师,Ellis 认为,通过理情行为疗法技巧的学习,可以让来访者变得自立自强。在个案服务过程中,笔者以无条件接纳的态度与案主建立了稳固的服务关系,鼓励案主发生改变,不断向案主教授自助的技巧并鼓励案主的自我成长,达到了一定的效果。因此,笔者认为在青少年社会工作中应用理情行为疗法具有明显优势。

2. 理情行为疗法在青少年社会工作中的局限

理情行为疗法在青少年社会工作中的应用也存在一定的局限,主要源自以下几个方面:

第一,国内最早关于理情行为疗法的研究主要集中于理论介绍方面,近年来出现了一些关于理情行为疗法应用方面的研究,但还没有建立起一套科学系统的实践体系,这对于理情行为疗法在中国的发展十分不利。

第二,理情行为疗法对治疗师有较高的要求,需要有较强的逻辑思维能力和洞察能力,这对于青少年社会工作者是一个很大的挑战。理情行为疗法将问题归因于非理性信念,注重认知重建,然而青少年面临微观、中观和宏观等各种各样的问题,这也使得理情行为疗法在青少年社会工作中的应用存在一定的局限性。

(秦佩佩)

小组工作提升农村小学生学习环境适应性能力研究

随着工业化和城镇化的发展,许多农村地区建起了工业园区,工业园区带动了当地经济的发展,一些外来务工人员和外地移民大量涌入。学习居住在这些工业园区内的小学生,学习环境发生了很大的变化,其对新学习环境的适应性问题逐渐凸显。运用量表测试、访谈、观察等方法,对高陵县王家村小学部分年级学生学习环境适应性情况进行的调查,发现这些小学生普遍存在学习环境适应性不良的问题。通过对这些问题进行分析,归纳出了影响小学生学习环境适应性的外部因素和内部因素,并运用社会工作专业知识,有针对性地在这些学生群体中先后开展了小组活动等社会实务,从而使这些小学生学习环境适应性得到有效改善。同时,根据对小学生学习环境适应性各种影响因素的分析,结合开展社会工作实务的成效,就政府、社区、学校、家庭以及学生自己在改善学习环境适应性方面应做的努力提出了一些积极建议。

小学阶段也是小学生学习做人、学习处世的关键时期。依据行为主义学习理论,小学生的思维是受外界环境影响的。小学生的思维、处世方式还不成熟,是需要帮助的弱势群体。小学阶段是小学生刚开始学习各种行为的阶段,在这个阶段,他们的行为偏差是可以被纠正过来的。社会工作者很有必要用专业知识和方法,帮助受城镇化影响的这些孩子,帮助他们改变学习环境适应性不良问题。

社会工作的三种直接工作方法为:个案工作、小组工作、社区工作。小组工作在学校社会工作中具有灵活和便于开展的特点,因此笔者采用该方法进行介入研究。根据对服务对象的前期测试和访谈,笔者从五年级一班 42 名学生中召集了 14 名学生开展小组工作。

一、小组工作介入的前期准备和实施过程

（一）前期准备

根据前期测试和访谈,针对城镇化背景下农村小学生学习环境适应性存在的问题,笔者设计了六次小组活动,主要围绕小学生在家庭环境、学校环境、社区环境这些外部因素发生变化的情况下,小学生在性格、心理、与人沟通的能力方面出现的不适行为而进行。每次活动一节课 40 分钟的时间,每次活动结束后笔者要进行反思和总结。六次小组活动具体安排如表 1:

表 1　小组活动安排

次序	名称	过程及目标
第一次	同心家园	1. 组员自我介绍,使组员进一步了解组内成员。 2. 使组员了解小组的工作方式及活动目的。 3. 协助组员建立小组关系,制定小组规划。
第二次	认识自我	1. 组员之间说一说这几年的变化。 2. 共植成果树。 3. 帮助组员树立自信,认识自我。
第三次	我爱我家	1. 让组员说一说自己在家的学习情况。 2. 让组员说一说与家长相处存在哪些问题。 3. 引导并鼓励组员表达自己的想法,积极与家长沟通。
第四次	我爱我的学校	1. 小组讨论与同学相处存在哪些问题,怎样解决。 2. 引导组员互帮互助,解决同学之间的矛盾。 3. 小组讨论与教师之间存在的问题,引导组员要学会换位思考,热爱学习。
第五次	超越自我	1. 小组讨论周围社区的变化给自己带来的变化。 2. 引导组员树立正确的人生观,要学会适应周围环境的变化,保证自己的学习不受外界的干扰。 3. 通过讨论了解组员的学习情况,让组员审视自己的学习习惯,制定学习计划。
第六次	明天会更好	1. 通过小组分享学习计划,鼓励组员实施学习计划,改善学习习惯,提高学习环境适应性。 2. 小组讨论学习方法,帮助组员总结有效的学习方法。 3. 测试量表再测,对小组活动总体总结。

（二）小组工作介入的涉及方面及实施过程

1. 小组工作介入的涉及方面

笔者根据前期对小学生学习环境适应性测试、调查以及对家长和教师的访谈，了解到小学生学习环境适应性不良的原因。并针对造成不良结果的内部因素和外部因素开展小组工作，涉及让小学生树立自信性，与家长和睦相处，在学校处理好与同辈群体和教师的关系，交流学习方法，制定学习计划，展望未来等方面。

2. 小组工作方法介入的实施策略和步骤

本研究是在王家村小学开展，笔者主要在五年级一班进行量表测试，招募和选定的组员主要也偏向测试分数比较低的学生，尊重孩子自己的意愿，最终招募到 14 名学生来参加小组活动。按照成立小组，介绍规则，帮助学生树立自信，正确对待家庭、学校、社区变化，制定学习计划，讨论学习方法，改善学习习惯，最终帮助学生适应环境变化，并展望美好明天，共开展小组活动六次，达到预期目标。

（三）小组工作介入结果的反思

1. 小组工作介入准备期

笔者收集小学生学习环境适应性国内外有关研究成果，整理相关资料，对资料进行分析，从而形成本小组工作初步主题。笔者曾任教于开展活动的学校，对服务对象有一定的了解，同时便于对部分学生、学生家长、教师进行访谈，全面了解服务对象的需求。在设计服务计划时，积极与学校领导、教师沟通，最终确定了小组活动开展的时间、地点、内容等，这些都为以后的活动开展做好了铺垫。小组活动在时间上安排合理，时间太长，组员就会厌烦；时间太短，活动环节就不够全面。

2. 小组工作介入过程期

笔者设计的六次小组活动，第一次小组活动是创建期，第二至第五次小组活动是解决问题期，第六次小组活动是结束期，每次小组活动的内容都不相同。

第一次小组活动是笔者与小组内部成员之间互相熟悉和了解

的阶段,通过笔者与组员之间的互相自我介绍,建立平等、友好的信任关系。通过第一次开展小组活动,组员与组员之间有了很好的了解,大家了解到了各自是"同心家园"这个大家庭中的一员,组员之间建立了信任,为以后工作的开展打下了良好的基础。

第二次小组活动是针对小学生自身的内部因素对学习环境适应性的影响而开展的。有了第一次小组活动的经验,笔者在场地布置上阻隔了外界干扰,对组员的座位进行了调整,使小组成员能够很好地融为一体,小组气氛融洽,组员们积极参加活动,小组活动进展顺利。游戏"好坏变化大比拼",组员们看到不同颜色的圆形纸就很高兴,明显能够看到他们脸上的变化。"共植智慧树"后,更是能够看到组员们对自己取得的成绩很惊讶,他们平时可能并没有注意到自己的这些细微变化,其实好的变化也就是他们取得的成绩,这帮助他们树立起了自信心,达到了预想的效果。小组结束后,在组员们提交的反馈表中,笔者看到了大部分孩子在本次活动中信心倍增。但也有不足之处,应该在"共植智慧树"后给每个组员奖励,对他们取得的成绩加以肯定,这样更能起到良好的效果。

第三次小组活动是针对外部因素——家庭因素对小学生学习环境适应性的影响而展开的。小组成员有了归属感,更是积极进入状态。在反馈表中,组员们都认识到了要听父母的话,改掉自身的坏毛病,好好学习,和父母要多沟通思想,活动在"我爱我的家"歌声中圆满结束。

第四次小组活动是针对外部因素——学校因素对小学生学习环境适应性的影响而展开的。一是让组员学会处理与同辈群体之间的关系。二是让组员学会处理与老师之间的关系。

笔者设计"一分钟课堂",就是让组员学会换位思考。通过体验当老师,组员们体会到了当老师的感受,组织好课堂不是一件容易的事。笔者引导组员们要学会换位思考,正确处理与老师之间的关系。在组员们提交的反馈表中,笔者看到了大多数孩子写到与老师要勤沟通,要尊重老师。这次活动基本上顺利完成,但也有不足之处,"一分钟课堂"时,有的组员忍不住笑,笔者要不断提醒,影响了课堂体验。

第五次小组活动是针对外部因素——社区因素对小学生学习环境适应性的影响而展开的。主要目标是让组员克服社区变化带给组员的影响,让组员学会在家和学校学习不受影响,要端正学习态度,掌握正确的学习方法。

第六次小组活动是整个小组活动结束期。笔者与组员们回忆走过的点点滴滴,组员们说出了自己参加活动的收获,把自己写的学习计划拿给笔者看。量表测试结束后,笔者送上了祝福卡,孩子们表示有信心实现美好的祝福。笔者宣布小组活动结束,留下自己的联系方式。本次活动组员间沟通更多,活动顺利完成。

最后,笔者对本次小组工作介入小学生学习环境适应性做了全面总结。笔者用社会工作的专业方法,对前后的量表测试结果以及访谈资料进行分析和整理,以便更客观地评估项目活动成效,在此阶段,笔者主要任务是全面总结项目活动,为以后的相关活动提供参考。

3. 小组工作介入评估期

本次开展的小组工作项目活动,按计划完成了全部任务。经过六次活动的开展,小组成员之间的关系变得密切,小组凝聚力增强,顺利实现了活动开展的目标。

本次项目活动评估包括笔者对组员的观察,组员学习环境适应性量表前后测试结果,小组活动记录表,组员反馈表的填写情况。在对14位组员参与小组活动前后学习环境适应性量表的测试分析中,笔者发现这14位组员在学习态度、学习方法、人际关系、心理健康等方面都有所改善,量表分数、组员得分统一为正取向得分,具体比较如下:

（1）学习态度方面

表2　学习态度前后测量统计比较

题目	前测平均分	后测平均分
你认为不努力学习是不行的	2.87	3.34
你一坐到桌子前就马上学习	2.63	3.42
上课时,你精神集中,不做小动作或小声讲话	2.61	3.34
你认为学习有意思	2.56	3.25
学习时,你努力在规定的时间内完成任务	2.60	3.21
别人不督促你,你也主动学习	2.03	3.11

由表2分析可以看出,"你认为不努力学习是不行的"的测试中,组员的平均分由2.87升至3.34;"你一坐到桌子前就马上学习"的测试中,组员的平均分由2.63升至3.42;"上课时,你精神集中,不做小动作或小声讲话"的测试中,组员的平均分由2.61升至3.34;"你认为学习没意思"的测试中,组员的平均分由2.56升至3.25;"学习时,你努力在规定的时间内完成任务"的测试中,组员的平均分由2.60升至3.21;"别人不督促你,你也主动学习"的测试中,组员的平均分由2.03升至3.11,可见组员的学习态度明显改观。

（2）学习方法方面

表3　组员学习方法前后测量情况统计

题目	前测平均分	后测平均分
你学习时有自己的计划	2.37	3.45
你按照学习计划学习	2.12	3.27
你有预习功课的习惯	2.34	3.13
你上课时不能专心听讲	2.15	3.17
你有复习功课的习惯	2.67	3.42
你愿意找课外题巩固所学知识	2.49	3.34

　　由表 3 分析可以看出,"你学习时有自己的计划"的测试中,组员的平均分由 2.37 升至 3.45;"你按照学习计划学习"的测试中,组员的平均分由 2.12 升至 3.27;"你有预习功课的习惯"的测试中,"组员的平均分由 2.34 升至 3.13;"你上课时不能专心听讲"的测试中,组员的平均分由 2.15 升至 3.17;"你有复习功课的习惯"的测试中,组员的平均分由 2.67 升至 3.42;"你愿意找课外题巩固所学知识"的测试中,组员的平均分由 2.49 升至 3.34。从这些分析可以看出,组员按计划学习、预习、认真听讲、课后复习、做练习题巩固知识方面都有所提高,组员的学习方法有了很大的改进。

　　(3) 人际关系方面

表 4　组员人际关系前后测量情况统计

题目	前测平均分	后测平均分
你能与老师交流生活和学习上的问题	2.47	3.21
你在学习中与同学相互鼓励和竞争	2.69	3.54
教室很吵时你仍可以专心学习	2.36	3.41
家长给你很大的学习压力	2.47	3.35
你的老师给你很大的学习压力	2.35	3.23

　　由表 4 分析可以看出,"你能与老师交流生活和学习上的问题"的测试中,组员的平均分由 2.47 升至 3.21;"你在学习中与同学相互鼓励和竞争"的测试中,组员的平均分由 2.69 升至 3.54;"教室很吵时你仍可以专心学习"的测试中,组员的平均分由 2.36 升至 3.41;"家长给你很大的学习压力"的测试中,组员的平均分由 2.47 升至 3.35;"你的老师给你很大的学习压力"的测试中,组员的平均分由 2.35 升至 3.23。由此可以看出,组员们与同辈群体、家长、教师的关系以及组员的心理状态都有了较大改观。

（4）心理状态方面

表5　组员心理状态前后测量情况统计

题目	前测平均分	后测平均分
你因为紧张,考试发挥失常	2.08	3.24
学习时总犯困,眼酸头疼	2.14	3.31
心情不好时,你会向别人倾诉	2.10	3.48

由表5分析可以看出,"你因为紧张,考试发挥失常"的测试中,组员的平均分由2.08升至3.24;"学习时总犯困,眼酸头疼"的测试中,组员的平均分由2.14升至3.31;"心情不好时,你会向别人倾诉"的测试中,组员的平均分由2.10升至3.48。由此可以看出,组员们的心理状态得到了改善。

4. 总结与反思

通过上述测查统计可见,小组工作介入对改善城镇化背景下农村小学生学习环境适应性问题具有可行性和有效性。但是在具体测查组织的过程中还存在一些不足,具体表现为选取的测查对象范围较小、人数较少,代表性受到一定的限制;量表列举的问题较少,没有穷尽小学生学习环境适应性方面所存在的各种问题;介入的形式较为单一,只开展了小组工作的介入,而没有开展个案工作和社区工作;活动开展的时间较短,还不能充分体现介入工作的长效性。在以后的研究中还需要进一步深入,充分发挥社会工作介入对小学生学习环境适应性的影响和作用。

二、提高城镇化背景下农村小学生学习环境适应性的思考

(一) 改善影响小学生学习适应性的外部环境

通过笔者在王家村小学开展的小组活动结果证明,小组工作介入小学生学习环境适应性的问题具有可行性,同时也给笔者带来了更多的启发。单纯依靠社工在学生中做小组工作还是不够的,需要考虑到其他领域的策略。小学生对学习环境不适应,除了自身内部因素外,社区、学校、家庭这些外部因素也不可忽视。如

果这三方扮演好自己的角色,承担起应该担当的责任,就会为小学生提供更加健康和谐的学习环境。

1. 社区方面,建立社区教育机构,招募大学生志愿者,对小学生进行辅导,对家长和问题学生进行社工干预

城镇化的发展,好多父母忙于赚钱,学生的作业没人去辅导。社区人员多元化,思想商业化,社区应该针对这些问题,建立专门的教育机构,开设课业辅导中心和教育发展中心。课业辅导中心主要是利用课余时间给学生辅导作业,课业辅导中心可招募大学生志愿者来完成辅导任务,可安排在晚上、节假日或寒暑假进行课业辅导。社区需要提供一定的场地和资源,这样就可以解决整个社区内孩子的作业无人辅导的问题。教育发展中心主要是针对有问题的学生和家长开展社工干预和专题教育,可以根据学生和家长的需要,邀请社会工作者或教育专家定期给需要社工干预和教育要求的学生和家长提供服务。

2. 学校方面,在学生中举办提高学习环境适应性的专题活动,对学生家长开展家庭教育专项培训,召开家长会或进行家访

学校在学生学习环境适应性不良问题上,要担当起自己的责任。学校的生源每学期都在变动,可以在每学期开学初对学生进行专题培训,开展一些主题活动,比如在端正学生学习态度方面,进行思想教育,明确学校的校纪校规等。在学习方法方面,可以开展学习方法交流会,让学习优秀的学生把自己的学习方法讲授给大家。同时,可以采用激励的方法,对学习有进步或者取得优异成绩的学生进行大幅奖励,激励学生树立榜样,确立目标,改进学习方法,提高学习成绩。在人际交往发面,可在学校组织运动会、文艺演出等,这些活动都有利于提高学生的向心力和凝聚力,促进同辈群体关系向好的方面发展;要融洽学生与教师的关系,学校教师就要多想一些办法,多给学生关心和爱护,要爱学生,把学生当成自己的孩子,注重以情教人,以情服人,多鼓励少批评,不要采取体罚和变相体罚学生的手段。教师多给孩子送温暖,会促进良好师生关系的建立;学校为了更好地教育学生,可以依靠自己的优势,与家长建立联系,召开家长会,进行家访,有针对性地加强互动,共同想办法解决学生遇到的问题。学校可以帮助家长树立正确的家庭教育理念,可以在家长中开展家庭教育课,以便指导家庭教育。在心理健康方面,学校要有专门的心理咨询师,定期给学生上心理健康课,给有心理障碍的学生提供心理辅导,帮助学生预防和治疗心理疾病。

3. 家庭方面,对学生开展正确的家庭教育和引导,帮助其端正学习态度,树立正确的人生观和价值观

家长是家庭教育的核心,家长应该多给自己和孩子留一些沟通思想的时间,每周一次或两次,了解孩子学习和生活的情况,就像好朋友式的谈心,这样就能及时了解孩子的心理动向,孩子想什么,需要什么。不单是让孩子吃饱穿暖,更应该走进他们的内心世界。要对孩子进行正确的家庭教育,先要从自身做起。笔者在前期与一些家长的访谈中了解到,有的家长自己忙着娱乐打麻将,该给孩子辅导作业了,自己却不管,只是说"写作业去""作业写完了没?""写完了就好",自己懒得看一眼。孩子的作业是否写完,是否撒谎并不在意,表面上也关心孩子学习,其实什么都没做。这样的结果就可能导致孩子态度不端正。而有的家长在孩子学习上寄予厚望,抓得太紧,无形中给孩子造成心理压力,使孩子心理健康出现问题。有的家长太过爱护孩子,孩子在学校与同学之间发生一些小冲突,家长就直接去找对方孩子或家长,弄得很不愉快,影响了孩子与同辈群体的交往。家长可以和别的学生家长进行交流,探讨和学习怎样教育孩子的问题,帮助学生养成良好的学习习惯,学会学习。家长不能因心疼孩子,娇纵孩子。如果在孩子身上已经存在坏毛病,要对其进行正确地引导,家长要以身作则,给孩子树立良好的榜样,帮助孩子树立正确的人生观和价值观。

(二)强化小学生在提高学习环境适应性中的主体角色

小学生是学习环境适应性问题的主角,小学生自身需要做出努力。外因是辅助,内因才是关键。小学生处在成长期,自身的性格、思想、与人沟通的能力、心理承受能力、自制力等都要向好的方向转变,才能适应学习环境,使自己的学习态度、学习方法、人际关系、心理健康向好的方向发展。

第一,要有理想,要树立起远大的目标。有了目标,做事才不会盲目,做事就会有方向,这样自然会端正好自己的学习态度。

第二,树立自信,有了自信才会干好自己想干的事,自信是战胜一切困难的关键。

第三,要勤学好问,多向老师请教,向同学请教,仔细琢磨,掌握恰当的学习方法,适应学习环境,才能使学习成绩有所突破。

第四,要培养开朗积极的性格,多与老师、同学、家长交流,多参加一些文体活动,建立良好的人际关系,积极学习他人的优点和长处,克服自己的缺点和短处。

第五,要有乐观的心态,积极面对生活中的困难和挫折,保证健康的心理状态,努力适应学习环境的变化。

(三)加大政府的支持力度

政府在应对城镇化背景下农村小学生学习环境适应性不良问题上,应该承担起应有的社会责任,给予多方面的支持。

第一,政府应积极治理整顿校园周边环境。清理网吧、歌舞厅、麻将室等各种娱乐休闲场所,为学生提供一个安宁的周边学习环境。

第二,政府应加大资金扶持力度。针对教学环境拥挤、校舍不足、设施短缺等问题,拨付专门资金予以解决,让小学生能有良好的学习条件和学习场所。

第三,政府应加大政策扶持力度。出台相关政策,吸引高学历人才、优秀教师到小学任教,或鼓励大学生到这些学校支教,同时培养专门的心理咨询和行为矫正教师,对有心理障碍和轻微不良行为的学生进行教育和帮扶。

第四,政府应加大后勤扶持力度。为小学生提供免费的早餐、午餐等,为学生提供各种健康向上的文体活动培训,提供课业辅导中心和教育发展中心的场所和物资供应,加强各中心的人员配备,做好学校、学生和老师的后勤保障工作。

第五，积极推广社会工作介入。吸引更多的社会工作者，采取灵活多样的方式，为改善小学生学习环境适应性开展各种社会实务。

（四）倡导全社会的关注和支持

小学生是民族的希望，他们能否健康成长，关系到国家和民族的未来。我们每个人都做过小学生，每个家庭现在或者将来都会有小学生，那么小学生能不能适应所处的学习环境，学到科学文化知识，德智体全面发展，也关乎我们每个人、每个家庭的未来。因此，我们应该倡导全社会的每一个人都关注小学生这个群体，关心他们的成长环境和学习环境，自觉约束自己的言行，为小学生创造一个安全、纯净的周边环境，在力所能及的范围内，给予小学生学习、生活、课外活动、健康锻炼等各方面的支持，使小学生能够顺利适应学习环境的变化，在同一片蓝天下，自由自在地学习和成长。

（张雪霞）

留守儿童抑郁症的表现与治疗

世界卫生组织曾预测,抑郁症将成为 21 世纪人类的主要杀手。目前,在世界范围内,抑郁症患者有三到四亿,每年在 2000 万有自杀企图的人群中,45%～70%的患者具有明显的抑郁情绪倾向。据预测,到 2020 年,抑郁症会成为影响寿命、增加经济负担的第二大疾病。抑郁症,也成为农村留守儿童问题的最大杀手之一,厌学、辍学都是不同程度的抑郁症表现。农村心理健康知识的匮乏,农村教师心理抚慰能力的不足,使留守儿童的心理问题成为一大社会隐患。

一、关于抑郁症

抑郁症曾经被认为是和精神分裂症一样严重的两大精神疾病之一。然而,近年来,很多学者认为,抑郁症不同于精神病。其理由是无数临床诊断病例证明,由于抑郁症导致判断能力根本损害的病例很少,抑郁症的核心问题在于心境和情绪的变化。因此,美国一些医院将抑郁症门诊称作"情绪门诊"。

著名心理学家马丁·赛利曼将抑郁症成为精神病中的"感冒",大约有 12%的人在他们的一生中的某个时期都曾经历过相当严重的、需要治疗的抑郁症,尽管其中大部分人抑郁症的发作不经治疗也能在 3～6 个月内结束,但抑郁症还是不可忽视的。

抑郁症会严重困扰患者的生活和工作,给家庭和社会带来沉重的负担,约 15%的抑郁症患者死于自杀。根据对社会功能的损害程度,抑郁症可分为轻性抑郁症或者重症抑郁症;根据有无"幻觉、妄想,或紧张综合征等精神病性症状",抑郁症又分为无精神病性症状的抑郁症和有精神病性症状的抑郁症儿童抑郁症是指发生在儿童时期持续的心境不愉快并以抑郁为特征的精神疾病,儿童抑郁症中女童多于男童。

二、留守儿童抑郁症的常见表现

近年来,随着留守儿童数量的增加,留守儿童的心理问题日益凸显,在所有留守儿童的心理问题中,抑郁症是发病率最高的。据笔者在一所乡村学校 6 年的心理咨询经历显示,该学校前来咨询的留守儿童中,多数有抑郁倾向或是抑郁症,具体表现为:

第一,厌学。在留守儿童中,很难有心理健康水平比较高的,在学习方面很被动,学习上遭遇挫折之后,缺少倾诉对象和有益的引导,导致不良情绪持续加重,厌倦学习是首要表现。如在课堂上不参与讨论,对班级活动没有兴趣,很多学生难以完成初中三年的学业。以陕西平利老县镇中学 2008 年、2009 年、2010 年三个初三毕业班为例,2008 年初三一班辍学学生很少,2009 年初三一班辍学十三人,2010 年辍学二十人。在辍学学生中,有相当一部分抑郁倾向,个别是抑郁症。

第二,交流障碍。长期与父母的隔离,造成了这些孩子的人际交往障碍,语言表达能力低下,不能完整表述事件。不少孩子有交往恐惧心理,对陌生人、老师怀有防备心理,不敢和老师正常交流,不敢问问题,上课不敢回答问题,不能正常完成作业,尤其是在语言表述的学习活动中,表现被动、胆怯、反应迟钝。

这样的学生,很难培养成为一个适应社会发展需要的人。长此以往,农村留守儿童将难以进入现代社会,他们所接受的教育以及个人发展所要具备的能力将远远低于城市孩子,这亦将成为巨大的社会隐患,使农村和城市孩子的差距更大,这样的儿童会成为社会的负担。

第三,自残行为。留守儿童的抑郁,在近几年已经由隐性转为显性,由情绪上的郁郁寡欢少言寡语转变为行为上的自我攻击。由于情绪得不到及时的疏通,很多留守儿童采取自残行为。这些自残的孩子一般来自于单亲家庭,或是父母长期外出的家庭,他们会用刀片和削笔刀在手腕上自残,通过自残来宣泄情绪。这种自残行为具有一定的传染性,往往由几个人自残转为全年级很多人的集体行为。在自残的学生中,女生多于男生。通过这种行为,使自己获得心理上的怜悯,或是同学、朋友对她的关爱。这类青少年很容易受到社会不良青年的引诱,一旦有人对她施加一点关怀,就会就范,后果不堪设想。

三、留守儿童抑郁症形成原因

首先,与父母关系的隔离是造成这些孩子抑郁的主要原因。最近五六年,多数农村家庭的夫妻外出打工,留下孩子一个人在家,或是和爷爷奶奶在家,孩子缺少与父母的沟通,没有爱的滋养,也没有能够与之对话的对象,时间长了就会性格内向自闭,自卑感强,很难融入一个群体,也很难形成正常的人际交往能力。多数孩子由爷爷奶奶照顾,隔代教育造成的恶果有两种:一是老人文化水平低,很多农村老人目不识丁,对孩子的教育只停留在生活的照顾上,完全没有情感的沟通,留守儿童智力得不到发展,学习能力低下,内心世界恐惧不安全。二是不少农村的老人性格也有缺陷,有一部分甚至有老年心理问题,给留守儿童造成极大影响,焦虑症、抑郁症、惊恐发作、多动症层出不穷。

其次,学校教育是留守儿童抑郁症形成的关键因素。一方面,农村优秀教师大部分都往城市流动,造成农村教师的心理恐慌,留下来的农村教师对工作失去了职业自豪感,把教书育人当作是一种养老方式。加上农村教师的孩子在城市上学,农村教师不能安心工作,对学生缺乏应有的耐心,这样就导致本该得到爱的孩子只能接受粗暴的教育,在原有的伤口上又撒了一把盐,所以大量的留守儿童辍学,甚至失踪,这和农村教师的社会地位、职业自豪感、成就感不无关系。另一方面,片面抓学生成绩,忽视了学生的成长背景,在应试教育的指挥棒下,农村学校的教育是以简单粗暴的方式,要求一批没有安全感的孩子,片面追求优秀的学习成绩。这种不合理的期待,教育环境的极大不公平,使农村留守儿童得不到应有的教育,许多孩子对学习失去信心,教师为了追求工作效益,逼迫学生努力学习。

四、留守儿童抑郁症治疗方法初探

对于已经出现抑郁症状的孩子,农村学校的心理咨询可以起到一定作用,矫正孩子的心理问题。前提是农村中学的心理咨询师要有极大的爱心,真正具备一个教育者应有的无私情怀,还需要具备一个心理咨询师应有的专业素养,特别重要的是共情能力,具备尊重来访者的素养。治疗留守儿童的心理问题,需要掌握一定的专门治疗技术,如催眠、房树人、意象对话、沙盘等。

对于留守儿童的心理咨询有如下建议:

第一,留守儿童的心理咨询很多是由咨询师主动提出,留守儿童一般不会主动咨询,这就需要心理咨询师有很强的亲和力,对咨询意图巧妙掩藏起来,等到关系建立以后再说明,或者不说明。留守儿童的心理咨询都是免费的,心理咨询师需要具备很高的专业素养和道德修养,有为留守儿童服务的意识,真正从内心深处尊重孩子,咨询才能起到预期的作用。

第二,留守儿童的抑郁症需要班主任的配合。留守儿童的父母很难参与治疗,班主任必须从思想上认识到抑郁症的严重性,对班上有心理问题的孩子防患于未然。如果在心理测量中已经确认,班主任就必须积极配合心理咨询师的工作,对有心理问题的孩子在学习和生活上给予特殊关怀,但又不能让孩子觉察,以免被其他同学孤立。

第三,在留守儿童比较多的学校,可以采取团训或是心理沙龙的方式,个别咨询与团体咨询相结合,以扩大心理咨询的影响面。团训最好以活动的方式进行,不要变成专业的心理讲座,反而给这些孩子增加心理压力。要经常组织一些活动,丰富他们的内心世界。对于特殊学生,可以组织小型的心理沙龙,提升他们的语言表达能力,在沙龙中鼓励他们表达自己。如果能够坚持一个学年,会有明显的效果。

五、留守儿童心理团训示范方案

活动一：我有我的风采

【活动目标】

（1）让学生认识到认识自我的重要性。

（2）让学生学会正确评价和接纳自我。

（3）学生明白与重视自我的发展，能够主动调整心态。

【活动重点】让学生懂得正确评价和接纳自我，展现良好的自我风采。

【活动难点】学生能够对自我的认识进行反省与调整，形成良好的自我心态。

【形式与方法】讲故事、活动、讨论。

【手段与教具】运用多媒体形式辅助教学。

1. 故事引入

一个年老的富翁送他的儿子去闯天下。青年来到热带雨林中找到一种树木，这种树木高十余米，在一大片雨林中只有一两株，青年觉得这种树木木质不错而且稀有，就准备砍去贩卖。这种树木砍下之后，让外层腐烂，留下里头呈黑色的部分，会散发出无比的香气，放在水中也不像其他树那样浮在水面上，而是沉到水底。青年把这种带有香味的树木运到市场出售，没人买他的树，倒是旁边卖木炭的小贩生意很火。日子一天天过去，青年的树仍无人问津。他想：大概我的树真的不及那人的炭。于是他把香树烧成炭挑到市场上，结果一会儿就卖光了。青年很得意地回家告诉了老父，老父听了，忍不住落下泪来。原来青年烧成木炭的香木，正是世上最珍贵的树木——沉香。只要一小块，它的价值会超过一车木炭。

同学们，听完这个故事你们是不是觉得很可惜？其实在我们的日常生活中，有许多人都会像这位青年一样，手里有"沉香"却不知道它的珍贵，反而羡慕别人的木炭，最后竟丢了自己的珍宝。

学生讨论：你有怎样的感受？你想说什么？青年人为什么会犯这样的错误？我们的日常生活中，有与青年人类似的人吗？这个故事又给了你怎样的启示？

你就是这个世界上独一无二的一个，所以要充分认识自己，扬长补短，散发自己独特的个人魅力！

从上面这则故事我们应该体会到充分客观认识自己是很重要的，一旦我们不能很好地认识自己，可能会导致我们丢掉自己身上很珍贵的东西。因为人往往容易看到别人身上令人羡慕的优点，却忽略了自己的优势和特长。当你愿意静下心来好好审视自己的时候，你会惊喜地发现自身的潜力和优点。

2. 看图想象

"我们来看这幅图，根据你所看到的，给这幅图起个名字。"（老师将五六位学生们起的名字写在黑板上）

"大家看到了，我们看到的是同一幅图，但是我们起的名字却是千差万别的。"

提问三位同学，他（她）起的名字比起别人来怎样。

学生回答后，我接着说：

"我们暂不对这些名字评价，下面先听一个故事：有一位画家把自己的画放在画廊上，请人们点评，第一天请人们把败笔之处圈出来，结果一天下来，几乎画的每一个角落都被圈出来了，画家觉得非常沮丧。画家的老师对他说'不要沮丧，明天依然拿这幅画，让人们将精彩的部分都圈出来'。结果一天下来，又是画的每个角落都被圈出来了。这时候这个画家终于明白了一些道理。同学们，你们从故事里悟出了什么道理吗？"

总结：生活中，不同的人对我们的认识和看法是不同的。我们要充分认识自己的每一方面，给出客观的评价。别人的评价只是一个参考，我们要想完善自己，首先要自己充分认识自己。认识自己,就先从认识自己的手开始。

3. 手指比较

现在,每位同学伸出你的右手,看看这五个指头。

你们说,哪个手指最短?——大拇指

数一数每根手指的关节数,有什么不同?——大拇指一个,其他手指两个。

佩带首饰的机会,拇指与其他四指有何不同?

用手握着榔头捶打,大拇指与其他四指用力有何不同?

我们对比完之后,大家有什么感想?(人的手指不一样长短,各有各的优势与劣势,手指如此,为人也一样,一定要充分认识自己发扬优点。)

4. 优点轰炸

有哪位同学认为自己很不愿意接纳现在的自己?(叫一位性格内向、学习成绩一般的女同学回答,主要谈缺点)

请全班同学来谈谈这位同学的优点,把你发现的她的优点告诉她。(六七位同学谈)

告诉这位女同学:虽然你认为自己有那么多的缺点,但在其他同学眼里,你是这么的优秀!

总结:做人不要骄傲自大,但也不要妄自菲薄。不要拿着放大镜来照自己的缺点,搞得自己全无信心,要充分认识和接纳自己。

5. 打破传统

我们都曾听说过:成功=99％的汗水＋1％的天赋

你们也能写出一些关于成功的公式吗?(同学作答)

1993年美国心理学会主席福勒博士等人提出:

成功=自我认识＋动机

希望同学们能够好好体会这一新的成功公式,当你能够更好地认识自己,你就能够更好地抓住成功的机会。

6. 议一议

每一位同学都希望自己能在生活中展现自己的风采,每一位同学都希望能用自信与良好的心态来面对生活,那么,你们想一

想,做到这一切的基础是什么?结合这节课的内容谈谈你的感想与看法。(学生讨论与发言,两三位)

7. 对对碰

在生活中,每一位同学肯定都希望自己能有自己的风采,拥有自信、获得成功,其实要想做到这一切最基础的一件事就是首先我们要正确地认识自我,在这个认识的基础上开心地接纳自己、完善自己,以良好的心态与状态去迎接挑战,迈向成功。下面就以台湾作家林清玄说过的一番话作为这堂课的小结:"人生的缺憾,最大的就是和别人比较。与高人比较,使我们自卑;与俗人比较,使我们下流;与下人比较,使我们骄傲。外来的比较是我们心灵动荡不能自在的来源,也使得大部分人都迷失了自我,屏蔽了自己的心灵原有的氤氲馨香。"

活动二:认识自我,悦纳自我

【活动目标】

1. 了解自己,接纳自己。

2. 树立良好的自我意象。

【活动方式】讲述与讨论

【活动准备】

1. 准备一些"认识自我,接纳自我"的实例。

2. 让学生事先做好准备,以便在小组活动中人人能够畅所欲言。

【活动步骤】

1. 引入。教师可先提出一个同学们都很关心的问题,例如,你对你的性别、外貌、身材和学习成绩满意吗?教师可随意请两三位同学来谈自己眼中的自己和理想中的自己。

2. 学生活动

(1)小组交流:①以小组为单位(四人为一组),每个同学都围绕着"我认识自己、欣赏自己"为中心做出肯定评价,包括自己的优缺点、个性、品德、特点、学习态度、欣赏自己哪个方面等等;②小组同学之间互相欣赏、评价。

(2)小组讨论:"我不比别人矮一截""人贵有自知之明"。

(3) 全班分两大组辩论：正反方各 4 名代表进行辩论。正方辩题："我不比别人矮一截"。反方辩题："人贵有自知之明"。

(4) 辩论赛后，当场宣布优胜者名单（如有条件，可发给学生奖品）。

活动三：心理调适

放松可以有效抑制紧张，焦虑和恐惧的情绪。这里介绍想象放松疗法。做想象放松前，个体要放松的坐好，闭上眼睛，然后由指导者（可以让家长或同学等）给予语言指导，进而自行想象。指导者需要事先了解你在什么情况下最舒适和轻松。常见的情境如大海边，指导者可以这样设计：

"我轻轻地躺在海滩上，周围没有其他人。我感受到了午后阳光的照射，手轻轻地触到了身下细滑温热的沙子，我全身感到舒服极了，一阵微风吹来，带来一丝丝大海的味道。海浪轻轻地拍打着海岸，我有节奏的唱着自己的歌，我静静地、静静地聆听着这永恒而美妙的波涛声……"记住：指导者在念指导语时，语气一定要柔和，语调适中，节奏逐渐变慢，配合对方的呼吸，尽量调动其想象力和感受力，语言要形象。

六、小结

留守儿童的心理问题是值得关注和探究的，虽然国内目前还没有留守儿童心理问题研究的专家，也没有一种有效的解决途径，但是据多年的心理咨询经验来看，只要农村学校的领导和教师能够对此给予足够的重视，把留守儿童的心理问题作为重要任务来抓，就可以大大避免抑郁症的发生，一些症状不严重的还可以得到根本性的治疗。这需要全社会的关注，也需要国家出台一些政策，培养农村学校的心理咨询师，并对农村教师的心理进行培训，尽量给留守儿童创造一个和谐安宁的学习环境与生活环境，使留守儿童的心理问题得到根本解决。

（王亚莉）

先天性心脏病儿童社会工作介入策略研究

先天性心脏病(Congenital Heart Disease)简称"先心病"或 CHD,是儿童最常见的心脏疾病。先心病儿童具有一般儿童的某些普遍性特征,由于疾病的缘故,又导致该群体儿童在生理、心理以及行为等方面出现了某些独特特征。笔者运用儿童社会工作的一般方法,结合先心病儿童的问题和需求,提出了一条通过个案工作、小组工作、巩固社会支持网络、促进相关政策和法律法规的发展及完善的、直接与间接相结合的社会工作介入策略,以促进他们的全面成长。

一、先心病儿童社会工作方法介入现状

2013 年发布的《中国妇幼卫生事业发展报告》指出,中国新生儿出生缺陷发生率呈上升趋势,由 1996 年的 87.7 万上升到 2012 年的 159.9 万,增长幅度巨大,而先天性心脏病位于第一位。根据我国出生缺陷监测结果,近几年来,我国先心病发生率呈明显上升的趋势。90%以上的先心病患儿在婴幼儿期病情进展迅速,严重危害生命,这给国家、社会、家庭带来了沉重的负担,同时也让很多家庭、父母陷入恐惧、痛苦、无力和无望。

社会工作作为一种以人为本、助人自助的专业助人活动,在提升儿童福利和促进儿童全面发展方面具有重要意义,所以,CHD患儿及家庭的社会工作介入也是该领域内的一项重要研究内容。

儿童社会工作是指在儿童福利体系下,根据少年儿童的生理、心理特点和成长、发展的需要,把社会工作的专业知识及方法和技巧应用到儿童的教育和照顾工作中,不仅救助和保护不幸儿童,而且关心一般儿童,使他们全面成长。医务社会工作是配合医护人员从事预防、医疗和伤残康复等工作,运用社会工作理念与专业方法来协助病人解决与其有关的社会、经济、家庭、职业、心理等问题,以提高医护人员的医疗效果的专业服务活动。针对先天性心

脏病患儿的社会工作是儿童社会工作和医务社会工作两个范畴相互交叉产生的新领域。

笔者对西安市某三甲医院进行调研发现,近年来,已有多家慈善基金会和慈善组织、志愿者与该医院合作,力求医治这些患有CHD的孩子们。据统计,该医院 2014 年共计救助先心病患儿 800 余例。相关的公益组织如红十字会、神华爱心集团等均为 CHD 患儿提供着帮助。以神华爱心集团为例,该基金会主要面向全国范围内的 0—18 周岁贫困家庭白血病、先天性心脏病患儿,并采取资助型与实际操作型相结合的运作模式,选择中国社工协会为合作单位,与之联合成立神华爱心行动项目办公室,与全国 27 个省(直辖市、自治区)77 家三甲医院建立合作,确保项目顺利执行。目前,项目已累计出资 1.71 亿元人民币,救助 7717 名患儿,也因此获得第八届“中华慈善奖”。

先天性心脏病虽然在及时发现、及时救治的情况下可以痊愈,但其高昂的手术费用和冗长的康复过程是一般家庭很难承受的。此外,先心病儿童及其家庭的心理状态和行为状态等都是需要关注的,这就需要社会工作的广泛介入。本课题的研究对象是年龄为 0~18 周岁的 CHD 患儿,尝试运用社会工作的专业方法探索出一条有效介入该群体以增进其福祉的有效策略。

以上各方面的研究对增进先心病儿童的福祉有极大的推动作用。医学领域旨在通过医学手段来预防和治愈先心病造成的身体创伤,心理学旨在促进先心病儿童的心理健康,社会各界的广泛关注能够给予先心病儿童更多的在于经济、教育等方面的救助。同时,这些领域提出的问题和得出的成果,也为社会工作更好的介入提供了全方位的支持,社会工作能够在此基础上帮助先心病儿童更好的发挥潜能,战胜困难,融入正常的生活。

二、先心病儿童的生理、心理和行为特征

先心病儿童在某些方面存在与一般儿童相同的身体、心理和社会特征,但很大的不同在于他们要遭受病痛的折磨。这将导致

他们各种特征的非常态化。

（一）生理特征

先天性心脏病的种类很多，其临床表现主要取决于心脏畸形的大小和复杂程度。复杂而严重的畸形在出生后不久即可出现严重症状，甚至危及生命。需要注意的是一些简单的畸形如室间隔缺损、动脉导管未闭等，早期可以没有明显症状，但疾病仍然会继续发展加重。主要症状有：

1. 青紫

青紫是青紫型先天性心脏病（如大血管错位，法乐氏四联症等）的突出表现，可于出生后持续存在，也可于出生后三至四个月逐渐明显，在口唇、指（趾）甲床、鼻尖最为明显。而潜伏青紫型心脏病（如室间隔缺损、房间隔缺损、动脉导管未闭）平时并无青紫，只是在活动、哭闹、屏气或患肺炎时才出现青紫，晚期发生肺动脉高压和右心衰竭时可出现持续青紫。

2. 心脏杂音

多数先天性心脏病都可听到杂音，这种杂音比较响亮，粗糙，严重者可伴有胸前区震颤。心脏杂音多在就诊时被医生发现。部分正常儿童可有生理性杂音。

3. 体力差

由于心功能差、供血不足和缺氧，重症患儿在婴儿期即有喂养困难，吸吮数口就停歇，气促，易呕吐和大量出汗，喜竖抱，年长儿不愿活动，喜蹲踞，活动后易疲劳，阵发性呼吸困难，缺氧严重者常在哺乳、哭闹或大便时突然昏厥，易出现心衰。

4. 易患呼吸道感染

多数先天性心脏病由于肺血增多，平时易反复患呼吸道感染，反复呼吸道感染又进一步导致心功能衰竭，二者常常互为因果，成为先天性心脏病的死亡原因。

5. 心衰

新生儿心衰被视为一种急症，通常大多数是由于患儿有较严重的心脏缺损,其临床表现是由于肺循环、体循环充血,心输出量减少所致,患儿面色苍白,憋气,呼吸困难和心动过速,血压常偏低,可听到奔马律,肝大,但外周水肿较为少见。

6. 蹲踞

患有紫绀型先天性心脏病的患儿,特别是法洛氏四联症的患儿,常在活动后出现蹲踞体征,这样可增加体循环,从而减少心间隔缺损产生的右向左分流,同时也增加静脉血回流到右心,从而改善肺血流。

7. 杵状指(趾)和红细胞增多症

紫绀型先天性心脏病几乎都伴有杵状指(趾)和红细胞增多症。杵状指(趾)的机理尚不清楚,但红细胞增多症是机体对动脉低血氧的一种生理反应。

8. 肺动脉高压

当间隔缺损或动脉导管未闭的病人,全面出现严重的肺动脉高压和紫绀等综合征时,被称为艾森曼格氏综合症。临床表现为紫绀红细胞增多症,杵状指(趾)右心衰竭征象,如颈静脉怒张,肝肿大,周围组织水肿,这时病人已丧失了手术的机会,唯一等待的是心肺移植。

9. 发育障碍

先天性心脏病的患儿往往发育不正常,表现为身体瘦弱,营养不良,发育迟缓等。

10. 其他症状

先天性心脏病如有左心房扩大或肺动脉压迫喉返神经,则自幼哭声嘶哑、易气促、咳嗽;合并其他畸形症状,如先天性白内障、唇腭裂和先天愚型等;心室增大可致心前区隆起,胸廓畸形;持续青紫者可伴有杵状指,多在青紫出现后1—2年形成。

(二)心理特征

儿童有着生动活泼的想象力,有一定的自我控制能力,对父母和熟人有一种强烈的依恋心理。依照埃里克森的"八阶段"理论,儿童期要经历其中的两个阶段——主动与内疚阶段、勤奋与自卑感阶段。这两个阶段伴随如下特点：儿童具有了语言能力和从事游戏的能力，开始表现出与他人交谈和一起从事游戏活动的主动性，对周围事物的用途和构造的好奇心增强，乐于使用工具去进行操作活动。

先心病儿童由于嬉戏和玩耍受到限制，追求快乐的天性无法得到满足，容易焦躁不安。由于医治的需要，他们成天面对的是白色的病房，穿着白色大褂的医生和护士，成堆的药品和医疗器械，还必须经受输液、复健等长期治疗过程。有时还必须接受隔离，那个五彩缤纷的世界与他们相距甚远，他们正常的生活已然被打乱，难免会感到失望。

笔者运用 CBCL 行为问卷以及艾森克个性量表比较了 CHD 儿童和正常儿童的行为、个性差异，最后得出 CHD 儿童存在明显的心理压力，易于焦虑、恐惧，性格逐渐转向内向。在气质维度方面，趋避性、适应性、注意力分散、反应强度和心境的分值高于正常儿童。由于长期住院治疗，及家长的过度关注，较多出现中间偏烦型、麻烦型等，气质测定可作为个体化心理干预的基础。

（三）行为特征

面对孩子遭受的重大身体和心理摧残，父母往往会表现出过度保护行为，如一位母亲说："算了吧，他想吃什么就给他吃吧，想干什么就让他干吧，我实在不忍心看着他这么痛苦……"这很容易助长患儿的一些不良行为，如：娇气和任性，对疼痛过分敏感，喜欢支配别人等；情绪不稳定，容易发脾气、挑食、挑玩具、摔东西等；攻击行为包括踢人、好斗、爱争吵等。或在患儿治愈后，其父母依然觉得患儿有病，身体特别虚弱甚至容易死亡，而且这种感觉长期存在，在日后养育过程中每当儿童出现一些常见的疾病（其他正常儿童其实也会出现这些疾病），家长就会过度焦虑和恐惧，如此导致亲子之间关系以及养育方式不正常发展，患儿也会过度依赖父母，影响患儿独立性的发展。

三、先心病儿童的社会工作介入

（一）直接服务

1. 个案工作

社会工作个案工作方法以个人和家庭为入手点，通过建立一对一的专业关系，帮助个人调动内在外在资源，解决他们社会适应的问题。这一工作方法对 CHD 儿童及其家长具有重要作用。在介入 CHD 儿童这类特殊的个案时，应该掌握真诚、同理心、尊重、倾听等一般社会工作技巧，同时，也要注意诸如如何打破沉默、鼓励和表扬、守约等技巧在具体工作中的运用。社会工作者应该更多地学习和借鉴学前儿童教育领域的技巧，比如以年龄、兴趣爱好等来破冰；挖掘画画、唱歌、朗诵等他们身上具有的才艺；和孩子们约定如果能够按时吃药就会在下次见面时获得小礼物等……依据马斯洛的需求理论，饮食、睡眠等为了维持生存和健康所必需的需求是儿童最基本的需求。CHD 儿童必须遵照医嘱对一些食物忌口以及遵守一些生活习惯上的禁忌，家长要在医生的指导下尽力保障孩子的科学饮食和睡眠，社会工作者与患儿订立的约定可以促成达到这一目标。

个案工作是最直接最深入的介入手法，以个案工作价值观和技巧为基础，通过细腻的心理和情感交流，评估患儿需求，关注患儿病情，抓住案主心理和个性特征，订立改变行为毛病的约定，帮助 CHD 儿童客观地看待自身存在的问题和面临的困难，形成自我完善、不惧困难的坚韧品质。

2. 小组工作

归属和爱的需求是一种人的基本社会性需求，是一种要在群体中找到归属感，感受爱的温暖的需求，CHD 儿童在这一层面的需求必不可少。小组工作就是组建服务对象群体，"通过界定人们的基本需要，解决人们面临的各种社会问题，增强人们的社会功能，实现个人、群体、社区希望或预期的目标，以改善人们的生活质量和提高社会福利水平"。从某种程度上说,小组工作就是帮助CHD儿童满足这一层次需求的一条重要途径。与此同时,对于他们身上存在的诸如性格内向腼腆、脾气暴躁、具有攻击行为等类似的社会行为问题,也可以在小组工作中得以解决。

治疗模式应该是一种具有针对性的小组工作介入模式,也称为"预防与康复模式或临床模式,是以治疗个人作为小组工作的任务,同时也提供个人预防和康复的一种干预方式"。它的目的就是帮助个人通过小组改变自身的不良行为和态度达到心理、社会与文化的适应。

另外,尤其需要注意的是在治疗模式中,应该对各个组员存在的问题进行充分的把握,建立有针对性的治疗目标和细致的工作程序,逐步推进行为问题的改变。CHD儿童小组工作形式应当以游戏活动为主,这样有助于放松心情,缓解压力。每次小组活动的开展都应该首先考虑他们的病情,征得医生的同意后,在医务人员的协助下选择合适的时间和地点以确保安全。

3. 巩固社会支持网络

社会支持被认为是"由社区、社会网络和亲密伙伴提供的感知的和实际的工具性或表达性支持"。他们认为社会支持主要是起到缓冲压力的作用,支持系统可以包括亲戚、朋友、互助小组及邻里关怀照顾团体,而所提供的支持包括心理及感情上的支持,日常生活细节的协助,物质、金钱、技术及意见的提供等。这种支持可以在危机产生前介入,这样可以帮助个人采取较为乐观的态度去减少压力的负面影响。

CHD儿童的社会支持网络主要有家人、朋友、邻里和学校四大版块,而每一版块都有一个支持强度问题,离服务对象最近的一圈强度最强,能提供的支持最多,包括物质支持和精神支持两个方面。因此,要解决CDH儿童面临的困难和问题,必须修复和重建他们的支持网络,充分发挥社会支持网络的作用。

(二) 间接服务

间接的儿童社会工作主要表现在宏观层面上,包括参与有关各项保障和维护儿童基本权利的福利政策、制度及相关法律、法规的制定与完善,参与保障并推动儿童教育事业的发展和完善,参与保障并推动儿童卫生保健事业的发展和完善等方面。针对 CHD 儿童的间接社会工作服务就是要呼吁和推动 CHD 儿童救助政策和福利政策、法律及法规的建立和完善,使这一弱势儿童群体的生存和发展更加得到政府和社会的关注。

2010 年 6 月卫生部、民政部联合下发《关于开展提高农村儿童重大疾病医疗保障水平试点工作的意见》的通知,优先选择先天性心脏病等几种危及儿童生命健康、医疗费用高、经积极治疗预后较好的重大疾病开展试点,通过新农合和医疗救助等各项医疗保障制度的紧密结合,探索有效的补偿和支付办法,提高对重大疾病的医疗保障水平。由此,各省市陆续出台提高 CHD 儿童保障水平的相应政策,有的省市还对先心病进行免费治疗。可见,对于 CHD 儿童的相关政策保障水平正在逐步提升。

社会工作的直接服务和间接服务策略包括从个体心理到周围环境、从微观到宏观的资源调动和整合,目的就是积极有效地帮助 CHD 儿童找到满足自身各个层次需求的途径,解决生理、心理和行为方面的问题,促进儿童正常的社会化,最终达到儿童的自我实现。

(张时骏)

社会工作介入留守儿童问题之个案分析与反思

本案中的案主是一名留守女童,因父母长期不在身边及家里人重男轻女的思想影响,产生自卑心理,性格内向,不擅与人沟通。又因长时间在校学习无法分担家务而与母亲产生了矛盾,屡遭体罚甚至殴打。针对此种情况,具有社会工作专业知识的支农队队员主动出面干预,通过与案主长时间的沟通,对案主情况有了全面了解,并与其家人进行交流,剖析问题产生的根源。在对案主进行诊断过程中,社会工作者运用一系列个案分析的专业方法和技巧,多方收集资料,对案主的行为、心理进行分析,最终确定干预方案。通过分析可以看出案主的问题在于:(1)认知上产生偏差,进行错误的行为归因;(2)在亲子关系方面与家人沟通不畅,导致彼此之间的不理解或缺乏信任,这是导致案主产生自卑心理的主要原因。为了帮助案主纠正认知偏差,树立正确的认知观念,社会工作者采用认知治疗模式,帮助案主走出困境。

一、接案

通过在村民中走访获得背景资料之后,社会工作者将案主接到学校进行心理疏导,在其心情平复之后说明来意,案主表示愿意接受社会工作者的帮助,并由支农队与其父母进行初步的交流与沟通。

(一)初步关系建立

案主一开始对自己的问题表现得较为敏感,不愿意过多涉入,时常静默不语,似乎不想再一次揭开伤疤。社会工作者出于对案主的体谅,对案主表现出自己的尊重、接纳和关心,以此获得案主的认同和信任。通过工作员的努力,案主与工作员间的隔阂渐渐消除,案主逐渐敞开心扉,这样,社会工作者与案主初步建立了良好的专业关系,为进一步沟通打下了基础。

（二）案主基本资料

鲁×,女,12岁,现就读于安康市大同镇新店小学,六年级。

（三）案例背景

案主的父母常年在外地打工,只有农忙才回到家中,收完粮食后又开始盖新房子,整天十分忙碌。案主的父母之前在外地就与孩子很少联系,现在父母回来后同样缺乏沟通。案主还有一个弟弟,家人对弟弟关心胜过对她的关心,导致案主从小就不太自信,觉得家里人并不关心自己,加上父母长期打工在外和她聚少离多,导致这种认知进一步加深。在支农队来到村里以后,哥哥姐姐们的真诚与热心让她感受到了自己的存在和生活的希望,所以每天很早就跑到学校并且很晚才回家。但是家里盖房十分忙碌,父母希望她能待在家里帮助家人干一些力所能及的活,由于沟通问题导致彼此不能理解,案主认为父母就是让她干活,从不关心自己,进而产生逆反心理,而其父母认为案主已经12岁,可以帮家里分担一些生活压力,由此产生了冲突与矛盾。

（四）对案主问题的初步了解

1. 案主的行为特点

案主自始至终都表现出伤心、委屈的情绪,言语中透露出对父母的失望与不理解,甚显伤感。案主也曾尝试通过自己的努力引起父母的注意,但收效甚微,并产生自卑感和逆反心理。案主在与社会工作者在一起时,性格开朗,做事细心,活泼可爱,但回家之后却判若两人,与家人冲突连连。

2. 心理特征

从案主的行为分析可以看出,案主心里其实非常渴望家人对自己能够多一份关心,多一些牵挂,也曾努力想得到家人的认同,但是多次努力都没有效果,之后开始对家人产生不满,认为家人讨厌自己,只是让自己干活而偏爱弟弟,因此经常与家人对着干。案主实际上是一个细心、乖巧的女孩子,只是因为不恰当的自我表达导致与家人相互间产生隔膜,并在缺乏有效沟通的情况下导致误解进一步加深。

二、资料收集

通过对案主邻里的走访和与家里人侧面的接触,对案主的情况有了更加深入的了解。

与案主建立稳定的联系,保持相互间的持续沟通,防止干预中断。认真记下每一次聊天记录,从案主的言辞中分析案主的心理特点,以便更好的了解案主状况。

通过与案主的同学朋友交流,了解案主现在的情况,以及他们对案主的认识,因为多方面收集资料往往能够保证对案主更为全面客观的认识。

三、评估和诊断

通过与案主的沟通以及对其情况的深入了解,社会工作者初步制定了诊断方案,主要从以下这些方面入手:

性格特点:案主心思细腻,比较早熟,对于他人对自己的看法和态度比较敏感,情绪受这方面影响较大。

人际交往:案主性格比较内向,自信不足,因此朋友较少,缺乏来自同伴群体的情感寄托。

家庭环境:案主家里还有一个小五岁的弟弟,案主认为自己没有得到父母的关爱,认为父母对她不好,对弟弟偏心,有什么好东西总是给弟弟享用,她说她很不喜欢这样。

案主经历:案主学习成绩一般,而家人对此要求严格,现又即将面临小升初,家庭矛盾使她无法专心学习。

四、问题分析与诊断

从对案主初步评估的四个方面问题中,可以对案主问题的产生原因有一个大致了解,即案主在认知方面存在着严重偏差,当遇到与自己意愿不一致的事情,或者受到忽视的时候就认为自己境况很糟糕,认为没有人关心自己,缺乏存在感,这是一种典型的非理性信念。案主没有正确处理好和家里人的关系,学习和做家务的关系,没有看到父母在很多方面对自己的期望和关心,只是一味地沦陷在情绪的困扰中,逆反心理强烈,情况变得愈发糟糕。一个有理性认知的人应该学会正确面对自己的困境,并设法改变它,即使改变不了,也应学会平静地接纳现实。一句话,本案案主的非理性认识是造成她心理困扰的根源。

五、目标制定和服务计划

在遵循个案工作目标的基础上,社会工作者制定了工作原则和目标计划。个案工作原则包括:首先,目标应与案主的问题有直接关系;其次,目标计划应具有可行性;再次,目标与社会工作者的能力和技巧相当;最后,避免将自己的价值判断强加给案主。依据上述原则所确定的目标计划,现将目标作进一步分解,细化为初期目标、中期目标和后期目标。

(一)初期目标

协助案主认识与自身问题相关的其他问题,因为问题的产生往往有多种因素,因此必须多方面加以考虑,找出各因素之间的关系并系统加以纠正或解决。案主此时的问题已经不仅仅是受到体罚的问题,而且还包含非理性的错误认知问题,无意中把痛苦放大化,使自己陷入至一种更加痛苦、自卑的状态之中。因此,初期目标就是要让案主正确认清自己现在的处境,以便从困境中走出来。

(二)中期目标

协助案主制定出解决问题的实施方案和先后次序。先后次序的确定主要依据问题的轻重缓急、解决起来的难易程度以及案主的具体情况。直接去解决最主要的问题,虽然效率比较高,但是由于缺乏情感沟通基础,容易挫伤案主的自信心,成功率不高。案主首要问题是认识自己的错误,主动增强与家人的交流,树立积极心态,纠正错误认知。

(三)后期目标

协助案主明确自身想要的结果。案主只有目标明确,才会增强改善的动力,对自己的进步有充分的心理准备。案主的最终目标就是要增强交流与沟通,建立良好的家庭亲子关系,从而从自卑的阴影中走出来。从解决问题中增强信心,相信自己能够走出困境,对生活有一个正确的认识,不再自怨自艾。

六、持续服务与治疗

(一)理论基础与治疗模式

本案的解决之道采用认知治疗模式,以认知心理学为理论基础。认知心理学认为,认知是指一个人对某一件事的认识和看法,包括对过去事情的评价,对当前事件的解释,以及对未来发生事件的预期。认知是行为和情感的基础,错误的认知和观念是导致情绪与行为问题的根源,而一旦对这种观念和认知过程加以纠正,就可以改变不适应的情绪与行为。认知行为治疗就是通过改变求助者关于自身的错误的思维方式和观念,并教会求助者一些适应环境的技能,以帮助他们改善不良情绪和行为,达到消除不良情绪和行为的短程心理治疗方法。因此,治疗的着眼点在于探寻并纠正导致不良行为和情绪的观念的认知过程。本案案主正是基于一种错误认知,把一切都归结为自己的不足和父母的忽视,从而导致丧失自信,过分夸大了负面后果的严重性。

(二)治疗的基本过程

对案主的问题,社会工作者采用认知治疗模式中的理性情绪治疗法,具体包括如下步骤。

1. 心理诊断

首先,了解案主不合理的信念和思维方式是什么,并向案主指明这些不合理的信念和思维方式的具体表现。其次,对案主的问题予以深刻理解,并给予关注和尊重。通过与案主交谈,了解到案主把家庭矛盾问题扩大化,延伸到重男轻女的思想上,片面认为父母不喜欢自己,不能对自己有一个正确认识,并且认为以后肯定考不上好的学校,只能在家务农。在本阶段,告诉案主,这种想法是一种非理性认识,正是这种错误认知才导致她情绪一直备受煎熬与困扰。如社会工作者在分析过程中向案主提出以下问题和观点：你真的认为你的父母不喜欢不关心你？天底下哪有母亲不爱自己的孩子的？母亲叫你干活，嫌你回家晚且不按时吃饭，这不都是出于对你的关心吗？你认为你不被家人关心，说明自己没有优点，所以才会产生逆反心理并导致矛盾进一步激化，"我能理解你的心情，但你的想法却存在一些问题，没有不爱子女的父母，只是他们不善于表达，你和你的父母缺少的只是沟通和互相理解"。

2. 领悟

首先，向案主指出她自卑不是因为家庭重男轻女引起的，而是因为错误的认知和不恰当的沟通造成的。其次，使案主承认自己的症状，帮助其认识造成各种情绪障碍的不合理根源。

3. 修通

通过对不合理原因展开剖析和辩论，帮助案主认清其认知和信念的不合理，进而放弃这些不合理的认知和信念。

4. 再教育

从改变案主常见的不合理信念入手，帮助他学会以合理的思维方式代替不合理的思维方式。

5. 完成家庭作业

让案主继续学习理性情绪治疗的理论和方法，不断对自己的非理性信念进行分析、理解和质疑，以此来巩固治疗效果。并且加强和家人的沟通，重建其交流沟通的桥梁。在这一点上，社会工作者通过让案主对一些非现实性冲突的行为进行判断、分析，并适时对自己的不合理信念及时调整，逐步达到良好的效果。

七、结案与评估

(一) 目标达成评估

通过与案主的沟通，案主的状况有所好转，能逐渐认识到自己的错误认识，开始主动与家人和周围的人交流。案主开始能够积极正视生活，认识到自己一直被错误的情绪所困扰。由于与案主的沟通时间较长，对案主的情况已基本了解，并且案主也开始能够反思自己的错误认知，接下来的时间由案主自己学会用认知理论

233

模式的技巧与方法来解决问题,所以就不再干预。

(二)投入评估

由于与案主的交谈基本是采用聊天和书信的形式,所以没有耗费太多的人力、物力、财力,至多耗费了一些时间,但这些不足以计入投入。

(三)效果评估

通过与案主长时间的沟通,终于看到了案主的进步,案主的情况有了根本改观,并且能够接纳自己,认识到自己的错误认知方式,不再一味地自怨自艾,而是主动开始与家人沟通。对升学问题,通过重建自信,案主逐渐开始能够积极面对,不再逃避。

(四)社会工作者自我评估

一方面,由于社会工作者对个案工作的专业方法还只是处于初始学习阶段,所以在与案主沟通过程中存在许多不足,往往导致不能正确关注、及时回应尴尬场面,有时候不知道用哪些理论进行分析,不能给案主一个确切的理论指导。不过,社会工作者本身还是感觉到了自己的进步,能够尝试着将理论联系实际,努力运用专业的治疗理论和模式,既是对案主负责又是锻炼自己。社会工作者始终以接纳、尊重、积极、真诚的专业态度对待案主,遵守个案工作的相关原则,合理运用个案工作的相关技巧。

另一方面,社会工作者在给个案分析诊断的过程中,由于初次尝试,往往在许多时候急于求成,耐心不够,有些主观臆断,导致工作疏忽。这都是社会工作者以后需要改进的地方。

(五)理论模式评估

针对本案特点以及对案主行为和心理的分析,采取认知治疗模式,对症下药。认知偏差是求助者经常会犯的错误,案主在遇到困难时,对自己面临的困境进行错误的归因,这是导致案主自暴自弃的重要原因。不过,认知治疗模式自身也有缺陷,毕竟案主的问题受到环境、心理、社会等多方面综合因素的影响,在分析案主问题时难免有不足和偏差的地方。另外,理性情绪治疗模式不注重对求助者内心感受的分析和理解,也不关注过去经验的影响,把主要精力放在帮助求助者检查和辩驳各种非理性信念上,从而促使案主消除其情绪和行为困扰。事实上,案主的各种非理性信念以其感受为基础,并受个人成长经历的影响,如果不对案主的内部感受和问题根源进行分析,也就无法理解案主相互矛盾和冲突的情绪和行为表现,这也是该理论治疗模式的局限性。

八、知情同意的伦理困境与思考

伦理困境是指社会工作者在实践中遇到的一种道德上难以取舍的模糊和难以找到满意方案的境地。社会工作过程本身是一个道德实践过程,它不可避免地涉及诸多伦理选择,牵涉到专业社会工作者和受助者的价值观和伦理选择。社会工作者在实践中,首先要清楚如何做出正确的伦理判断,然后再仔细分析如何解决相应的伦理困境问题。

社会工作伦理原则中的"知情同意"是社会工作伦理决定过程中经常需要面对的伦理困境。知情同意是指在与案主确立社会工作专业关系之前,社会工作者有责任向案主说明自己的专业资格、理论取向、工作经验、咨询或治疗过程、治疗的潜在风险、目标及技术的运用以及保密原则与咨询收费等,以利于案主自由决定是否接受咨询或治疗。但是在具体的社会工作助人过程中,如何使案主能够始终处于"知情同意"的状态,既保证助人活动的顺利进行,又能照顾到案主的需求,则需要进一步思考。其困境主要表现如下:

第一,社会工作者代替案主做出决定现象时常出现。社会工作者在具体的社会工作服务过程中经常遇到"越俎代庖"的现象,即社会工作者没有让案主知道自己所处的境地和需要面对的决定,而是代替案主做案主自己应该做的事情。社会工作者从自身角度出发,从案主利益出发而代替案主做出决定,这是不符合社会工作伦理规范的。社会工作者在实际工作过程中,必须充分认识自己的服务角色和责任,在为案主提供服务的过程中不应过多介入;必须充分发挥和利用案主本身的潜在能力和资源,运用社会工

235

作者自身的能力和资源,在提供服务的过程中,不能忽略案主的主体地位。这些都是社会工作者必须充分理解"知情同意"的真正意义和学会在实践中运用案主自决的基本做法。"越俎代庖"是社会工作者在当前实际情况下遇到的一大挑战。

第二,产生与案主自决相冲突的伦理困境。在社会工作实务中经常遇到这样的矛盾状况:社会工作者依据自己多年专业知识的积淀所做出的决定,与案主自己做出的决定发生冲突。如果坚持案主自决原则,即按照案主基于有限知识所做出的较无益或者不利甚至有害的决定来实施干预,就很难有效地完成社会工作者的任务。而如果不坚持案主做出的决定,而依据社会工作者自己做出的决定来实施干预,就是越俎代庖,有悖案主自决原则。在这一困境中,如果社会工作者没有告知案主相关信息,而使案主被动做出自己想要实现的决定,便是没有遵循知情同意原则。如上这种情况也是社会工作者在具体执行知情同意原则过程中时常遇到的一大挑战。

那么,在社会工作过程中,知情同意原则下的伦理困境该如何应对呢?一般从以下两个方面出发,将宏观要求与微观操作结合起来。

一方面,在社会工作专业实践中必须遵循的两个核心价值观中,一是尊重受助者的尊严和独特性。每个人都是具有发展潜力的个体,我们不能因为个人暂时处于困境之中就否定其发展能力,忽视其被告知的知情权利。二是努力促成受助者的自我决定。在专业实践中,社会工作者应该提供完整详细的信息资料鼓励受助者个人对自己负责并做出适当的决定,同时,社会工作者在某种程度上也要尊重他人的选择。不能利用信息资源的不对称性对案主进行误导或消极暗示。

另一方面,应该从微观操作层面进行沟通协调。首先,社会工作者要在案主知情并同意的专业关系范围内提供服务。必须确保案主能够明确了解专业服务的方案,专业服务的目标,专业服务的风险和限制,专业服务的相关费用和案主的相关撤销和拒绝的权利。其次,要去权威化,保证案主充分理解其所处情境。当案主不能明确辨别其所处环境并做出判断时,社会工作者要及时引导并确保案主能够清晰明确其处境。再次,当案主缺乏知情同意的能力时,增强案主的能力。当案主因为自身的能力问题对知情同意的理解存在困难时,社会工作者应该寻求适当的第三方同意,并在案主所能理解的范围内告诉案主,以保证案主的相关利益。社会工作者还应该采取措施来增强案主知情同意的能力。第四,如果案主是非自愿的,那么,社会工作者应该阐明专业关系与服务内容和案主可以拒绝接受的权利范围。最后,当专业关系涉及电子媒体时,社会工作者应当告知案主其中存在的风险,比如未经知情同意的情况时不能对案主进行录音、录像和第三方旁观。

总之,社会工作伦理对于社会工作发展具有重要的指导和规范作用,知情同意原则是社会工作伦理中的重要原则。知情同意原则要求社会工作者要协助案主充分发现和发掘出案主潜在的能力和资源,培养和发展案主自主解决问题的能力,从而真正实现助人目标。但是源于西方文化背景的知情同意原则在我国本土化过程中,因受到文化差异和社会习惯等因素的影响,仍存在不少困境,这些也为社会工作者提供具体有效的社会服务带来了一定的困难。社会工作者必须从实际情况出发,权衡利弊,在专业社会工作伦理原则的指导下开展服务。

(郑伟)

儿童福利院失依儿童自信心重建研究

　　本课题以参与儿童福利院的社工活动为基础,通过对儿童福利院失依儿童的现状了解,分析儿童缺失自信心的原因,以小组工作的方法作为切入点在儿童福利院开展小组活动,针对缺失自信心的问题设计相关的游戏活动,运用人本主义游戏治疗模式,让孩子得到足够的尊重,通过游戏解放内心,从孩子的优势出发,鼓励孩子树立自信心,通过最后的评估证明小组活动对于提升失依儿童自信心是有作用的。

一、失依儿童自信心缺失的原因

(一) 社会原因

　　目前,在儿童福利院中的失依儿童多数是健全的,但是也有少数是因为身体不健全或者有缺陷而被父母抛弃的,如面裂、肢体残缺、脑瘫、唇腭裂、智力发育迟缓等,社会对弱势群体的漠视和歧视,以及无人问津,让失依儿童的心理受到了一定的伤害,也让他们的生活无法和正常孩子一样。很多爱心人士希望可以领养孩子,但是领养孩子的限制条件很多,而且多数家庭是不愿意领养残疾儿童的,这也可以看出这些爱心人士即便有颗善良的心,也难免会有所顾虑,这对失依儿童仍然是某种伤害,尤其是对身体有缺陷和残疾的失依儿童。而这些失依儿童本来内心就比正常人脆弱且敏感,而且自己身体上的不健全还会受到他人嘲笑,幼小的心灵承受很大的压力和打击,冷漠和歧视进一步加深了内心的自卑,这些负面的东西可能会伴随一生,对他们的心理和生理产生巨大的影响,不利于失依孩子的健康成长。

　　家庭是孩子早期社会化的地方,在孩子成长过程中的作用具有不可代替性。这包括物质和心理两个方面:家庭可以向孩子提供吃、穿、住、行等基本生活保障,这是家庭的物质环境;家庭心理环境则是父母的心理状态以及整个家庭的生活氛围。家庭的心理环境对于儿童健康成长的作用也是不可替代的，与父母的日常互动，家庭生活方式，家庭教育水平以及与外界的交流，都将对孩子的性格、爱好、行为举止产生深远的影响，孩子在各方面的表现也反映这个家庭内在的东西。

失依儿童由于缺少家庭及父母的关爱和教育，在他们的成长过程中感受不到家庭温暖，导致他们的行为出现偏差，内心孤独，感到自卑。每当看到与自己同龄的孩子每天在父母的陪伴下开怀大笑，看到他们满脸幸福的表情，看到穿着父母买的新衣服，越发感到孤独，内心的苦涩没有办法向外界表达，表面尽可能表现得很坚强，其实内心却越来越脆弱，害怕别人看透自己，歧视自己，渐渐地只是越来越自卑。不敢与外界接触，不敢与陌生人交流，总是觉着自己不如其他孩子。随着失依儿童年龄的增长，和外界的交流也逐渐增多，能够认识到自己和其他正常孩子是不同的，同时由于自尊心的增强，也变得敏感多疑，当他们认识到这种不同时，如果不能及时疏导，内心会感到自卑，觉得生活在儿童福利院不好，强烈渴望父母的爱和家庭的温暖。

（二）自身原因

个人主观因素主要包括气质、性格、意志、道德品质、文化水平和思维方式等。第一，气质性格因素。失依儿童由于过早失去父母的关爱和家庭温暖，受儿童福利院环境的限制，很少与外界交流沟通，很少抒发自己的内心感情，很容易变得性格内向，心理自卑，也许就是一件不经意的事情可能会被性格内向的孩子放大，从而联想到自己身上的不幸，形成一种消极心理，一时这种情绪又无法排遣，容易产生自卑心理。第二，意志因素。作为一种主观能动性的表现方式，意志可分为积极正确和错误消极两种。当发挥正确积极的主观能动性后，意志可以帮助人很好地去完成一件事，即便是失败了，也会在意志作用下不断努力；如果发挥错误消极的主观能动性后，会让人产生消极情绪，当尝试一件事情失败之后，不会再去尝试，开始怀疑自己的能力，失去自信心。失依儿童由于内心受过伤害，缺少父母的支持和鼓励，与外界交流少，适应社会的能力较差,心理脆弱,意志力薄弱,在这种情况下如果遭遇失败,很容易轻易放弃,自暴自弃。

当做一件事情时遭遇失败后,缺少正确的鼓励和开导,这时孩子的内心就会发生变化,产生逆反心理。例如一次考试成绩不理想时,就需要父母的及时关怀和鼓励,想到其他孩子都有父母,而自己却没有心里会很难受,觉得上天很不公平,自己学习也不好,干什么也不会好的。当一次次的挫败和失落之后,会觉得自己很没有用,学不学都无所谓,反正也没有人会在乎。当这种情绪被持续放大后,就会觉得自己做任何事都不会做好,丧失了兴趣,丧失了坚韧的毅力,从而产生强烈的自卑感。没有明确目标,没有远大理想,无法树立正确的人生观和价值观,对周围漠不关心,封闭在自己的小世界中,长此以往害怕接触外界,害怕和陌生人交谈,甚至有可能出现极端行为。而自己不能够摆脱失去父母的阴影,不能看到自己和其他孩子相比,智商、能力并不差,不能将自己失去父母的经历作为一种磨练,变为自己努力向前的动力。

二、社会工作介入儿童福利院的必要性

社会工作介入儿童福利院,对完善儿童福利院的社会服务具有很大的促进作用,社会工作者在儿童福利院开展服务时扮演了重要的角色:一方面可以带给儿童更专业的养育,帮助失依儿童更好成长与发展;另一方面可以带动儿童福利院的非专业人员,通过观察、参与活动提高相关人员的理论认识和专业服务水平。社会工作者可以直接将儿童福利输送给儿童福利院的失依儿童,满足儿童的基本权利和需求,针对失依儿童的问题和需求,呼吁国家制定相关的政策和法规来维护儿童的权益,不仅让儿童享有生存权,还应享有维系生存而必备的一些生活保障,为了使其能够更好地社会化,提供更好的教育和培训以及改善失依儿童自身发展的周边环境并提供相应的社会支持。

从社会心理学角度来看,人类早期的社会化已经奠定了人类思考问题的方式、内在情感的表达、人生观和价值观以及人的个性

的基础。就个性而言,通过早期的社会化后,就已经将人的个性稳定下来,在后期是很难再去改变的,除非是发生一些能够深刻影响人内心的变故,受到外界的刺激可能会发生改变。比如一个小孩,在最初的社会化时受到父母及相关环境的影响,非常活泼,不惧陌生场合和陌生人,在他长大后可能一直保持这样的性格,直到遇到重大变故,父母离他而去,从此变得沉默寡言、不善言谈,喜欢独自一人。在很多人类社会化的理论中发现,儿童的社会化是个人社会化的第一步,而家庭作为孩子的依托在孩子社会化过程中扮演着重要角色,孩子在社会化过程中很多东西都是通过在家庭中与父母的互动以及模仿而学习到的,孩子的个性养成往往是通过日常生活中父母的行为,以及父母对孩子的培养方式逐渐形成的。然而在儿童福利院,孩子失去了父母的关心和呵护,也感受不到家庭的温暖,过着与同龄孩子完全不同的生活,每当看到与自己同龄的孩子有父母的关心与照顾,他们内心会波动很大,觉得很不公平,从而对自身产生负面影响。他们最早的社会化不是来自于父母和家庭,而是来自儿童福利院的同辈群体,而儿童福利院由于条件和人员专业能力的限制,不能够帮助失依儿童很好完成社会化,所以需要专业的社会工作人员介入儿童福利院,通过自己的专业理论知识和专业技能,扮演父母的角色,帮助和引导孩子完成他们早期的社会化,帮助他们树立正确的人生观和价值观以及辨别是非的能力。社会工作者的介入还可以对孩子进行教育引导,教他们与人沟通,敞开心扉,减少不良情绪,可以避免行为偏差的发生,有助于孩子的成长以及未来的社会化,对孩子的一生都会有深远的影响。

三、社会工作介入儿童福利院的困难

社会工作从西方引入我国时间不久,在我国,社会工作还是一门新兴专业,经过多年来社工人士的不断努力,已经取得了一定的发展。尤其是深圳,毗邻香港,社会工作发展迅速,给社工带来了很多新的发展经验,内陆地区由于经济发展、思想观念等限制,发展仍然滞后。我们与西方在开展社会工作的内外部条件、社会基础以及社会体制方面有很大的不同,所以在开展社会工作活动的过程中完全借用西方的理论和做法会产生很多问题。因此,社会工作本土化成为当前面临的重要问题。

在西方社会,社工扮演着资源分配的角色。西方的社会工作者享有很多权利,可以独自开展一些活动,不受干扰,通过协调、利用资源来实现助人自助的目的。甚至有时候社会工作者可以根据案主需求来制定为维护案主权利、满足案主需求的相关方案,作为政府与案主之间沟通的媒介。在中国行政化程度较高,社会工作者掌握在手的权力没有多少,在现阶段的中国社工的能力及权利,还不足以像西方的社会工作者一样,利用各方面的资源,为弱势群体取得政策上的支持,所以要想更好地实现社工职能,既需要学习西方国家社会工作的先进理论知识,更需要获得一定的权利,通过开展社会工作活动,吸取社会工作经验,通过探索、研究和实践来实现社会工作本土化,形成一条符合中国社会的社工发展道路。

就社会工作介入儿童福利院来说,社工希望带领儿童走出福利院,多看看外面的世界,从而培养儿童的交流能力,以便更好地适应未来社会。为了促进儿童社会化,让儿童学习一些必备的技能,只有外面的一些培训机构才能实现,这就需要调动各方面的资源来帮助儿童解决问题,需要向儿童福利院领导打报告,召开会议或者继续向上申报。儿童福利院由于专业人才缺乏,社工可能要充当多个角色,但是由于社工自身和福利院与外界接触交流的情况较少,资源有限,加上政府对社工行业的重视度还不够,使得社工专业毕业生很难找到合适的工作,也没有较好的薪酬待遇,人才流失现象严重。社会现实中,一方面需要大量的社会工作者,并且培养了一大批社会工作专业人才;另一方面社工岗位无人问津,专业人才被迫转行,形成对社会人力资源的巨大浪费。即便是进入儿童福利院的社工,可能也因为儿童福利院重视不够,没有适合的岗位和合适的定位,没有详细合理的工作分配,甚或将义工和社工等同起来,这既不利于儿童福利院的发展,也不利于发挥社工的专业作用。所以,社会需要政府重视社工专业人才,对社工存在的意义予以肯定与充分认可,真正实现社会工作本土化。

四、增强儿童福利院失依儿童自信心的办法

(一) 政府制定相关的扶持政策

在经济快速发展和社会物质财富迅速聚集的背景下,我们应该给予弱势群体更多的关怀,让弱势群体能够在各方面得到更多的帮助,政府通过针对弱势群体的制度创新,出台相关政策来维护失依儿童的各种权益,让他们能够更好地生活、学习,实现自我价值。针对失依儿童的教养,政府应该通过更专业、更科学的方法,通过相关的优惠政策或设置相关的岗位,加大宣传和引导力度,推动社工事业发展,让社工介入儿童福利事业,促进儿童福利事业发展更加专业。

儿童福利院的失依儿童主要是以被父母抛弃的儿童、流浪儿童、由于意外事故造成父母死亡遗留的儿童、父母由于犯罪服刑而无人看管的儿童以及父母丧失抚养能力的儿童为主。对于这样的儿童,国家民政等相关部门应该及时给予他们一定的补助或保障,这也是对儿童福利院的支持。积极推广家庭寄养模式,提供相关优惠政策,吸引更多的人投身于家庭寄养模式,对加入家庭寄养模式的人群进行专业化的指导与培训,通过宣传他们来吸引更多的人。

社会工作专业进入我国时间不长,还不为人们所熟知,远没有发挥出应有的作用,想要取得发展,离不开国家相关政策的支持与保障,也离不开投身于社工工作人员自身的努力。虽然社会工作已经开始进入儿童福利院,但是由于社工的认知度、发展度、专业地位还不够高,儿童福利机构岗位设置不明确,薪酬待遇一般,人才流失严重。因此,相关部门应该逐步完善社工就业体系以及社会福利制度,使社工能够进入儿童福利院,发挥出社工的作用,让儿童福利院的失依儿童得到更专业的养育,能够让其适应社会,实现自我价值。同时,需要政府加大宣传力度,采取有效政策措施来促进社工专业的发展以及减少专业人才的流失,能够让广大社工

专业人才学以致用而不至于浪费。

（二）提高儿童福利院相关工作人员专业素养

福利院的工作人员很多没有受过高等教育,普遍学历和文化程度不高,没有受过专业知识与技能的培训,但是作为儿童福利的直接提供者,他们的水平可以直接影响到儿童的成长以及未来的发展。儿童福利院应该引进更多的专业社工人员,在专业社工进行辅导活动时,工作人员可以跟随学习,学习专业社工在进行活动时所运用的专业理念与知识,同时可以由专业社工作为主讲,开展相关培训,通过专业社工和工作人员的沟通与交流,大幅提高工作人员的专业素质与水平,鼓励相关工作人员学习社工专业知识并且考取相关资格证书。机构通过合适的岗位和有竞争力的薪酬待遇引进更多的专业社工,让专业带动非专业,加大宣传力度,让社会各界重视儿童福利院儿童的发展,让更多的爱心人群走进儿童福利院,帮助儿童福利院失依儿童解决心理问题,实现失依儿童的社会化。

（三）发展家庭寄养模式

对儿童依照年龄、性别、个人状况进行分类作为家庭寄养模式的基础,为各个家庭选择寄养儿童做好准备,即能够让儿童进入合适的家庭,也能够让家庭选择喜爱的儿童。登记有寄养意愿的家庭,调查收集寄养家庭的相关资料,比如家庭的经济收入状况、家庭成员的教育水平和道德素养、家庭住房和生活条件以及家庭成员的身体健康状况,多与寄养家庭进行沟通,加深彼此了解以及对寄养政策的了解。在寄养前,对寄养家长进行专业培训,让家长了解如何去与孩子沟通,以及对孩子进行简单的心理辅导与学习上的指导,在生活上给予更多的关怀和照顾;在寄养过程中,通过与家长、孩子们的沟通来了解家庭和儿童的相处适应状况,针对已经出现的问题通过沟通引导加以解决,并且提供一定的建议和方法,促进孩子与寄养家庭的融洽、和睦相处;最后根据寄养家庭的反馈情况,通过与进入寄养家庭的孩子的沟通,以及社会工作人员的跟踪与反馈进行总结和评估,通过对评估结果的分析与总结来进一步完善整个寄养模式中的不足,促进家庭寄养模式的完善和发展。

　　总之,在社会进步、人民富裕、祖国繁荣昌盛的今天,失依儿童作为弱势群体需要社会给予更多的帮助和关爱,维护他们的权益,保证他们能够健康茁壮成长,及时矫治他们在成长过程中的行为偏差,增强对失依儿童的文化教育以及技能培训,不让他们觉得自己不如其他小孩,从而对生活失去信念,引导和帮助他们顺利实现社会化,实现个人价值,为整个社会做出贡献。虽然在未成年人权益的保护上,我国取得了很大进步,但是针对失依儿童的人身、权益等问题的保护还不明确。怎样才能更好地抚养、教育、保护他们都是现阶段存在的难题,这不仅仅需要不断壮大专业社会工作的人才队伍,将专业人才引进儿童福利院,也需要国家有关部门制定相关政策和法律法规予以支持和保障,还需要专业人员、社会救助机构以及相关法律法规方面继续探索,相互促进,最终让失依儿童能和正常孩子一样享受应有的权利、教育与尊严,从而更好地生活,能够步入社会实现理想和自我价值。

(孙波)

苗村留守儿童网络成瘾问题研究及介入策略分析

　　我国社会经济快速发展和转型促使劳动力大规模流动,伴随着这种流动,产生了数量庞大的留守儿童,这种状况在苗村也普遍存在。留守儿童本身就存在着各种各样的问题,这些问题包括心理和生理两大方面。然而随着网络的迅速发展,在缺乏父母监护和呵护的成长环境里,以及在同辈群体和社会环境的影响下,苗村的很多留守孩子表现出沉迷网络游戏等状况,其身心也受到严重的影响。从社会环境、家庭、个人等方面去分析和探讨苗村留守儿童网络成瘾的原因,探寻苗村留守儿童网络成瘾的一般原因和特殊原因,综合社会工作实务中的家庭治疗模式和青少年网络成瘾治疗小组的工作模式,针对性地提出治疗网瘾留守儿童策略,促进苗村沉溺网络的留守孩子重回健康成长的轨道。

一、研究背景

　　留守儿童问题自二十世纪八九十年代产生以来,一直是我国经济发展中不可避免和不可忽视的一个问题。在我国社会经济高速发展和快速转型的大环境下,我国广大农村劳动力向经济发达地区流动。同时在我国二元社会经济制度和户籍制度的影响下,这些流动人口过着"两栖"生活,从而产生了数量庞大的留守儿童。而在社会大环境的影响下,以寻求经济收入为动因的苗族聚集村劳动力也大规模迁移和流动到大城市,使得这些封闭的民族村落也出现了大量的留守儿童。

　　网络是现代人生活中不可或缺的交流媒介,也是影响现代人生活不可忽略的重要因素。近些年来,由于我国社会经济的快速发展和新农村建设等一系列国家政策的支持和帮扶,互联网走进了寻常百姓家。在苗族聚居的集镇上都有公共网吧,甚至很多家庭已经拥有家庭网络。这一重要的变化,一方面表明我国经济社会在不断向前发展,另一方面也极大改变了苗村人民的生活,同时也对苗村留守儿童产生了重要影响。

　　留守儿童本身就存在许多问题,在新的生活工具的影响下,留守儿童又出现了一些新的问题。互联网在短时间内遍及世界各地,其影响也波及世界的各个角落。网络在给人们带来便捷的同时,也给人们带来苦恼和问题。苗村的留守孩子在经济条件得到大幅度改善和网络深入其生活地、并缺少监护人有力监督的情况下,很轻易就能接触到网络,也很自然的受到网络的影响。许多苗村留守儿童也因此产生了网络成瘾的问题。

　　首先明确以下三个概念。苗村指的是坐落在贵州省晴隆县境内的苗族聚集村落,该村坐落在北盘江畔,这里地势崎岖,土地贫瘠,交通不便,经济十分落后。网络成瘾(internet addiction. 简称 AD)是指在无成瘾物质作用下的上网行为冲动失控,过度沉溺在网络浏览和网络游戏或热衷于网络建立人际关系,表现为由于过度使用互联网而导致个体明显的社会、心理功能损坏。这是伴随互联网飞速发展而产生的一个备受关注的社会问题。留守儿童是指由于各种原因导致父母双方或一方流动到其他地区,而孩子留在户籍所在地不能和父母共同生活的儿童。

　　本文的研究对象是位于贵州省晴隆县长流乡苗族聚居村落 7 到 18 岁的留守儿童。该村有 1000 多户人口,其中留守儿童 350 人,男孩 190 人,女孩 160 人。该村一直处于较为封闭和落后的生活环境里,近年来由于大力推动乡村发展,才与外界联系日密,在外界的经济文化洪流的冲击下,该村以追求经济利益为目的,流动劳动力人口越来越多,由此出现了大量的留守儿童。近些年网络快速发展,深入苗族的聚集村落,对这里的生活方式冲击很大,而这些也对留守的孩子产生了巨大的影响,有的严重依赖网络,沉溺在虚拟世界之中。这些有网络行为问题的孩子即是本文的研究对象。

二、苗村留守儿童网络成瘾现状及问题

(一) 苗村留守儿童网络成瘾的现状

上网时间过长。在通过访问、调查和观察发现,长流村的留守儿童大多数人每天平均上网时间超过三小时(这里的上网包括手机上网和计算机上网)。多数留守儿童连续三小时都在上网,也有的断断续续。连续长时间沉溺在网络中,是网络依恋的最基本表现,是网络成瘾的最明显和最直接表现。苗村留守孩子表现出长时间沉浸在网络中,或者间断性表现出对上网的迫切希望,以及对上网媒介的强烈依赖。长时间沉浸在网络中对孩子的学习和身心健康都产生了严重影响。

对网络关系的依恋。网络关系成瘾是网络成瘾的类型之一,它是指个体在上网时流连于各类聊天室,喜欢和不同的人在网络上建立关系、进行聊天,喜欢在网络上交朋友,而在没有上网时会感到孤独,就会非常想上网,以至于产生想要在网上和别人交流、期待下一次上网等异常想法的行为。现下腾讯 QQ 和微信以及私信等社交软件其操作和使用都非常简单,大多数人都能顺畅使用,而大多数孩子也都在使用社交软件进行网络关系的建立和在网上和他人进行交流。他们几乎只要有空,就会使用社交软件。这些孩子基本是手不离手机或者别的网络聊天工具,在各大社交网络都有自己的账户并建立起很多好友。

沉迷网络游戏。网络游戏是伴随互联网的发展兴起的,网络游戏在娱乐和丰富人们生活的同时,也产生很多负面影响。留守儿童由于经济条件的改善和上网成本低以及接触网络十分便捷等因素,更加容易接触和沉溺网络游戏,在长流村的留守儿童中,大多数孩子都熟知和会玩一种及一种以上的网络游戏。许多孩子甚至在缺少父母监督的情况下通宵打游戏,甚至逃课去上网或者直接拒绝上学等,这对其生理和心理以及学业都产生了极大影响。

沉迷网络信息搜索。互联网是信息的海洋,用户能够以快速、便捷的方式收集到自己想要的和感兴趣的信息,但由于网络点对

面的超链接方式和缺乏监督管理和规范化的管理机制,许多人在上网时沉迷在海量信息中无法自拔,特别是对于缺乏自我控制和辨别意识的儿童。色情文字、图片以及现下网站每日推出的奇闻怪事、新闻等都成为吸引浏览者继续沉浸于网络的诱因。而这些都会使缺少自控能力或者自控力较弱和抱有极大好奇心的青少年沉浸其中不能自拔。

(二)苗村留守儿童网络成瘾产生的问题

亲子关系受到影响。留守儿童本来与自己外出的父母在情感和亲子认同感上就存在疏离感,沉迷在网络世界中的孩子更加不愿与自己长期不能见面的父母相处,甚至反感和抵制父母对其上网行为的管制。这给原本就存在疏离感的亲子关系造成难以弥合的裂痕。在苗村留守儿童有网瘾的孩子中,有大部分孩子在父母回家时宁愿上网也不愿和父母交流。这一方面是由于孩子和父母不常见面产生疏离感,另一方面是由于网络对孩子的诱惑使其有如此行为。苗村留守儿童网络成瘾主要存在以下问题。

情感淡漠。留守儿童与一般孩子相比,本来获得的关爱就较少,一直都处在较为孤独的生活环境里,再加上沉迷网络,使其行为模式变成"人—机—人",社会交往越来越少。同时,虚拟的网络世界又为其提供了情绪宣泄的平台,致使其在情绪低落时都不愿向自己的朋友、家人倾诉和表达,逐渐变得情感淡漠,不依赖现实的人的感情,也不重视现实中与人的感情交流。

生理健康问题。网络成瘾者最基本的一个表现和标志,就是长时间沉浸在网络虚拟空间里。他们在网络上花费的时间占用他们睡眠以及休息、放松、调整情绪的时间,使得网络成瘾者长时间处在大脑中枢兴奋或者抑郁之中。这样的结果是植物神经紊乱,体内激素分泌失衡,整个身体机能运转失去正常规律,导致身体免疫力下降。另一方面是网络成瘾者长时间面对电脑等网络媒介,长期坐在椅子上以及眼睛不停歇的对视屏幕,对网络成瘾者的背脊、视力、健美身形都产生了严重的影响。这一影响对于儿童来说更为严重。18岁以下的孩子正是其身形、视力、生理机能发育的基础时期,其良好的发育对于孩子健康有着举足轻重的作用。留守孩子在成长期缺乏家长或者监护人的监督和引导,沉迷网络让自己的未来变得前景黯淡,令人痛心。

心理和人格问题。网络对于心理机制不健全、有较强模仿学习能力和易效仿同辈群体的儿童来说影响巨大。网络游戏里的暴力场面、社交网站上的虚假信息、不良信息等都给网络成瘾的儿童造成了严重影响。在接受访谈的儿童中,大多数人都有做事冲动、缺乏理性的表现。另一方面是在受到网络不良信息的影响下,孩子的内心阴暗面更容易被激发,更容易产生例如色情迷恋、物质至上等不良心理,甚至直接导致暴力问题和偷盗问题等。

三、苗村留守儿童网络成瘾的原因分析

网络成瘾属于亚文化范畴,是人对于为现代人提供快捷生活方式的网络的一种心理依赖。美国心理学家布朗芬布伦纳认为发展的个体处在从直接环境(如家庭)到间接环境(如宽泛的文化)的几个环境系统中心或嵌套于其中。该理论把人类成长生存于其中的社会环境看成是一种生态系统,认同生态系统对于分析和理解人类行为的重要性。根据这个理论,我们可以从生态系统的几个直接或间接的环境中来分析苗村留守儿童网络成瘾原因。

(一) 社会原因

社会经济原因。我国社会经济在近些年一直保持高速增长。苗村地处偏僻,长期处在封闭和落后的生产和生活方式里,由于经济的冲击,苗村的生活和生产方式也发生了巨大的改变。网络等现代传媒手段进入苗村,公共网吧纷纷涌现,为留守孩子上网提供了方便。另一方面,苗村劳动力涌入城市,成为我国农民工大军的一部分,在为我国城市化建设做出贡献的同时,也实实在在的增加了他们自己的经济收入。部分家庭甚至可以为孩子购置私人电脑和搭建网络,为留守孩子提供了上网的基础平台。

网络管理及上网场所管理的原因。尽管国家法律对未成年人进入网吧有所限制,但由于地处偏远,网吧经营者出于利益动机,

更由于政府部门疏于管理,未成年人在这里还是可以自由出入网吧。网络监督和管理本身存在许多问题,对那些不健康的具有极大诱惑力的不良信息管理不到位,上网者容易沉浸在漫无边际的信息海洋里,不自觉地就沉迷于网络之中。

(二)家庭原因

父母在家庭角色中的缺失。角色理论认为,每个人在社会生活中都扮演着一定的角色,当一个人在其社会环境中失去其应当扮演的角色时,就表现为角色缺失。在孩子的成长过程中,父母的角色扮演十分重要。父母不仅是孩子的保护者,还是孩子成长道路上的引路人。家庭教育的好坏,往往决定了孩子的未来发展。然而,由于留守儿童的父母双方或者一方常年在外,留守儿童在成长过程中缺少父母的关爱和监督。父母很少与孩子有情感上的交流,不能及时主动地了解孩子内心的想法和需求,造成孩子长时间处于孤独和无助之中,对现实世界感到恐惧。当他们接触网络,一方面娱乐性的网络内容能使其忘记现实的苦恼,虚拟世界的人际交流能填补孩子们内心的空白。再者,父母面对孩子犯的错误,不是疏导,而是惩罚,通常采取打、骂、责怪等方式来解决问题和教育孩子,父母角色的错位,使得父母不能站在孩子的角度来理解孩子的行为和需求,产生了我们所说的"代沟"问题。缺少沟通,会使孩子感觉更加苦闷和孤独,更加不愿与周围的人交流。孩子只能借助别的渠道来宣泄情绪,而网络自身的属性使得网络成为孩子们的"最佳"选择。

隔代教育的影响。由于父母双方或者一方常年不在户籍所在地与孩子居住,大多数留守儿童都是由其祖父母抚育。隔代监护人大多溺爱孩子或包庇放纵孩子,对孩子的行为过度宽容,这个年龄的儿童又刚好处在逆反心理强烈期,自我效能感不断增强,这样的交互作用使得孩子行为更加固执,容易养成以自我为中心、我行我素的性格。对于孩子网络沉迷行为,隔代监护人更不能正确引导,对孩子的行为只能采取放任自流的态度。隔代监护人甚至有时会为了包庇孩子的网络行为而向孩子的父母隐瞒真实情况,这使得孩子以为有了庇护人其网络行为更加没有节制。

（三）个人原因

留守儿童的心理需要原因。马斯洛认为人类存在生理需求和心理需求两类需求，且从生理需求到心理需求是连续发展的。心理需求又称为高级需求，包括归属和爱的需求、尊重和自我实现的需求。留守儿童因为长期离开父母，很少得到关怀和爱。长期如此，留守儿童会感觉缺少爱，没有归属感，心理需求得不到满足。而网络上的社交能给予其虚拟的精神安慰，虚拟的友情能在一定程度上给予留守儿童情感上的满足和充实感。同时，由于农村生活设施和娱乐设施较少，生活内容较为单一，许多留守儿童在现实中朋友较少，他们往往容易感到内心孤寂，更容易通过网络来联系朋友，驱散内心的孤寂感，从而导致对网络关系的过度依恋。

留守儿童的自我实现原因。留守儿童由于其家庭状况，长期缺乏关爱和鼓励，个体容易处于抑郁或自我放纵等情况。这不仅影响学习，也很容易造成不好的人际关系。这些都造成了留守儿童的成绩不被别人认可，努力也容易被别人忽视。而这种自我实现的需要很容易在网络上得到满足。论坛跟帖不仅可以让自己畅所欲言，还能引起其他人的关注。网络游戏里个人的权力欲望和控制欲望都能得到淋漓尽致的满足，而现实中总会因为各种条件限制而受到束缚。在网络世界里，网络成瘾者获得了现实里不能获得的自我实现，包括自己生活的点滴都能因为晒照而受到很多人的关注。这对于长期缺少关注和关爱的留守儿童来说，也许沉溺在网络世界里比在现实更加幸福和有存在感。

受同辈群体的影响。儿童在成长的过程中，眼界和爱好以及视野都会随着社会的变化和年龄的增长而得到扩展，并且儿童正处在"自我同一性"的形成时期，他们在乎别人对自己的评价和看法，当他们从别人那里得到的是负面的信息，觉得自己和别人不一样，和别人没有共同语言，他们就会觉得自己被孤立在人群之外。在留守儿童的成长过程中，网络恰到好处地给予他们情感的补偿。现在的网络文化都是具有病毒式传播性质，接触者会自觉不自觉地为网络文化做宣传。在没有主见和好奇心爆棚的儿童时期,为了与同龄人保持一致,以及为了寻求共同话题和爱好,不被排除在圈子之外,留守儿童更容易受到网络成瘾的同辈者影响而沉浸在网络中。

四、苗村留守儿童网络成瘾的治疗策略

苗村留守儿童网络成瘾需要采取积极的预防措施和治疗策略。社会支持网络理论认为,"社会支持包括了个人与重要他人的社会互动、个人对自己与他人联系的认识、他人表现出的支持或援助的支持性行为",这三者成为我们在进行社会活动和产生自身行为的重要影响因素。而以往的治疗模式大多只关注其中的某一方面,这是不够的。对于苗村留守儿童网络成瘾的治疗,需要家庭、学校、社会以及留守儿童自身之间的相互配合才能取得更好的效果。因此,结合社会工作的实务模式以及社会工作的三大工作方法,提出一种包括家庭、社会、自我在内的综合治疗模式。

(一) 家庭治疗

家庭疗模式可分为联合家庭治疗模式和机构家庭治疗模式,都是社会工作个案工作理论模式的主要模式。但不管是那种模式,其中心都是以家庭为主,其宗旨都是为案主提供良好健康的家庭环境。家庭是社会支持的重要一环,良好的家庭环境是孩子健康成长的基础。家庭治疗可以从以下四个方面来构建:

协助构建健康的家庭结构。由于家庭结构不完整,留守儿童的家庭结构大多数是"缺乏组织"的,父母不能尽职,对孩子疏于管教,产生各种问题。鉴于此,我们希望通过深入了解家庭后,采取多元化、多层次的方式进入留守家庭,并介入家庭成员之间的交往,帮助协调和解决他们之间的问题,重建健康的家庭结构。

鼓励亲子互动,建立亲子交流机制。家庭是塑造人格的场所,在留守儿童家庭,亲子之间的沟通交流存在间接性、模糊性、不坦诚等特点。社会工作者介入以后,要善于利用小组工作方法等为留守儿童家庭搭建交流沟通的平台,引导双方进行直接的交流,表

达彼此的真实想法。鼓励亲子之间表达爱意,从人这个最基本的社会单元获取爱与被爱、尊重等。

建立针对父母的培训机制。父母是孩子人生中最为重要的两个角色。而很多父母的教育是存在误区的,特别是针对有网瘾的孩子。他们通常采取的不是沟通手段,而是责备、打骂。所以,建立父母培训机制,帮助父母及时了解孩子的思想状况、深层次地了解孩子内心需求,是解决孩子网络成瘾的基本前提。其次是帮助父母提高对网络的认识,以便能辨清孩子哪些网络行为是正常的,哪些是不正常的,从而加以控制。帮助父母建立起较为科学的网络管理规范,包括上网时间的控制、上网内容的监督。同时还可以提出建议,丰富孩子的课余生活,培养孩子其他的兴趣爱好,减少其对网络的依恋。

(二) 个人治疗

个人是上网的主体,是网络行为的执行者和承担者。网络的匿名性和非现实性是构成个体网络成瘾的外因。网络上的"平等""开放",使得孩子可以完成现实中很多不可能完成的事,例如说出现实中不能表达的话和心理需求,实现在现实里不能满足的控制欲和统治欲等。个人治疗可以从以下两个方面着手:

开展自我价值提升小组工作。在网络成瘾的留守儿童中开展自我价值提升小组工作。通过团队领导力的培养来提升孩子对自我重要性的认识。通过情景模式方法,把自我放在情境中,让孩子看到他自己是以何种形象展示在他人面前的,看到别人对自己如何评价等,从而引导孩子形成正确的行为方式,提升孩子的自我价值,走出自卑、抑郁等情绪,摒弃上网最初始的消极情绪。

开展小组活动,丰富孩子的人际关系。留守儿童在情感上的最大问题就是长时间感到孤独和寂寞,感受不到父母的关爱和朋友的关心,并且在生活中还容易受到同辈群体的影响。在对留守儿童网络成瘾者进行治疗时,可以通过组织有共同爱好的留守儿童进行小组活动,培养孩子的兴趣,认识不同的孩子,拓展孩子的人际关系,分散单一网络成瘾的同辈群体对孩子的影响。

254

（三）社会治疗

在孩子成长生态系统中，除了自我和家庭外，最重要的就是社会环境的影响。在社会环境治疗方面，主要在网络管理和学校两个方面。

网络自身应该加强其内容的管理，例如创建更加积极健康的网络环境，满足孩子正常需要。网络的开放性、自由性和娱乐性等是吸引孩子沉溺网络的重大诱因，同时，要对孩子进行健康的引导，防止不良的、阴暗的思想的产生和蔓延。要健全网络道德规范，规范社会监督制度，为留守儿童提供健康的上网环境。

学校是教育重地，应该改进以往只注重理论知识教授的传统模式，应该积极开展满足孩子心理需求和人格培养的一系列活动。提高孩子对不良情绪的抵抗力，建立孩子情绪宣泄的途径，让孩子在学业压力面前和现实压力面前都能保持良好的心态和拥有强大的抗压能力，从本质上杜绝上网找寻避难所的心理和行为冲动。

五、结语

苗村留守儿童网络成瘾在本质上和各种网络成瘾者一样，都是一种对网络的依恋行为。然而在留守的苗族儿童那里，更多的受到家庭环境因素和网络迅速发展的影响。留守儿童本身的很多问题在网络面前得以放大，网络成为留守儿童逃避自身问题的一大避难所，这两者相互作用，使得留守儿童网络成瘾问题更加错综复杂。解决留守儿童网络成瘾问题不仅要综合社会、家庭、学校、网络自身等各个方面的力量，还要从留守儿童本身、其人际关系、心理需求等各个方面来展开治疗。以生态系统理论和社会支持网络理论为分析基础，分析留守儿童网络成瘾的原因，综合社会工作的个案和小组工作的方法和模式，结合社会各领域的职责，提出一种"生态环境"式的治疗模式，期望能在实践中对解决留守儿童网络成瘾问题有所帮助。

（刘泽平）

小组工作介入自闭症儿童家长负性情绪的探索

一、自闭症儿童家长的情绪现状及原因分析

（一）自闭症儿童家长的情绪现状

关于自闭症的研究，自 1943 年开始至今已有七十多年的历史，但其发病原因至今还是个谜，而且还没有有效的康复治疗手段来进行干预，这就使得自闭症儿童家长需要终身照顾他们的孩子。在这个漫长、煎熬的过程中，很多家长都不同程度地出现了负性情绪问题，有些家长也许能够意识到自己出现的负性情绪，并能主动、及时寻求帮助，进行情绪疏导，但这只是极少数，绝大多数家长可能都意识不到自己的负性情绪问题，即便意识到自己的情绪出了问题，也没有合适的渠道和方式进行宣泄和疏导，更不用说让他们自己调适自己的负性情绪了。

通过对自闭症儿童家长的问卷调查和访谈，笔者发现家长们普遍存在着这样或那样的负性情绪问题。在关于"过去一段时间你的情绪状况"的问卷调查中，有 80％的家长因孩子"不听话"而情绪烦躁和发火；有 90％的家长对孩子感到愧疚和委屈；有 90％的家长因担心孩子的未来而感到绝望；有 80％的家长因长期照顾孩子而感到烦躁和焦虑；有 60％的家长曾因孩子的问题而产生轻生的想法。根据以上调查数据，笔者结合对自闭症儿童家长的访谈，将其情绪现状归纳概括为以下四个方面：

1. 情绪烦躁、易发火

调查发现，自闭症儿童家长在照顾孩子的过程中，由于长时间单调重复的照顾，生活变得单一、枯燥和乏味，他们把全部时间和精力都花在了孩子的身上，逐渐退出了以前的社交圈并且与朋友的联系也变少了，自闭症儿童家长心中的烦躁情绪，缺乏必要的渠道来宣泄和疏导，导致自闭症儿童家长在照顾孩子的过程中，一遇到不合心意的事情，就会把心中积攒的情绪爆发出来，给自己、孩

子和家庭带来深深的伤害。

A1 家长：我以前属于那种比较外向的人，话特别多，而且也非常喜欢参加集体活动，自从自己的孩子被诊断为自闭症后，为了让孩子得到更好、更有效的康复训练，我就把所有的精力和时间都用在了孩子身上，我每天早上 8:00 送孩子去康复机构，送完孩子后，我再骑车去单位上班；下午 6:00 准时接孩子回家，这样风雨无阻已经有 2 年了。虽然我经常对自己说，为了孩子这样付出我无怨无悔，但每天重复、单调的生活还是让我感到很烦躁和麻木，毫不夸张地说就是"身心俱疲""万念俱灰"。我的整个状态就像是弹簧被压到了极限，在这样的情况下，经常会因为一件很小的事情就会对孩子和家人大发雷霆。有一次，我带孩子在康复机构接受培训，老师教他发一个音，但他就是不听老师的话，自己玩自己的，我过去把他拉过去坐下，他就大喊大闹，在地上打滚，这时我就爆发了，把他拉起来打了一顿，我一边打一边哭，我知道这不是他的错，是我太心急了，没有处理好自己的情绪。

2. 愧疚、自责、伤心

调查发现，很多家长，特别是母亲都会把孩子的病因归咎在自己身上。现代医学对自闭症的成因也无法给出明确的答案，但他们都能找出这样或那样的原因，将责任揽到自己身上。对孩子心怀愧疚，对自己充满怨恨，对生活充满抱怨，整个家庭都充斥着愧疚、自责、悲观的情绪。

B1 家长：我一直觉得都是我的错，是我没有把她照顾好，在怀孕的时候，因为当时家里的经济条件不是特别好，为了减轻负担，我就一直坚持上班，也没有得到很好的休息，营养没跟上，让她在我肚子里的时候也不能得到好好的照顾，感觉对不起她。我把她带到这个世界上，却不能给她一个公平的起点，都是我的错，都是我不好，我不是一个好妈妈。为什么不让这样的事情发生在我身上，我愿意替她承受一切。

3. 悲观、沮丧

家长在得知自己的孩子得了自闭症，且可能终生无法治愈后，整个人都崩溃了。他们对什么都没热情,看什么都是消极的,工作也辞了,整天待在家里哪里也不去。他们眼里看到的只是命运对他们的不公,心里有的只是对生活的抱怨,再加上我国当前对自闭症儿童的社会福利救助体系还很不健全,保障体制也不完善,使得他们对未来更加绝望,普遍存在着破罐子破摔自暴自弃的消极心态。即便有的家长一开始能够积极帮助孩子康复训练,但是不理想的康复效果再次残忍击碎了他们的最后希望。

E1 家长:当得知孩子得的是一种终生无法治愈的精神残疾后,我觉得生活一下子没有什么意义了,为人父母辛劳一辈子,为的就是孩子,现在孩子这个样子了,我觉得生活没有奔头了,我挣再多的钱,盖再好的房子又有什么用。我们现在最愁的不是我们自己,我们最后实在不行就去养老院,但是,我们没了以后谁来管孩子啊。

D1 家长:我和丈夫在家,整天听到的就是母亲的唉声叹气,父亲也因承受不了巨大的打击也卧床不起,家里现在整天笼罩在愁云惨淡中,家里晚上也不开灯,饭也不做,什么也吃不下,哎,什么时候是个头啊,过一天算一天吧。

4. 焦虑、绝望、无助

调查发现,很多自闭症儿童家长在照顾孩子的过程中普遍存在着焦虑、绝望的情绪,尤其是在遇到困难和想到孩子未来时,这种感觉最为强烈。因为自闭症的特殊性,自闭症儿童家长面临着很多超出自己能力的困难和挑战,而且短时期内也得不到及时有效的帮助,这时自闭症儿童家长就会出现焦虑、绝望的情绪。

C1 家长:现在我们都还年轻,能照顾她,但是等我们都老了以后,谁来代替我们照顾她,我现在都想好了,如果在以后的康复治疗中孩子能够独立生活了,不说恢复的多好,至少生活能自理,那我就可以放心地走了,若以后康复效果不好,又没人照顾她,等我走的时候我就带她一起走。

A1 家长:我现在晚上都睡不着觉,我的孩子怎么会是自闭症呢,以后怎么办啊,别人怎么看他啊。我每次醒来都希望我是在做梦,但是,事实就是事实,这辈子就这么完了。

通过以上与自闭症儿童家长的访谈,我们不难看出,自闭症儿童家长在照顾孩子的过程中均不同程度出现了负性情绪问题,比如悲观、沮丧、绝望、焦虑、烦躁等,而且这些负性情绪并没有引起其自身和家人的太多注意,他们也没有针对这些负性情绪寻求相关帮助。

（二）自闭症儿童家长出现负性情绪的原因分析

根据以上调查结果,我们发现,尽管每个家长的具体情况不同,但他们出现的负性情绪问题却具有很高的相似性,这说明导致自闭症儿童家长出现负性情绪的原因也具有一定的相似性。将其归纳如下:

1. 经济原因

在关于"您的负性情绪主要来自于哪些方面?"的问卷调查中,有80％的家长选择了经济压力,可见沉重的经济压力是导致自闭症儿童家长出现负性情绪的一个重要原因。通过与自闭症儿童家长的访谈,我们发现,经济压力主要来源于三个方面:第一,收入来源的减少。在关于"您的职业状况?"的问卷调查中,有15位家长选择了辞职在家,专职照顾孩子。由于收入来源减少了,家庭收入也就随之降低了。第二,沉重的康复训练费用。在关于"您孩子每月的康复训练费用占家庭月收入的比例是多少?"的问卷调查中,有90％的家长选择了70％～80％,可见自闭症儿童的康复训练费用是家庭支出的主要部分。对于一个普通家庭来说,养育一个孩子尚且需要一笔很大的开支,何况是每月都要给孩子进行康复训练和教育的自闭症儿童家庭。第三,政府保障政策的缺失。我国政府对自闭症儿童特殊群体的重视程度不断增加,由于我国当前的社会福利体系和社会保障制度还不是很健全,许多自闭症儿童家庭并没有从中得到多大的实质性帮助。

C1家长:我跟我老公之前都有工作,家里条件也还可以,自从孩子出现这种情况后,我就辞职在家专职带孩子,家里的所有重担就一下子全落到了丈夫的身上。我丈夫每月工资也不高,除去每月的培训费用就所剩无几了,如果想带孩子到好一点的机构做些锻炼,我们还要借钱。现在我们的亲戚朋友见了我们都要绕着走,生怕我们又要找他们借钱,老话说"贫贱夫妻百事哀",我以前还不信,现在我深深地体会到了,我跟老公经常因为钱的问题而吵架,我也知道他很累,哎……

2. 家庭关系不和谐

在所调查的 30 名自闭症儿童家长中,有近四成的家长选择了家庭关系不和谐是导致他们出现负性情绪问题的主要原因。自闭症的成因至今是个谜,而当前比较流行和认可的观点是遗传说,长辈们就抓住"遗传"这一因素对父母双方进行指责和埋怨,导致家庭关系失和;再加上因对待孩子的教育方式、理念和态度不同而引发争吵和分歧,进一步导致家庭关系的不睦。

B1 家长:自从孩子被确诊为自闭症后,婆婆就天天埋怨我,说是我的问题才导致她的孙子得了自闭症,要让我跟我丈夫离婚。我本来心情就已经够糟的了,她不劝慰我也就算了,还挑拨我们两口子离婚,有她这样做长辈吗,我现在都不愿意跟她讲话,我丈夫夹在中间也不好做人。而且她现在不是说让我们怎么好好地带孩子进行康复训练,而是让我们再要一个,这个家我实在是不想待了。

3. 对自闭症儿童的社会歧视

当今社会对自闭症儿童的接受程度还比较低,入园难入学难问题也一直困扰着自闭症儿童家长,尽管相关法律法规已对此做了规范,但是学校也有不收的理由,这让家长们很无奈。社会上的人们给自闭症儿童贴上了"神经病""傻子"的标签,成为人们嘲笑和欺负的对象,不能真诚地包容和接纳他们,这使自闭症儿童家长本来就很脆弱的神经变得更加敏感。

A1 家长:我平常都不敢带孩子到人多的地方,因为孩子经常会发出一些奇怪的声音,做一些奇怪的动作,这使得我们成为他人眼中的"焦点",他们对我的孩子指指点点,说他是"傻子"什么的,有的小孩子还用石头丢他,这让我很心疼,为了保护自己的孩子不受别人的歧视和欺负,我们就很少带孩子到外边去,一般都在家里待着。

4. 未来预期与现实落差大导致的心理压力和精神压力

在关于"您觉得您的负性情绪主要来自于哪些方面?"的问卷调查中,精神压力和心理压力占了 70%,成为仅次于经济原因的另一重要原因。看不到希望让自闭症儿童家长承受着常人难以承受的心理压力;另外,自闭症儿童家长由于要长期照顾孩子,就把自己的事业放下了,活动空间就只局限于康复机构和家里,与社会日渐疏离开来,看到自己多年努力的付出却得不到想要的结果,家长极易产生挫败感,进而否定自己的一切,承受着巨大的精神压力。

B1 家长:我的孩子已经接受康复训练两年多了,但是效果很不明显,现在还是不能交流,发音不清楚,与自己的先前预期有很大差距,让我对未来感到很渺茫,对以后的康复训练也感到很无力,这么长时间的付出感觉都打了水漂,身体的累是次要的,看不到希望才是让我难以接受的。而且,为了孩子我把自己的事业都放弃了,看着自己周围的朋友都在自己的事业上取得了成绩,就感觉自己一事无成,觉得自己命苦。

综上所述,我们不难看出自闭症儿童家长在照顾孩子过程中出现的负性情绪问题主要来源于经济方面、家庭关系方面、社会歧视方面以及由于康复效果不理想导致的精神压力和心理压力等这几个方面。

二、社会工作介入自闭症儿童家长负性情绪问题的必要性

(一) 社会工作介入是自闭症儿童家长自身的迫切需要

自闭症儿童家长在照顾孩子的过程中存在着非常严重的负性情绪问题,当前我国政府还有康复机构在这方面也存在着严重缺位,没有针对他们的这些负性情绪问题进行相关干预和提供及时有效的帮助,使得自闭症儿童家长这个特殊群体处于孤立无援的境地。在访谈中,笔者了解到 80% 的家长都愿意接受情绪疏导方面的帮助,很多家长都纷纷表示,他们非常希望能够有专业机构和老师来对他们进行指导。

当今社会对弱势群体越来越关注,比如农民工、空巢老人、留

守儿童等,但是对自闭症儿童家长的关注却很少,更不用说是关注他们的情绪问题了,即便是家人或朋友对其进行劝慰,但由于缺乏专业的理论知识及系统的技能培训,对问题的解决没有任何实质性帮助。而社会工作作为一种"助人自助"的专业助人活动,有着深厚的理论基础和丰富的实务经验,所以,运用社会工作的专业技术和方法对自闭症儿童家长的负性情绪问题进行介入和干预,首先是自闭症儿童家长自身的迫切需要。

(二)社会工作介入是自闭症儿童康复机构的迫切需要

通过对自闭症儿童家长和机构工作人员的访谈以及相关文献研究的梳理,笔者发现,许多康复机构在对自闭症儿童家长进行情绪支持方面,普遍存在着缺位现象,主要表现为:

第一,康复机构普遍把对自闭症儿童的康复训练作为工作的重中之重,而在自闭症儿童家长的支持方面却存在着严重缺失。自闭症儿童作为机构的主要服务对象被给予重视无可厚非,但自闭症儿童家长作为陪伴孩子时间最长的人,对自闭症儿童的康复训练发挥着举足轻重的作用,也应当受到足够的重视。但很多机构没有设置专门针对自闭症儿童家长的服务部门,这就使得自闭症儿童家长在照顾孩子的过程中变得孤立无援,出现问题也得不到及时有效的帮助,这不仅不利于自闭症儿童的康复训练,也不利于机构的发展。

第二,对自闭症儿童家长情绪疏导缺乏专业人才。许多机构缺乏对自闭症儿童家长的支持和帮助,从而对于这方面人才的引进与培训也就存在不足。通过与机构工作员的访谈我们了解到,其实很多机构都没有设置对家长进行支持的部门,即便有些机构设置了这样的部门,但是工作还是由机构内其他部门的工作人员承担,出现了"两套班子,一队人马"的情况。

第三,工作方法落后。许多康复机构关于自闭症儿童家长情绪疏导的工作方法也很不专业,工作人员由于缺乏相关的专业知识和技能培训,对于自闭症儿童家长出现的负性情绪问题往往只是局限于其表面,而不去深究和发掘深层次的原因,这样只能隔靴搔痒,问题的解决没有实质性的帮助。

三、社会工作介入自闭症儿童家长负性情绪问题的优势

(一) 社会工作的服务理念

社会工作的服务理念一言以蔽之即"助人自助、助他人自助",让服务对象通过自己的努力来实现自我改变、自我进步,从而解决问题,克服困难,获得成功。授人以鱼不如授人以渔,仅仅只是对自闭症儿童家长的负性情绪进行实务介入并不是我们的最终目的,我们的最终目的是要家长在实务过程中掌握情绪调适和疏导的方法和技巧,让他们实现"自助",这样他们在以后的生活中再次遇到负性情绪问题时就不会感到手足无措,无所适从。

(二) 社会工作的价值观

从社会工作的价值观来看,社会工作强调要尊重案主的尊严和价值,相信人有自我改变和不断成长的能力,不会因为案主的不足或缺陷而歧视他们,戴着有色眼镜来看他们,尊重他们自己的价值观和生活方式。本课题的研究对象是自闭症儿童家长,但由于自闭症儿童的特殊性,使得人们对于自闭症儿童家长这个特殊群体也是戴着一种有色眼镜来看待,而社会工作者却能以其专业的理念和价值观克服这些问题。

社会工作作为一门新兴的"助人自助"专业,自创立以来便以其专业的服务理念和伦理价值观受到社会各界的广泛关注和认可,尤其是近几年,社会工作在我国取得很大的进步和发展,其"助人自助"的核心价值理念也得到了人们的普遍认同和赞赏。本研究通过发挥社会工作的学科优势对自闭症儿童家长出现的负性情绪问题进行社会工作的实务介入,帮助他们摆脱负性情绪,树立积极健康的心态,更好地融入社会。

(刘学鹏)

留守儿童教化的一个案例

李老师：丹丹，能说说你过去的生活吗？

丹　丹：可以，李老师。在我三岁的时候，我妈妈就不要我了，那时候我家里很穷，所有的孩子都嘲笑我。

李老师：他们嘲笑你什么？

丹　丹：我没有妈妈，家穷。后来，爸爸出去打工，我在外婆家里住，我那时又小又瘦，还经常生病，外婆家还有一个孩子比我大得多，老是欺负我。

李老师：看不出来啊，现在你已经长得这么高这么健康。那后来呢？

丹　丹：后来，上学了就到奶奶家住着，爸爸已经能挣不少钱了，经常寄钱回来，可是同学们还是嘲笑我，说我是一个没有妈妈的野孩子。

李老师：那时你是什么样的感受？

丹　丹：难受，无助，期待。我心里想：我不会没有妈妈，我妈妈一定会回来，我要好好学习，让妈妈看到我的好成绩。9岁的时候我妈妈确实回来了，你知道她回来干嘛？她回来办离婚的，办完离婚，看都没有看我一眼就走了。当时，我没有哭，也没有闹，但是从那以后，我不爱写作业了。五年级的时候，因为老不交作业，老师不收我了，后来边上学边把作业补上。放学后我也不回家，就在放学的路上玩，在河里玩。后来，我最好的朋友在我回家的路上写满了骂我嘲笑我的话。从那以后，我几乎不相信任何人，直到遇到你。

李老师：真不敢想象你是怎样度过那段时光的。从小就饱受同伴的嘲笑和欺凌，妈妈无情地离去，爸爸远在千里之外，奶奶年迈无力，而最好的朋友却在你伤口上撒盐，既无亲情又无友情的支撑，即使是大人也不堪忍受啊。

丹　丹：后来，爸爸再婚，有了一个孩子，他们住在城里，我一个人就住在农村空荡荡的大房子里，夜晚常常整夜缩在被窝，吃了整整一学期的方便面，就开始自己学习做饭，吃了不少不生不熟的饭,手上现在还有很多因切菜留下的伤疤。

李老师:真是祸兮福所倚啊,幸亏这段经历把你锻炼得这么能干。

这是我所带班上的一个单亲孩子的成长历程,像这样的孩子有很多,在我带的这个班里有 120 个学生,其中有 28 个孩子要么是单亲家庭,要么双亲全无,只有老人抚养,我所在年级其他班大部分也是这种情况。在农村,无法完整享受世间最温暖的双亲之爱的学生竟然占到四分之一,真是触目惊心。而其他四分之三的孩子中,大多数父亲在外地打工挣钱,母亲照看孩子上学。而这些留守儿童无论是从学习、生活以及成长等方面都出现了许多令人非常担忧问题。

我在初一接触到丹丹的时候,发现她有学习天赋,但是基础不好,不努力,要么不做作业,要么抄袭他人作业,在性格上桀骜不驯,不听老师的管教,还拒人于千里之外。我知道这样的孩子其实内心深处非常自卑。我想起孔子的故事。"互乡难与言,童子见,门人惑。子曰:'与其进也,唯何甚! 人洁己以进,与其洁也,不保其往也。'"(《论语·述而》)孔子的意思是:那个地方的人再顽固不化,你总能看到一些优点吧,"与其进也"就是你多去肯定他身上进步的地方;"不与其退也"就是说你忽略他的缺点;"唯何甚"就是说退步的那一部分,干嘛非得较真,一定要那么苛责吗? 你干嘛一定要带着挑剔的眼光,说这儿不好那儿不好呢? 于是,我开始努力去寻找丹丹身上的优点,先忽略她的那些缺点,等时机成熟时再去教导她改变缺点。

一、学习和性格培养上的培养

在平时的观察中,我发现丹丹比较大胆。于是,我给她安排了一个比丹丹学习等各方面还差一些的同桌,让丹丹帮助同桌读英语单词。这时候,我发现丹丹很负责任,而且比过去稍稍努力一些,成绩有所提高。随后,我又让她担任四人的小组长,检查组员单词听写,安排课堂上小组的对话展示或者情境表演,每次丹丹这一组表现得都非常好,组员们都很默契,她组里那几个性格内向的学生都变得落落大方了。在小组比赛中,丹丹组的进步最大。于是,我在自己家里做了披萨,拿到学校去奖励他们这一组,并且特地表扬了丹丹领导有方。丹丹赢得了赞扬,有了一点自信,同时也收获了同学们的认可,变得温和起来,开始和同学们交往,不再像刺猬一样了。后来,随着自信心的增强,她的学习兴趣越来越浓,我就让她当了大组长。大组长的事情很多,包括轮流讲课、讲题,这样丹丹的成绩提高较快,后来考入高中火箭班,进而迈入了大学之门。

二、生活上的关心

丹丹的爸爸生活负担重,要养三个孩子还有老人,所以丹丹的生活费比较紧张。我就变相地给她一些帮助,至少能让她感受到一份关心。我有时候不回家,就买两份饭,说我不习惯一人吃饭,让她陪我吃。有时候,我会给她买一些营养品,说亲戚送给我女儿的,吃不完,担心过期浪费。我之所以这样说,主要是担心她的自尊心太强,不接受我的帮助。有时候,社会上的爱心人士来学校资助,我积极帮她申请名额。有时候周末带她到家里过周末,一块儿郊游。

三、心理上的关注

丹丹在学校越来越自信,可是心里还是有一些对妈妈的怨恨。于是我引出了开头的那一段话,让她宣泄出来,等她平静之后就跟她讲了"仇恨袋"的故事。古希腊神话里面有一个大力士赫格利斯。有一次,赫格利斯在路上碰到了一个小袋子,有点挡路。他走过去踢了小袋子一脚,想把路面清理出来。没有想到踢了一脚,这个小袋子膨胀变大了,一动不动。赫格利斯生气了,上去又啪啪踢它几脚,却发现这个袋子越踢越大。后来竟然把这条路给堵死了。这时候,路边过来一个哲人,跟赫格利斯说:"大力士啊,你不要跟它较劲了。这个袋子叫'仇恨袋'。它的原理是越摩擦越大。当你遇到它时,置之不理,它就那么大,不会给你造成更大的障碍。等你逐渐走远了,它就被忘记了。但是,如果你跟它较劲,你越踢它,仇恨袋就越大,最后封死你的整条道路。"丹丹听完这个故事后有所感悟,我告诉她,我们一生有那么长的路要走,有那么多的梦想,我们为啥要去和"仇恨袋"较劲呢？后来在她的一篇英语作文中，我一改英文批语，写了一句中文评语：以直报怨，以德报德（《论语·宪问》）。我告诉她，要学会用正直坦荡的态度来处理，事情过去了就让它过去，在最短的时间内把它化解掉，不要纠缠不清，以怨报怨。从此以后，丹丹越来越阳光，越来越健康。

初三第一学期，我发现丹丹有恋爱倾向，我赶快请学校里一个慈祥和蔼又非常会做这方面心理疏导工作的老师介入这件事，我们三人在一块儿吃顿饭，拉近她和那位老师的距离，然后我找机会走开，因为她肯定不希望我知道她在恋爱。后来那位老师多次和她散步聊天以巩固效果。丹丹最后终于走出这件事，又静下心来刻苦学习，为自己的梦想而奋斗。

后来，丹丹在高中努力拼搏，高考取得了优异的成绩。她给我发来短信说：李老师，我决定报考陕西师范大学英语专业，做你的接班人。在大学期间，她周末义务去周边农民工学校上课，她说她得到了好心人的帮助，她想要把爱心传递下去。我听了以后，心里非常欣慰。

虽然农村单亲、缺少父爱和母爱的儿童很多，幸运的是，这是一个爱心未泯的社会，不仅是丹丹，其他受过帮助的学生或积极投身于各种慈善活动中，或默默帮助身边的人，他们都在践行着仁爱之道。西北大学陕西省慈善文化研究中心和安康援少会、安康达德书院的同事们，不怕吃苦受累，为慈善和慈善文化研究努力奔波，呕心沥血出版了一系列关于善的书籍，传播慈善和慈善文化。陕西援少会遍地开花，他们广筹善款，博施爱心，资助了一个又一个处于困境的孩子，温暖了一个又一个幼小无助的心灵，拯救了一个又一个的家庭，给人们带来了无限希望。

我相信，我们的爱心就像一颗颗小石子，投入湖水中就会荡漾出一圈比一圈大的涟漪，无数的爱心传递下去，这些波光粼粼的爱的涟漪终究会交织起来，织出美丽的爱心大网，织出一个爱的社会，让每一个在困境中的孩子都能像丹丹一样，破茧成蝶，飞向光明。

（李雪梅）

参考文献：

[1] 郑杭生.社会学概论新修[M].北京：中国人民大学出版社,2009.

[2] G.H.埃尔德.大萧条的孩子们[M].田禾,马春华,译.南京：译林出版社,2002.

[3] 侯钧生.西方社会学理论教程[M].天津：南开大学出版社,2010.

[4] 朱卫红.留守儿童心理发展研究[M].昆明：云南大学出版社,2010.

[5] 史正刚.农村留守儿童安全与教育[M].兰州：兰州大学出版社,2009.

[6] 张克显.先父张子宜生平记略(未刊稿)[M].1967.此资料为张子宜长子张克显为其父所做传略,由张子宜曾孙张和平先生提供.

[7] 西安孤儿教养院.西安孤儿教养院之过去与将来(非卖品)[M].1931.

[8] 张岂之,史念海,郭琦,等.陕西通史·民国卷[M].西安：陕西师范大学出版社,1997.

[9] 西安私立子宜育幼院.西安私立子宜育幼院二十五周年纪念特刊[M].1947.

[10] 长安县地方志编纂委员会.长安县志[M].西安：陕西人民教育出版社,1999.

[11] 张子宜.创办西安孤儿教养院的动机与经过[M]//兴平县政协文史资料研究委员会.兴平文史资料(第4辑).1986.

[12] 陕西省地方志编纂委员会.陕西省志·民政志[M].西安：陕西人民出版社,2003.

[13] 西安孤儿教养院.西安孤儿教养院十二周年纪念报告书[M].1934.

[14] 兴平县地方志编纂委员会.兴平县志·人物志[M].西安：陕西人民出版社,1994.

[15] 鱼闻诗,段克正,关睢.风雨长安[M].北京：中华书局,2005.

[16] 李文斌.民生市场的片断回忆[M].西安文史资料,1992:18.

[17] 咸阳市地方志编纂委员会.咸阳市志：卷5[M].西安：三秦出版社,2000.

[18] 哈贝马斯.公共领域的结构转型[M].曹卫东,译.上海：学林出版社,1999.

[19] 费孝通.乡土中国[M].上海：上海人民出版社,2006:43.

[20] 郑杭生,杨敏.社会互构论：世界眼光下的中国特色社会学理论的新探索——当代中国"个人与社会关系研究"[M].北京：中国人民大学出版社,2010.

[21] 杨伯峻.论语集注[M].北京：中华书局,2006:146.

[22] 休谟. 道德原则研究[M]. 曾小平,译. 北京:商务印书馆,2001:150.

[23] 让-雅克·卢梭. 爱弥儿:论教育:卷三[M]. 李平沤,译. 北京:商务印书馆,2012:215.

[24] 尼尔·波兹曼. 童年的消逝[M]. 吴燕莛,译. 北京:中信出版社,2015.

[25] 托克维尔. 论美国的民主:上卷[M]. 董果良,译. 北京:商务印书馆,1989:7.

[26] 麦克卢汉. 理解媒介:论人的延伸[M]. 何道宽,译. 南京:译林出版社,2011.

[27] 国家卫生和计划生育委员会流动人口司. 中国流动人口发展报告[M]. 北京:中国人口出版社,2013.

[28] 中华人民共和国民政部. 中国民政统计年鉴2013[M]. 北京:中国统计出版社,2013.

[29] ALLEN-MEARES P,儿童青少年社会工作[M]. 李建英,范志海,译. 上海:华东理工大学出版社,2006.

[30] 柳华文. 儿童权利与法律保护[M]. 上海:上海人民出版社,2009.

[31] 尚晓援,王小林,陶传进. 中国儿童福利前沿问题[M]. 北京:社会科学文献出版社,2010.

[32] 徐应隆. 青少年生理心理特征与教育方法[M]. 上海:上海人民出版社,1982.

[33] 詹姆斯·莫瑞. 关注留守儿童[M]. 北京:社会科学文献出版社,2005:63.

[34] 曹诗权. 未成年人监护制度研究[M]. 北京:中国政法大学出版社,2004.

[35] 叶敬忠,杨照. 关爱留守儿童——行动与对策[M]. 北京:社会科学文献出版社,2008.

[36] 埃利斯,理性情绪行为疗法[M]. 郭建,叶建国,郭本禹,译. 重庆:重庆大学出版社,2015.

[37] 埃利斯. 理性情绪治疗[M]. 刘小菁,译. 成都:四川大学出版社,2005.

[38] 江光荣. 心理咨询与治疗[M]. 合肥:安徽人民出版社,2001.

[39] 朱眉华,文军. 社会工作实务手册[M]. 北京:社会科学文献出版社,2006.

[40] 郑杭生. 社会学概论[M]. 北京:中国人民大学出版社,2002.

[41] 吕新萍. 小组工作[M]. 北京:中国人民大学出版社,2005.

[42] 王世军. 单亲家庭[M]. 石家庄:河北人民出版社,2002:19-21.

[43] 梁培勇. 游戏治疗的理论与实务[M]. 广州:世界图书出版社,2003:33-39.

[44] 陈世海.青少年社会工作[M].北京:中国社会出版社,2011.

[45] 许莉娅.个案社会工作[M].北京:高等教育出版社,2004.

[46] 王思斌.社会工作导论[M].北京:高等教育出版社,2006.

[47] 王瑞鸿.人类行为与社会环境[M].上海:华东理工大学出版社,2007.

[48] 李迎生.社会工作概论[M].北京:中国人民大学出版社,2010.

[49] 文军.西方社会工作理论[M].北京:高等教育出版社,2013.

[50] 全国妇联课题组.我国农村留守儿童、城乡流动儿童状况研究报告[R/OL].(2013-5-10).人民网:http://acwf.people.com.cn/n/2013/0510/c99013-21437965.html.

[51] 唐佳希.传媒公共性问题研究——基于结构功能主义的分析视角[D].武汉:武汉大学,2010.

[52] 李盛之.美国大众传播法律规制问题研究[D].大连:大连海事大学,2012.

[53] 李强,邓建伟,晓筝.社会变迁与个人发展——生命历程研究的范式与方法[J].社会学研究,1999(6).

[54] 唐有财,符平.动态生命历程视角下的留守儿童及其社会化[J].中州学刊,2011(7).

[55] 高梅书.生命历程理论视野下的农村青少年社会化问题[J].甘肃农业,2004(4).

[56] 陈占江.生命历程理论视野下的新生代农民工社会保护研究[J].学术交流,2008(11).

[57] 梁宏.生命历程视角下的"流动"与"留守"第二代农民工特征的对比分析[J].人口研究,2011(7).

[58] 徐嘉.城市弱势群体伦理关系现状的调查分析[J].伦理学研究,2009(4).

[59] 邹海贵,曾长秋.罗尔斯差别原则对弱势群体利益的关注——基于社会救助(保障)制度之道德正当性与政治合法性思考[J].天津大学学报(社会科学版),2010(5).

[60] 黄春平.五管齐下正本清源——美国商业广播电视内容监管[J].传媒,2010(6).

[61] 葛甲.美国儿童网站安全第一[J].网络传播,2010(12).

[62] 何恩基.美国儿童网络保护政策分析[J].电化教育研究,2002(4).

[63] 汪露.析美国传媒政策中对少年儿童的保护[J].电视研究,2007(4).

［64］于珍.美国儿童媒体政策的演进述评［J］.中国教育信息化,2010(4).

［65］张钢花.美国儿童媒体保护政策及其启示［J］.社会科学论坛,2012(12).

［66］蔡连玉.儿童网络伤害及其保护研究——中美比较的视角［J］.理论探讨,2010(4).

［67］徐瑾.中美网络隐私权比较制度之研究［J］.华中师范大学学报,2009(5).

［68］蒋玲.美国儿童网络隐私保护概况及其启示［J］.四川图书馆学报,2009(5).

［69］李盛之.美国儿童电视节目法律规制初探［J］.中国电视,2010(10).

［70］黄文明.介绍西安孤儿教养院［J］.西北农学社刊,1935(5).

［71］刘开.参观西安孤儿教养院记［J］.新陕西月刊,1931(2).

［72］西安孤儿院九月份收支报告［J］.陕西慈善月刊,1924(5).

［73］呈覆奉令将西安孤儿教养院酌予维持［J］.陕西省政府行政月刊,1928(3).

［74］段成荣,杨舸.我国农村留守儿童状况研究［J］.人口研究,2008(3):36.

［75］段成荣,吕利丹,郭静,等.我国农村留守儿童生存和发展基本状况——基于第六次人口普查数据的分析［J］.人口学刊,2013(3):37-48.

［76］黄诚.关爱和服务留守儿童研究述评［J］.社会工作,2013(5).

［77］张克云,叶敬忠.社会支持视角下的留守儿童干预措施评价［J］.青年探索,2010(2).

［78］党的十七届二中全会《决定》学习问答［J］.实践,2008:11-12.

［79］姚建龙.转型社会的青少年犯罪控制——以"全国重点青少年群体教育帮助和预防犯罪试点"为例的研究［J］.社会科学,2012(4).

［80］迟希新.留守儿童道德成长问题的心理社会分析［J］.教师教育研究,2005(6).

［81］黄春平.五管齐下 正本清源——美国商业广播电视内容监管［J］.传媒,2010(6).

［82］葛甲.美国儿童网站安全第一［J］.网络传播.2010(12).

［83］何恩基.美国儿童网络保护政策分析［J］.电化教育研究,2002(4).

［84］陈后亮.泛娱乐业时代——兼读波兹曼《娱乐至死》［J］.大众文艺,2009(1).

［85］张骋."娱乐至死"还是"娱乐救亡"——对波兹曼《娱乐至死》的批判性解读［J］.当代文坛,2013(1).

［86］赵川芳.儿童保护的路径选择［J］.当代青年研究,2013(8).

[87] 宋纪莲.尊重与维护儿童权利——儿童权利公约与我国儿童保护事业[J].师范教育,2002(4).

[88] 刘继同.当代中国的儿童福利政策框架与儿童福利服务体系(上)[J].理论研究,2008(5).

[89] 段成荣,吕利丹,郭静,等.我国农村留守儿童生存和发展基本状况——基于第六次人口普查数据的分析[J].人口学刊,2013(3).

[90] 王雪梅.从《儿童权利公约》的视角看中国儿童保护立法[J].当代青年研究,2007(10).

[91] 刘继同.当代中国的儿童福利政策框架与儿童福利服务体系(下)[J].理论研究,2008(5).

[92] 贾世霞.未成年人如何增强自我保护意识[J].河南教育,2005(7).

[93] 林枫.青少年预防侵害的基本方法[J].中学生时事政治报,2009(10).

[94] 曲凯音.中国农村留守儿童问题研究回顾与前瞻[J].青海社会科学,2009(6).

[95] 段成荣,杨舸.我国农村留守儿童状况研究[J].人口研究,2008(3):15-16.

[96] 王云庆,韩桐.关于建立和管理农村留守儿童档案的思考[J].中国档案,2013(7):86.

[97] 陈慧,邓慧华,梁宗宝,张光珍,陆祖宏.青少年早期的抑郁与生活事件的交叉滞后分析[J].中国临床心理学杂志,2012(1).

[98] 褚怡青.高职教育中理性情绪理论的运用[J].健康教育,2013(3).

[99] 姜丽,桑青松.儿童抑郁的相关家庭因素及家庭心理治疗的应用[J].中国校医,2008(3).

[100] 范春玲,唐登华,赵德明.淮北市区中学生抑郁障碍现状调查[J].中国健康心理学杂志,2007(12).

[101] 陈祉妍,杨小冬,李新影.我国儿童青少年研究中的抑郁自评工具[J].中国心理卫生杂志,2007(6).

[102] 王铁柱,陈明春,孙业桓,等.某农村地区儿童抑郁现状与留守状况的关系[J].中国学校卫生,2011(12).

[103] 王卫.青少年抑郁的预防[J].心理科学,2000(4).

[104] 周琳琳,范娟,杜亚松.上海市中学生抑郁症状现状及其与生活事件关系的研究[J].上海精神医学,2009(3).

[105] 邓福春.在校青少年的自尊和抑郁现况研究[J].健康教育与健康促进,2013(3).

[106] 赵景欣,刘霞,张文新.同伴拒绝、同伴接纳与农村留守儿童的心理适应、亲子亲合与逆境信念的作用[J].心理学报,2013(7).

[107] 张坤.先天性心脏病儿童心理学特点及其不同治疗方式对患儿心理行为影响的研究[J].山东大学学报,2012(8).

[108] 徐宏宁,刘金凤,罗建红.介入治疗对先心病儿童生存质量的影响[J].湖南师范大学学报(医学版),2013(5).

[109] 刘晓蓉,赵聪敏,曹新国.先心病儿童父母的心理状况调查[J].激光杂志,2002(3).

[110] 秦狄利.社会支持视角下贫困家庭先心病患儿的社会工作实务介入研究[J].吉林大学学报,2013(2).

[111] 尚晓援.儿童福利服务发展瓶颈及其突破[J].人民论坛,2011(8).

[112] 陆士桢,常晶晶.简论儿童福利和儿童福利政策[J].中国青年政治学院学报,2003(3).

[113] 潘璐,叶敬忠.农村留守儿童研究综述[J].中国农业大学学报,2009(2).

[114] 付慧鹏,霍军.父母教养方式与儿童网络成瘾行为的关系[J].临床精神医学杂志,2004(6).

[115] 邓林园,方晓义.青少年亲子关系与网络成瘾[J].心理发展与教育,2011(6).

[116] 邓林园,方晓义.家庭环境、亲子依恋和青少年网络成瘾[J].心理发展与教育,2013(3).

[117] 卢利亚.农村留守儿童网瘾环境成因及对策研究[J].湖南社会科学,2011(6).

[118] 金灿灿,屈智勇,王晓华.留守与流动儿童网络成瘾的现状及其心理健康和人际关系[J].中国特殊教育,2010(7).

[119] 武永新,孔荣,邓林园.冲动性人格、亲子沟通对青少年网络成瘾的交互作用[J].心理发展与教育,2014(8).

[120] 徐大真,侯佳,孔存慧.自闭症治疗理论与方法研究综述[J].国际精神病学杂志,2009(3).

[121] 薛璟,徐光兴.孤独症儿童教育治疗的研究现状[J].中国临床康复,2004(3).

[122] 李宗华,徐永霞.康复教育中孤独症儿童家长的压力及因应方式研究[J].山东教育学院学报,2009(5).

［123］刘青.从社会工作的视角关注自闭症儿童家长育儿压力问题［J］.中国校外教育(教研探索),2010(6).

［124］刘学兰,李丽珍,黄雪梅.家庭治疗在青少年网络成瘾干预中的运用［J］.华南师范大学学报(社会科学版),2011(3).

［125］陈燕.合理情绪疗法解决大学生适应问题一例［J］.校园心理,2011(9).

［126］陈学彬,梁妍,刘琦等.青少年非理性信念与应激对抑郁症状预测研究［J］.临床精神医学杂志,2012(22).

［127］陈忠.中国大学生的心理困扰及其心理求助［J］.江西农业大学学报,2003(2).

［128］习近平赴芦山非常牵挂大家［N］.新京报,2013-05-22(A05).

［129］张季鸾.代收西安孤儿教养院捐款报告［N］.大公报,1932-07-26.

［130］西安孤儿教养院举行十周年纪念会［N］.大公报,1932-10-12.

［131］慈幼展览评判完竣［N］.申报,1934-10-20.

［132］张季鸾.代收西安孤儿教养院捐款启事［N］.大公报,1932-06-24.

［133］新华社.广电总局:反对过度娱乐化加大新闻类节目比例［EB/OL］.(2011-10-27).http://ent.sina.com.cn/c/2011-10-27/15003462291.shtml.

［134］MINTZ S. Placing children′s rights in hostorical perspective［J］. Criminal law bulletin, 2008.

［135］CHAMBERLAIN K, ZIKE S . The mimor events apporach to stress: support for the use of daily hassles［J］. Britsh journal of psychology, 1990(81):469-481.

后　记

儿童保护，是政府、家庭、学校和社会的共同事业，是慈善公益组织救助帮扶的重要内容之一。2015年8月，陕西省慈善协会和西北大学陕西省慈善文化研究中心在安康举办了"陕西省首届儿童保护论坛"，安康达德书院承办了此次会议。来自省内的82家慈善公益类社会组织的100多位代表，共聚金城，传播儿童保护的先进理念，交流儿童保护的实践经验和研究成果。此次论坛发表了关于儿童保护的《安康宣言》，宣言向全社会公开承诺，所有成年人必须尽自己的最大能力，承担保护儿童的义务；所有儿童必须享受社会提供的抚养和教育资源，健康、快乐地长大成人。在这次论坛上，许多与会人员发表了相关学术论文。摆在读者们面前的这部专著，既是论坛论文的结集，也是主编和各位编者再研究和再创作的成果。

在本书编撰过程中，论坛主办方推举我担任主编，这对我是极大的信任，也是崇高的荣誉，当然更是一种责任。我与陕西省慈善文化研究中心的各位同事一起，花费了半年多的时间对所有论文进行阅读和思考，又牺牲了大家的周末休息时间，重新修改、调整和梳理，搭建全书的逻辑线索和基本框架，力争使全书浑然一体，各个部分相互支撑。我们将编撰的这部著作命名为《儿童保护问题的探索》。

编撰一部既要保持其学术严肃性和严谨性，又要尽可能具有可读性和实践性的著作，并不是一件容易的事情。为此，我和我的同事们进行了深入的思考和热烈的探讨。可以说，这部著作得以问世，凝聚了许多人的智慧和心血。首先要感谢为本书提供初稿的作者：王金祥、汪丹、孙波、梁传龙、冯晔、齐晓红、周盈丹、司胜杰、刘晓、程伊星、杨九成、李璐、赵小红、邓顶梅、万雅尼、朱勇、冯荣涛、王云松、裴晓宁、张雪霞、余霞、蒋靖宇、代芳、秦佩佩、王亚莉、张时骏、刘学鹏、郑伟、刘泽平、温洁、李雪梅、李中华。

陕西省慈善文化研究中心组成了一个编撰组，集中大家的智慧和力量,结合当代公益慈善事业的发展趋势,对稿件进行审阅和修改,提升原作思想观点的理论高度,整合相同类型研究成果的思想内容,使其成为一个较为完整的学术体系。编撰组的成员有赵润琦、杨权利、王有红、安树彬、陈国庆、郑伟、王云松、王金祥、徐天浩。编撰组在撰稿人提交的稿件基础上,作了大量的修改和调整。由于稿件内容多,我利用较长一段时间,对稿件又做了贯通修改和仔细审校,使稿件的质量有了基本保证。在此要感谢与我合作的各位同事,你们奉献的智慧已经融入书中。希望以后还能与你们再次合作。

我还要感谢陕西省慈善协会的刘维隆会长,感谢各位副会长和各部门的负责同志,没有你们的热心相助和大力支持,这部著作的面世可能还要假以时日。事实上,陕西省慈善文化研究中心开展的每一项具体工作,都得到了省慈协领导的鼓励和支持,这给我们很大的精神动力,鼓舞我们在慈善文化研究的道路上不断前行。

当前,我国的慈善事业正面临一场深刻的变革,人们从思想观念到行事方式都在不断创新。万众创新、大众创业的新形势,鼓舞着慈善公益界不断奋进,为实现中华民族伟大复兴和全体同胞的福祉而努力工作。这亦是我们在编撰这部著作过程中的最大体会。

《儿童保护问题的探索》一书已经杀青,我们期待着读者朋友和业内同仁的批评指正。

赵润琦

2016 年 3 月 18 日